Springer-Lehrbuch

Matthias Schumann · Hubert Schüle
Ulrike Schumann

Entwicklung von Anwendungssystemen

Grundzüge eines werkzeuggestützten Vorgehens

Mit 117 Abbildungen

Springer-Verlag

Berlin Heidelberg New York
London Paris Tokyo
Hong Kong Barcelona
Budapest

Prof. Dr. Matthias Schumann
Georg-August-Universität
Institut für Wirtschaftsinformatik
Platz der Göttinger Sieben 5
D-37073 Göttingen

Dr. Hubert Schüle
pdv Unternehmensberatung Nord-Ost GmbH
Benzstr. 21 d
D-38446 Wolfsburg

Dipl.-Kffr. Ulrike Schumann
Georg-August-Universität
Institut für Wirtschaftsinformatik
Platz der Göttinger Sieben 5
D-37073 Göttingen

ISBN 3-540-57989-3 Springer-Verlag Berlin Heidelberg
New York Tokyo

Druck: Weihert-Druck GmbH, Darmstadt
Bindearbeiten: G. Schäffer GmbH u. Co. KG., Grünstadt
43/2202-5 4 3 2 1 - Gedruckt auf säurefreiem Papier

Vorwort

Ein bedeutendes Aufgabengebiet der Wirtschaftsinformatik ist das Entwikkeln betrieblicher Anwendungssysteme. Dabei werden heute überwiegend Programme erstellt, die eine Integration mit den bereits verfügbaren Anwendungssystemen eines Unternehmens erlauben. Die dazu erforderlichen Aufgaben werden durch eine erhebliche Komplexität charakterisiert.

Um in Anwendungssystemen die fachlichen Inhalte sachgemäß zu erfassen und umzusetzen, müssen sich nicht nur Damen und Herren aus dem Bereich der Informationsverarbeitung, sondern auch aus den Fachabteilungen mit dieser Thematik beschäftigen. Das Buch wendet sich daher neben Studenten der Wirtschaftsinformatik auf unterschiedlichen Ebenen unseres Bildungssystems auch an Praktiker, die sich mit dem Entwickeln von Anwendungssystemen befassen.

Die Informatik hat mittlerweile eine Vielzahl von Vorgehensweisen sowie Methoden zur Systementwicklung hervorgebracht. Ziel dieses Einführungswerkes ist es, die grundlegenden Verfahren, die mittlerweile auch praktische Verbreitung gefunden haben, kompakt zu präsentieren. Dabei wird der Themenkreis von der Anwendungssystemplanung bis zur Codierung gespannt. Auch neuere Entwicklungen, wie z. B. die Objektorientierung oder das Reengineering, sind berücksichtigt.

Die Besonderheit dieses Werkes ist darin zu sehen, daß es sich konsequent an einem modellbasierten Vorgehen ausrichtet, bei dem aufbauend auf Daten- und Funktionsmodellen das Anwendungssystem erstellt wird. Außerdem zeigt dieses Werk die Unterstützungsmöglichkeiten, die heute moderne computergestützte (CASE)-Werkzeuge für die einzelnen Aufgaben der Anwendungssystementwicklung bieten. Zur kompakten und anwendungsnahen Vermittlung des Stoffes ist eine Fallstudie in den Text integriert. An dieser werden die wesentlichen Inhalte des Buches erläutert.

Wir haben uns im Text immer dann, wenn Begriffe wie Kunde, Benutzer, Anwender u.a. vorkommen, auf die kürzere männliche Form beschränkt. Ein Hinzufügen der weiblichen Form hätte an vielen Stellen zu einem schwer lesbaren Text geführt. Unsere Leserinnen bitten wir dafür um Verständnis.

Die Autoren

Inhaltsverzeichnis

1 Einleitung

1.1 Problemstellung

Das Entwickeln von Anwendungssystemen (AS) zum computergestützten Bearbeiten betrieblicher Aufgaben ist ein zentraler Gegenstand der Wirtschaftsinformatik [vgl. Mertens et al. 93, S. 1]. Stark vereinfacht geht es bei der Anwendungssystementwicklung darum, mit geeigneten Vorgehensweisen und Methoden die fachlichen sowie organisatorischen Anforderungen eines Unternehmens zu spezifizieren und in ablauffähige AS umzusetzen. Die so entwickelten AS sollen die Nutzer bei einem effizienten, sachgerechten Ausführen ihrer Tätigkeiten, wie z.B. bei der Auftragsabwicklung oder der Materialwirtschaft, unterstützen. Für die bei der Anwendungssystementwicklung anfallenden Aufgaben lassen sich computerunterstützte Hilfsmittel einsetzen.

Die Anwendungssystementwicklung ist in der Regel mit einigen Herausforderungen behaftet [vgl. u.a. Raasch 92, S. 3 ff.]:
-   Das Entwickeln von AS sollte an einer langfristigen Strategie der Informationsverarbeitung (IV) ausgerichtet sein. Die IV-Strategie bezeichnet einen mittel- bis langfristigen Rahmenplan zur Gestaltung der IV im Unternehmen. Die mit der IV-Strategie verfolgten Ziele sollen aus den generellen Zielsetzungen des Gesamtunternehmens abgeleitet werden, um eine möglichst wirkungsvolle IV-Unterstützung zu bieten.
-   Der Entwicklungsprozeß umfangreicher AS erstreckt sich häufig in mehreren Phasen über einen längeren Zeitraum, zum Teil auch einige Jahre. Innerhalb dieser Zeit ändern sich oftmals die an das AS zu stellenden Anforderungen, was eine Überarbeitung der bis zu diesem Zeitpunkt abgeschlossenen Arbeiten notwendig macht. Dieses führt häufig zu erheblichen Verzögerungen beim Fertigstellen und Einführen von AS.
-   Während des produktiven Einsatzes eines AS werden sich im Zeitablauf neue Anforderungen an die DV-Unterstützung ergeben. Diese betreffen z.B. zusätzliche Funktionen oder geänderte betriebliche/ gesetzliche Rahmenbedingungen. Daraus folgt, daß AS häufig sehr wartungsintensiv sind. Schätzungen gehen davon aus, daß ca. 60 bis 80 % der Gesamtaufwendungen für ein AS erst im Laufe des praktischen Einsatzes entstehen [vgl. u.a. Christensen 92].
-   Einzelne AS unterstützen zwar einen genau abgrenzbaren Aufgabenbereich in einem Unternehmen, jedoch darf die Anwendungssystem-

entwicklung nicht ausschließlich an dieser Aufgabe ausgerichtet sein. Vielmehr sind die Interdependenzen bzw. Integrationsbeziehungen zu angrenzenden Aufgaben ebenfalls zu berücksichtigen. Solche Interdependenzen treten beispielsweise dann auf, wenn ein AS Daten verarbeitet, die in gleicher Form auch an anderen Stellen im Unternehmen Verwendung finden, oder wenn ein nachgelagertes AS die Ergebnisse bzw. Ausgaben des betrachteten AS weiterbenutzt.

- Technologische Innovationen in der Informationstechnik führen zu einer permanenten Verbesserung des Preis-/Leistungsverhältnisses bei der angebotenen Hardware. Daraus erwächst die Anforderung, die AS bei weitgehend identischer funktioneller Unterstützung neuen technischen Möglichkeiten, z.B. graphischen Benutzungsoberflächen, anzupassen. Dabei sollte gewährleistet sein, daß sich die in einem AS bereits implementierten Algorithmen und Bearbeitungsabläufe ohne größeren Aufwand in einer neuen Rechnerumgebung weiterverwenden lassen.

- An der Anwendungssystementwicklung sind Personen aus den Fachabteilungen und aus der DV-Abteilung beteiligt. Erstere spezifizieren die fachlichen Anforderungen, z.B. an die funktionelle Unterstützung durch ein AS. Diese sind dann von Personen aus der DV-Abteilung in eine DV-technische Sicht zu überführen und in eine auf den DV-Anlagen ablauffähige Form zu bringen. Die Kommunikation zwischen Fach- und DV-Abteilungsmitarbeitern wird oftmals durch unterschiedliche Vorstellungswelten, Begriffsinterpretationen oder verschiedene Problemlösungsansätze erschwert. Um hier Reibungsverlusten bei der Entwicklung vorzubeugen, sind einheitliche Darstellungs- und Beschreibungsformen notwendig. Sie sollen es ermöglichen, daß Fachabteilungen ihre Anforderungen eindeutig sowie unmißverständlich formulieren und Systementwickler diese verstehen und in lauffähige Applikationen umsetzen können.

- Da für die detaillierte Gestaltung der Anwendungsprogramme, d.h. das Umsetzen des fachlichen Entwurfs in Programmcode, meist keine strengen Formalismen vorgegeben werden (können), ist dieser Vorgang in hohem Maße durch die "Intuition" und die individuelle Vorgehensweise der Anwendungssystementwickler geprägt. Die Qualität der fertiggestellten AS ist somit sehr stark von den Fähigkeiten und der Qualifikation dieser Personen abhängig. Dabei ist weder gewährleistet, daß die implementierten Programmstrukturen optimal sind, noch daß sie von anderen Personen nachvollzogen werden können.

- Die Anwendungssystementwicklung muß generellen Normierungskriterien genügen. Derartige Kriterien sollen sicherstellen, daß AS eine gewisse Einheitlichkeit, insbesondere in der optischen Gestaltung und der Bedienung für die Nutzer, aufweisen. Häufig werden dazu innerbetriebliche Standards definiert. Darüber hinaus gibt es auch von nationalen und/oder internationalen Stellen Normen, z.B. Datenübertragungsprotokolle, an denen sich die Anwendungssystementwicklung orientieren muß. Dies ist insbesondere dann der Fall, wenn ein AS nicht ausschließlich innerbetrieblich eingesetzt wird, sondern - wie es beispielsweise bei einem Einkaufssystem der Fall sein kann - ein Datenaustausch mit Geschäftspartnern beabsichtigt ist.

- Die Dokumentation eines fertiggestellten AS beschränkt sich häufig auf die Anleitung zum Bedienen der Applikation, z.B. den Aufbau und die Bedeutung der Bildschirmmasken oder die Belegung von Funktionstasten. Eine detaillierte Dokumentation der implementierten Programmstrukturen, etwa hinsichtlich der Ablauflogik, wird dagegen, z.B. aus Termingründen, bei der AS-Entwicklung oft vernachlässigt. Das Knowhow des AS ist somit sehr stark personengebunden. Dies erschwert die Pflege des AS, insbesondere wenn bei Wartungsmaßnahmen nicht mehr auf die Person(en) zugegriffen werden kann, welche das AS ursprünglich entwickelte(n).

Dieses Anforderungsspektrum charakterisiert die Anwendungssystementwicklung bereits seit Ende der 60er/Anfang der 70er Jahre. Um hier befriedigende Lösungen zu schaffen, wurden in den vergangenen Jahren eine Vielzahl von Methoden und Vorgehensweisen entwickelt, die den Entwicklungsprozeß von AS systematischer, effizienter und transparenter gestalten sollen. Diese Methoden und Vorgehensweisen bedienen sich selbst i.d.R. sogenannter Basistechniken, d.h. elementarer Beschreibungsformen, um die betrieblichen Sachverhalte möglichst anschaulich wiederzugeben. Basistechniken zum Abbilden fachlicher Anforderungen sind z.B. Hierarchiebäume, Flußdiagramme oder Matrizendarstellungen [vgl. Balzert 91, S. 36 - 58].

Mit dem Verwenden von Methoden und Vorgehensweisen wird vor allem das Ziel verfolgt, in der Anwendungssystementwicklung nicht mehr "handwerklich", sondern nach "ingenieurmäßigen" Prinzipien vorzugehen. Diese Zielsetzung spiegelt sich auch im Begriff des "Software Engineering (SE)" wider, der Ende der 60er Jahre geprägt wurde. Die SE-Methoden verursachen bei personeller Anwendung ohne DV-gestützte Hilfsmittel einen erheblichen Schreibaufwand und erfordern ein diszipliniertes Vorgehen. Daraus ergaben sich häufig Akzeptanzprobleme bei den oftmals durch intuitives Vorgehen geprägten Anwendungssystementwicklern.

Die praktische Durchdringung der Anwendungssystementwicklung mit Methoden und Vorgehensweisen des SE erlangte daher erst mit der Verfügbarkeit von Werkzeugen, die es ermöglichen, den Prozeß der Anwendungssystementwicklung selbst DV-technisch zu unterstützen, eine größere Bedeutung. Diese sogenannten CASE-Tools (Computer Aided Software

Engineering) erlauben einen effizienten Einsatz der durch sie unterstützten SE-Methoden.

Mit dieser Thematik, d.h. der systematischen Entwicklung betriebswirtschaftlich orientierter AS mit geeigneten Vorgehensweisen, Methoden, Techniken und Werkzeugen, beschäftigt sich diese Arbeit. Von Werken mit vergleichbarer Themenstellung unterscheidet sich das vorliegende Buch in zweierlei Hinsicht. Zum einen wird ein **modellbasiertes Vorgehen** skizziert, bei dem zunächst Daten- und Funktionsmodelle des AS spezifiziert werden, aus denen man dann ablauffähige AS entwickelt. Zum anderen orientieren sich die zu behandelnden Inhalte konsequent an den Unterstützungsmöglichkeiten, wie sie heute durch **moderne CASE-Werkzeuge** geboten werden. Dabei wurde bewußt versucht, sich auf grundlegende Methoden zu beschränken.

1.2 Aufbau des Buches

Um eine möglichst kompakte und anwendungsnahe Vermittlung des Stoffes zu erzielen und die Problematik der Anwendungssystementwicklung so anschaulich wie möglich zu präsentieren, sind die Inhalte dieses Buches in eine Fallstudie eingebettet. Das Beispielunternehmen der Fallstudie wird in Kapitel zwei skizziert.

Kapitel drei definiert wichtige Begriffe und vermittelt Grundlagen der Anwendungssystementwicklung, insbesondere hinsichtlich prinzipiell anwendbarer Vorgehensweisen und ihrer Systematisierung in Teilschritte bzw. Phasen. Darüber hinaus gibt dieses Kapitel einen Überblick zu Werkzeugen für die Anwendungssystementwicklung und stellt das CASE-Tool ADW (Application Development Workbench) von KnowledgeWare, das in dieser Arbeit beispielhaft als Werkzeug verwendet wird, kurz vor.

Die dann folgenden Kapitel beschäftigen sich mit den einzelnen Phasen der Anwendungssystementwicklung, den dabei zu lösenden Aufgabenstellungen, den anwendbaren Methoden sowie den entsprechenden CASE-Hilfsmitteln im Detail.

Im vierten Kapitel wird die Planungsphase betrachtet. Darin ist z.B. zu untersuchen, wo im Unternehmen, d.h. in welchen betrieblichen Geschäftsbereichen, AS am besten zur Stärkung der Unternehmensziele für das eigentliche Kerngeschäft beitragen können. Das fünfte Kapitel widmet sich der fachlichen Konzeption der AS für die in der Planungsphase lokalisierten Geschäftsbereiche. Kapitel sechs behandelt die DV-technische Konzeption der AS, das Umsetzen der zuvor identifizierten Anforderungen zum Unterstützen der Geschäftsabläufe in konkrete Anwendungssystembausteine. Im siebten Kapitel wird die Realisierungsphase betrachtet. Dabei geht es darum, möglichst automatisch, aufbauend auf den Konzeptionsergebnissen, die Applikationen zu codieren und zu ablauffähigen Systemen weiterzuentwickeln.

Das achte Kapitel beinhaltet die Grundlagen des Prototyping sowie Vorteile und Probleme im Vergleich zu der in den Kapiteln fünf bis sieben vorgestellten Vorgehensweise. Kapitel neun erläutert die Grundzüge der objektorientierten Anwendungssystementwicklung und stellt dieses Paradigma den bislang im Vordergrund stehenden traditionellen SE-Methoden knapp gegenüber. Im zehnten Kapitel wird diskutiert, wie mit modernen Reengineering-Konzepten und -Tools eine Wieder- bzw. Weiterverwendung von bereits eingesetzten AS bzw. Teilen davon bei sich verändernden fachlichen oder technischen Anforderungen möglich ist.

1.3 Literatur zu Kapitel 1

Balzert 91

Balzert, H., Ein Überblick über die Methoden- und Werkzeuglandschaft, in: Balzert, H. (Hrsg.), CASE - Systeme und Werkzeuge, Mannheim 1991, S. 27 - 100.

Christensen 92

Christensen, S., Sprachen der dritten und vierten Generation - Überleitungskonzepte und Perspektiven, Wirtschaftsinformatik 34 (1992) 2, S. 156 - 163.

Mertens et al. 93

Mertens, P., Bodendorf, F., König, W., Picot, A. und Schumann, M., Grundzüge der Wirtschaftsinformatik, 2. Aufl., Berlin u.a. 1993.

Raasch 92

Raasch, J., Systementwicklung mit strukturierten Methoden, München u.a. 1992.

2 Fallstudie

2.1 Kennzeichen des zu analysierenden Unternehmens

Die Ladenbau GmbH ist ein mittelständischer Produktionsbetrieb, der auf die Fertigung von Ladeninneneinrichtungen spezialisiert ist und dafür sowohl einzelne Einrichtungskomponenten, wie z.B. Regale, liefert als auch die komplette Einrichtung von Ladenlokalen übernimmt. Zu den Kunden des Unternehmens gehören Einzelhandelsgeschäfte, Markenartikelhersteller, die Filialketten betreiben und ihre Ladenlokale an den verschiedenen Standorten einheitlich ausstatten, sowie ebenfalls große Kaufhausketten, für die als Generalunternehmen die gesamte Innenausstattung übernommen wird. Das Inneneinrichtungsprogramm reicht von Standardprodukten (Serienfertigung), aus denen sich der Einzelhandel häufig seine Ausstattung zusammenstellt, über Kleinserien, z.B. für die Filialisten, bis zu Sonderanfertigungen (Einzelfertigung), die individuell für die jeweiligen Kunden zu erstellen sind. Der Bereich der Kleinserien- und Sonderteilfertigung hat in den letzten Jahren ständig zugenommen. Allein die Sonderteile machen mittlerweile einen Umsatzanteil von ca. 25% aus.

Die Ladenbau GmbH beschäftigt heute ca. 220 Mitarbeiter und erzielt einen Umsatz von ca. 21 Millionen DM. Das Unternehmen war vor 34 Jahren als Handwerksbetrieb für Inneneinrichtungen gegründet worden und expandierte dann systematisch, nachdem man erfolgreich im Ausstatten verschiedener Läden im lokalen Raum gewesen war. Mit dem Wachstum des Unternehmens nahm auch die Größe der Produktion ständig zu. Was ursprünglich mit einer kleinen Schreinerei begann, wurde zu einer heute vollautomatisierten Holzverarbeitung, in der PC-gesteuerte Sägen im Einsatz sind. Vor sechs Jahren wurde eine zweite Fertigungshalle in Betrieb genommen. Neben dem Anfertigen von Holzbauteilen gibt es seitdem auch eine Metallverarbeitung, in der z.B. Stahlregale hergestellt werden. Hier ist man ebenfalls stetig bemüht gewesen, jeweils eine sehr moderne Produktion aufzubauen. Dieses kommt auch darin zum Ausdruck, daß zur Zeit im Bereich der Metallfertigung ein flexibles Fertigungssystem eingesetzt wird.

Zielsetzung der Ladenbau GmbH ist es, qualitativ hochwertige und individuelle Ladenausstattungen zu konkurrenzfähigen Preisen anbieten zu können. Die Herstellkosten in der Produktion konnten dabei durch die hochautomatisierten Fertigungsanlagen im Vergleich zu anderen Wettbewerbern günstig gestaltet werden. Besondere Erfolgsfaktoren sieht das Unternehmen

in der Qualität seiner Produkte sowie der Individualität der Einrichtungsge-
genstände. Die Innovationskraft des Unternehmens zeigt sich dabei auch in
immer neuen Design-Entwicklungen und der damit verbundenen Kreativität
in den Entwürfen der Planungsabteilung. Zukünftiges Ziel der Ladenbau
GmbH ist es, Sonderanfertigungen stärker als bisher auf Basis von Standardteilen abzuwickeln und somit eine insgesamt stärkere Standardisierung
und Straffung des Produktprogramms zu erreichen. Dieses Ziel soll jedoch
nicht zu Lasten der Individualität bei Kundenlösungen gehen.

Das Unternehmen ist in fünf Bereiche gegliedert. Dem kaufmännischen Bereich sind die Finanzbuchhaltung, die Lohn- und Gehaltsabrechnung sowie
das Personalwesen, die Kostenrechnung und Kalkulation, der Einkauf sowie
die DV-Abteilung zugeordnet.

Der Vertriebsbereich umfaßt den Vertriebsinnen- sowie Außendienst. Vom
Vertriebsinnendienst werden außerdem Marketingaktivitäten durchgeführt.
Darunter fallen auch Aufgaben im Bereich der Werbung.

Darüber hinaus gibt es die Abteilung Planung/Design, in der Sonderteile für
Kunden entworfen werden sowie bei größeren Projekten die Auftragsverfol-
gung vertriebsseitig abgewickelt wird. Diese Abteilung steht daher in sehr
engem Kundenkontakt und arbeitet ebenfalls mit dem Vertrieb zusammen.

Dem eigentlichen Fertigungsbereich ist die Lagerhaltung/Materialwirtschaft
zugeordnet. Desweiteren sind die Holzproduktion sowie die Metallproduktion
jeweils als eigene Abteilungen organisiert. Schließlich gibt es noch den Bereich der Arbeitsvorbereitung. Er stellt das Bindeglied zwischen den Ver-
triebsaktivitäten und der Produktion dar. Hier werden die Planungen und
Design-Entwürfe in produktionsfähige Varianten überführt (fertigungsge-
rechte Konstruktion). Darüber hinaus wird in dieser Abteilung die zeitliche
Abstimmung der Fertigung mit den Produktionsabteilungen vorgenommen.

Separat organisiert ist außerdem der Bereich Auslieferung und Montage. Es
erfolgt die Auslieferung von Standardartikeln an Kunden. Einzelne Montage-
kolonnen nehmen das vollständige Einrichten von Ladenlokalen oder Kauf-
häusern vor.

Bild 2.1/1 veranschaulicht die dargestellte Aufbauorganisation der Ladenbau
GmbH.

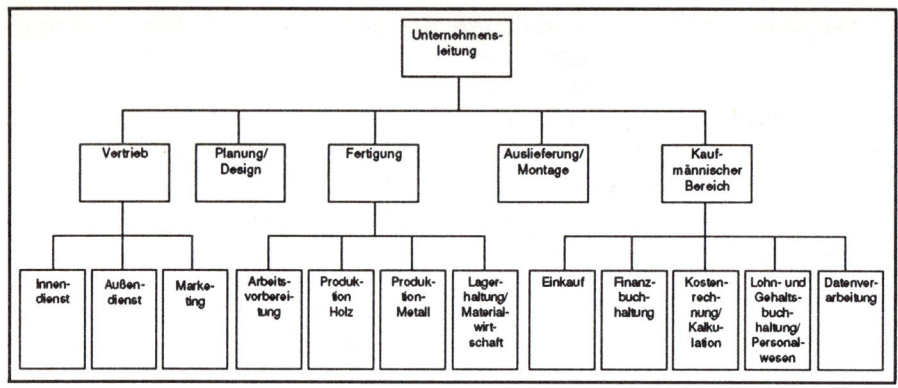

Bild 2.1/1:   Aufbauorganisation

2.2 Ablauf des Produktionsprozesses

Ausgangspunkt sämtlicher Absatzaktivitäten bildet die Angebotserstellung. Diese ist teilweise recht aufwendig, z.B. dann, wenn auch individuelle Designvorschläge zu erarbeiten sind. Für Kundenprojekte, für die auch ein Auftrag vorliegt, wird, nachdem sich der Verkauf und hier insbesondere die Abteilung Planung/Design bei Modifikationen oder Sonderteilen mit dem Kunden abgestimmt hat, durch Rückfragen in der Arbeitsvorbereitung eine grobe Terminklärung vorgenommen. Danach werden die Auftragspapiere an die produktionsnahen Abteilungen verteilt. Auftragspapiere für Serienteile gehen direkt in die Produktion. Hier wird die Materialverfügbarkeit kontrolliert. Werden Zukaufteile benötigt, so löst die Materialwirtschaft die Bestellung durch den Einkauf aus. Zu modifizierende Standardteile sowie Sonderteile müssen zuerst von der Arbeitsvorbereitung bearbeitet werden. Sie übernimmt die Designvorschläge der Planungsabteilung und bereitet diese fertigungsgerecht auf. Bereits in der Arbeitsvorbereitung kann so erkannt werden, ob zusätzliches Material bestellt werden muß. Fertigungsunterlagen für die Metallverarbeitung werden mit einem CAD-System fertigungsgerecht erfaßt und so aufbereitet, daß die entsprechenden NC-Programme ebenfalls als Ergebnis des Konstruktionsprozesses für die Fertigungsmaschinen bereitstehen. Dabei werden insbesondere für Serienteile NC-Programme abgeleitet. Dieser Bereich ist am höchsten automatisiert, da aus den CAD-Zeichnungen automatisch NC-Programme erstellt werden, die man zum Zeitpunkt der Fertigung aus dem entsprechenden Rechnersystem abruft.

Für den Bereich der Holzverarbeitung gibt es eine derart direkte Kopplung nicht. Es steht aber eine direkt programmierbare Sägeeinheit zur Verfügung.

Diese ist mit einem Programm zur Verschnittoptimierung für die zu verarbeitenden Holzplatten ausgestattet.

Die vorbereiteten Aufträge werden von der Arbeitsvorbereitung in den jeweiligen Produktionsbereich gegeben. Dort sorgen die Meister dafür, daß eine Reihenfolgeplanung dieser Aufträge erfolgt. Dabei spielt die Erfahrung der jeweiligen Fachkräfte eine besondere Rolle. Zum Teil wird die Fertigungsauftragsreihenfolge auch durch die Materialverfügbarkeit bestimmt. Darüber hinaus versucht man, die Umrüstvorgänge zwischen den einzelnen Aufträgen möglichst gering zu halten.

Die Produktionsprozesse bestehen in der Regel aus einer überschaubaren Anzahl an Arbeitsgängen. Ausgangspunkt bildet das Rohmaterial (in der Regel Spanplatten oder Blechteile sowie Metall- und Holzleisten). Dieses wird zuerst auf den entsprechenden Bearbeitungssystemen in die jeweils benötigte Form gebracht. Danach erfolgt der Montageprozeß. Dieser kann aber, je nach gefertigtem Produkt, auch erst beim Kunden stattfinden. Dabei ist dann allerdings darauf zu achten, daß die Einzelteile nach der Fertigung produktgerecht für den Versand zusammengeführt werden. Für einzelne Produkte ist darüber hinaus eine kombinierte Montage von Holz- und Metallteilen notwendig.

2.3   Struktur der Bearbeitung von Kundenaufträgen

Der Verkauf erhält Kundenanfragen oder die Mitarbeiter des Außendienstes nehmen solche Anfragen bei ihren Besuchen auf. Handelt es sich dabei um Serienteile oder Standardteile ohne Modifikationen, so kann direkt ein Angebot erstellt werden (es gibt u. a. Preislisten und Rabattstaffeln für Kunden). Nach dem Auftragseingang wird dieser Kundenauftrag zur Terminklärung eingeplant. Sind dagegen in einer Kundenanfrage Sonderteile vorgesehen, für die auch Modifikationen vorzunehmen sind, wird in der Regel die Planungs- und Design-Abteilung zuerst entsprechende Ausstattungsvorschläge unterbreiten. Der Aufwand dieser Arbeiten ist auch vom Umfang der Aufgaben und des Angebotes abhängig. Handelt es sich z.B. um das Einrichten eines kompletten Kaufhauses, dann sind diese Arbeiten besonders aufwendig. Auf Basis der Zeichnungen und weiterer Spezifikationen, die von der Planungs- und Design-Abteilung erstellt wurden, kann dann die Vorkalkulation erfolgen. Mit diesem gesamten Angebot, das auch zwischenzeitlich bereits, insbesondere in der Design-Phase, mit dem Kunden abgestimmt wurde, besitzt dieser dann eine Grundlage zur Auftragserteilung. Geht der Kundenauftrag ein, erfolgen die Terminklärung und Auftragsbestätigung. Die entsprechenden Arbeitspapiere gehen, je nach Art des Produktes (Standardprodukt oder Sonderteile), in die Produktion, die Arbeitsvorbereitung

und/oder die Konstruktion. Von dort aus wird der physische Produktionsprozeß angestoßen. Es erfolgt eine Rückmeldung fertiger Aufträge, wobei ein Mitarbeiter periodisch die Termine für noch offene Aufträge über-
wacht. Stehen die Produkte im Versandbereich bereit, so wird die Montage
koordiniert sowie eine Meldung an den Vertrieb gegeben, daß die Auslieferung der Ware erfolgen kann oder bereits erfolgt ist. Nach Abwicklung des
Auftrages wird vom Vertrieb aus die Rechnungsstellung angestoßen.

2.4 DV-Ausstattung des Unternehmens

Für administrative und dispositive Aufgaben verfügt die Ladenbau GmbH
über ein Rechnersystem der mittleren Datentechnik. Darüber hinaus finden
für individuelle Aufgabenstellungen (z.B. Controlling-Anwendungen) sowie
zur Textverarbeitung PCs Einsatz. Diese sind teilweise über ein lokales
Netzwerk miteinander verbunden. Im Bereich der Konstruktion werden
UNIX-Systeme verwendet, auf denen CAD-Anwendungen, insbesondere zur
Metallverarbeitung, laufen. Aus diesen AS heraus werden mit Postprozesso-
ren die NC-Programme für die Fertigungsmaschinen erzeugt.

Im Bereich des Designs befinden sich ebenfalls CAD-Systeme im Einsatz,
die aber mit denen in der Konstruktion nur über eine Dateischnittstelle kom-
munizieren können. Auch die Systeme im Design basieren auf einer UNIX-
Hardware. Dadurch, daß die Schnittstelle zwischen beiden CAD-Systemen
nicht reibungslos funktioniert, müssen häufig Zeichnungen, die zuvor im
Design erstellt worden sind, in der Konstruktion noch einmal nacherfaßt
werden.

Auf dem Zentralrechnersystem der mittleren Datentechnik werden die Lohn-
und Gehaltsprogramme sowie ein Programmsystem zur Zeitwirtschaft eingesetzt. Die Arbeitszeiten der Mitarbeiter in der Fertigung werden über Zeit-
erfassungsgeräte mit Ausweislesern festgehalten.

Auf diesem System läuft außerdem ein Finanzbuchhaltungsprogramm. In
das Programm zur Auftragsbearbeitung gibt man die Kundenangebote ein.
Auf dieser Basis wird ein Angebot ausgedruckt sowie eine Auftragsbestätigung nach der Auftragserteilung erstellt. Darüber hinaus ist das Programm
in der Lage, Lieferscheine, Versandpapiere, Ladelisten und Fertigungsaufträge zu erstellen. Im Bereich der Fertigungsaufträge nutzt man das System
zur Zeit aber nur rudimentär.

Ein Materialwirtschafts-/Einkaufsprogramm wird im Unternehmen ebenfalls
eingesetzt. Dieses Programm dient aber ausschließlich zur Preiserfassung
des Materials und zur Bestellabwicklung für die Einkäufe. Es sind auch nicht

sämtliche Materialien hier erfaßt. Desweiteren ist eine Stand-alone-Soft-ware-Lösung für die Vorkalkulation auf Basis einer einfachen Zuschlagsko-stenrechnung vorhanden.

In der Fertigung selber bestehen eine Reihe von Insellösungen der Daten-verarbeitung, die mit PCs realisiert wurden. So ist im Bereich der Holzferti-gung z.B. ein Programm zur Zuschnittoptimierung vorhanden.

2.5   Schwachstellen des Unternehmens

Durch das ständige Auftragswachstum und damit auch ein steigendes Pro-duktspektrum sind in letzter Zeit im Unternehmen verschiedene Schwierig-keiten aufgetreten. Durch geeignete organisatorische Maßnahmen sowie eine bessere Unterstützung mit der Datenverarbeitung sollen diese gelöst oder gemildert werden. So stellte man vor kurzem immer wieder fest, daß ganz offensichtlich für eine Reihe von Aufträgen die zugesagten Lieferter-mine nicht eingehalten werden konnten. Termintreue ist aber gerade in die-ser Branche besonders wichtig.

Bei der Ursachenforschung fand man heraus, daß zum einen durch eine steigende Zahl an Aufträgen in der Produktion heute der Überblick über die anstehenden Arbeiten verloren geht, da eine DV-gestützte Verwaltung der Fertigungsaufträge fehlt. Zum anderen ist aufgrund des weitgehenden Feh-lens der Materialwirtschaft nicht bekannt, welche Lagerbestände verfügbar sind. Daher kommt es häufig dazu, daß teure Eilbestellungen durchgeführt werden müssen und/oder Fertigungsaufträge zurückgestellt werden, weil das notwendige Material nicht verfügbar ist.

Um eine bessere Planung im Produktionsbereich vornehmen zu können, müßten Stücklisten eingeführt sowie Arbeitspläne verwaltet werden. Dieses wird im Unternehmen zur Zeit noch nicht durchgeführt. Man hat allerdings Zweifel, ob für jede individuelle Anfertigung dieser Aufwand betrieben wer-den soll. Es stellt sich mittlerweile auch heraus, daß häufig Teile mehrfach konstruiert werden, da man zum Teil die Übersicht über die verfügbaren Konstruktionen verloren hat.

Die Ertragssituation des Unternehmens ist in letzter Zeit auch nicht zufrie-denstellend. Dieses scheint teilweise daran zu liegen, daß keine sachge-mäße Kostenkontrolle erfolgen kann. Daher wird überlegt, ob langfristig, nachdem man die entsprechenden Grundlagen dazu auch mit der Datenver-arbeitung in vorgelagerten Bereichen gelegt hat, eine geschlossene Kosten-rechnung eingeführt werden soll. Diese müßte sowohl eine Plan- als auch eine Ist-Kostenrechnung umfassen, um Soll-Ist-Abweichungen bestimmen zu können. Dazu wäre eine vollständige Kostenarten-, Kostenstellen- und Kostenträgerrechnung aufzubauen. Für die individuellen Projekte erscheint es besonders wichtig, auftrags- und kundenbezogene Kosten zu erfassen. Der Bereich der Planung und des Designs ist dabei in diese Kostenerfassung einzubeziehen.

Darüber hinaus sieht man, daß die nach wie vor stattfindende Doppelerfassung von Konstruktionszeichnungen im Bereich Design sowie in der Konstruktion schlecht gelöst ist. Hier überlegt man ebenfalls, ob Verbesserungen möglich sind.

Auf Basis dieser Informationen soll nun eine Planung der AS von Ihnen durchgeführt werden.

3 Grundlagen der Anwendungssystementwicklung

In diesem Kapitel wird dargestellt, welche grundlegenden Strategien bzw. Vorgehensweisen bei der Anwendungssystementwicklung eingeschlagen werden können, in welchen Schritten bzw. Phasen eine solche Aufgabe prinzipiell durchgeführt werden kann und welche Klassen/Arten von Werkzeugen dabei nutzbar sind.

3.1 Funktions- und datenorientierte Ansätze

Betriebliche AS führen die in einem Unternehmen anfallenden Aufgaben aus bzw. unterstützen die mit diesen Aufgaben beauftragte(n) Person(en). Diese Aufgaben werden auch als **Funktionen** bezeichnet. Der hier verwendete Funktionsbegriff ist dabei von den mathematischen und/oder organisatorischen Funktionen (als Interpretation einer Position oder eines Amtes) abzugrenzen. Ähnlich, wie umfangreiche Aufgaben zur Komplexitätsreduktion in überschaubare Teilaufgaben zerlegt werden, lassen sich auch Funktionen in Teil-/Subfunktionen gliedern. Dabei ist sicherzustellen, daß die Summe der Teilfunktionen die übergeordnete Funktion vollständig repräsentiert und die Teilfunktionen untereinander überschneidungsfrei sind.

Eng verwandt mit dem Begriff Funktion ist der Begriff **Prozeß**. Ein Prozeß entsteht aus einer Folge von einzelnen Funktionen (Funktionsablauf) und weist einen definierten Anfangspunkt (Auslöser des Prozesses) sowie Endpunkt (Endzustand) auf. Eine Prozeßbetrachtung untersucht nicht mehr die einzelnen Funktionen, sondern den Zweck, welchen sie innerhalb eines kompletten Prozesses erfüllen. Es werden dabei insbesondere die Reihenfolge, in der Funktionen auszuführen sind, die Übergänge (Schnittstellen) zwischen den Funktionen sowie eventuell die Stellen, welche die Funktionen ausführen, betrachtet. Synonym für den Begriff Prozeß findet man häufig den Begriff **Vorgang**. Auf einer sehr hohen Abstraktionsebene zur Darstellung der betrieblichen Zusammenhänge fallen oft die Inhalte einer Prozeß- und Funktionsbetrachtung zusammen [vgl. Ferstl et al. 93].

Gegenstand der Verarbeitung in betrieblichen AS sind **Daten**. Darunter versteht man Angaben bzw. Informationen über bestimmte Sachverhalte der betrieblichen Realität in einer maschinell verarbeitbaren Form.

Entsprechend den grundlegenden Komponenten eines AS, d.h. den Funktionen und den Daten, kann man bei der Anwendungssystementwicklung
funktionsorientierte und **datenorientierte** Ansätze unterscheiden :

- Bei einem **funktionsorientierten Ansatz** stehen die im Unternehmen
  ausgeführten Funktionen im Mittelpunkt der Betrachtung. Man bildet im
  ersten Schritt ein **Modell der Funktionen** bzw. Tätigkeiten. Unter
  Modellbildung versteht man in diesem Zusammenhang das Sammeln
  und Strukturieren der für ein AS relevanten Funktionen in einer Form,
  die es einem Betrachter ermöglicht, das Gesamtsystem aus funktiona-
  ler Sicht transparent zu erfassen. Dazu sind sowohl die Inhalte der
  Funktionen als auch ihre Zusammenhänge abzubilden.

  Im zweiten Schritt werden dann die für die Ausführung der einzelnen
  Funktionen notwendigen Daten ermittelt und den Funktionen zugeordnet.

  Dabei läuft man allerdings Gefahr, beim Entwickeln mehrerer AS im
  Zeitablauf verschiedene Datenbestände unabhängig voneinander aufzubauen. Sofern unterschiedliche Funktionen dieselben Daten verarbeiten, entstehen redundante, mehrfach gespeicherte Datenbestände.
  Neben einem erhöhten Speicherbedarf kann dieses zu erheblichen
  Problemen hinsichtlich der Konsistenz und Aktualität der gespeicherten
  Daten führen, da Veränderungen in einem Datenbestand auch in
  anderen Datenbeständen mit gleichem Inhalt nachgezogen werden
  müssen. Außerdem besteht die Gefahr, daß gleiche Sachverhalte in
  verschiedenen Datenbeständen unterschiedlich repräsentiert werden.
  So kann z.B. eine Produktnummer für Artikel mit Varianten in einem
  Datenbestand durch eine kombinierte Artikelnummer und Varianten-
  nummer repräsentiert werden, in einem zweiten Datenbestand ist die
  Produktnummer so angelegt, daß sie die Variantennummer mit umfaßt,
  und in einem dritten Datenbestand wird auf die Kennzeichnung der
  Variante vollständig verzichtet. Außerdem wird es so schwierig, den
  Überblick über die Daten des Unternehmens zu wahren [vgl. Vetter 88].

- Bei dem **datenorientierten Ansatz** setzt die Anwendungssystementwicklung beim Beschreiben der notwendigen Daten auf. Im ersten
  Schritt wird ein sogenanntes **konzeptionelles Datenmodell** erstellt.
  Dieses beschreibt in einer typenmäßigen Betrachtung die Sachverhalte
  und Tatbestände der betrieblichen Realität, z.B. "Kunde erteilt Auftrag",
  d.h. es werden keine konkreten Ausprägungen der Daten, sondern ihre
  generellen Strukturen und Beziehungen untersucht. Das Datenmodell
  ist unabhängig davon, wie die Daten verwendet werden und ermöglicht
  eine hohe Transparenz der Sachzusammenhänge im Unternehmen. Es
  kann auch dann entwickelt werden, wenn die Funktionen im einzelnen
  noch nicht bekannt sind [vgl. Vetter 88], da relevant ist, womit und nicht
  wie gearbeitet wird.

Kritisch ist bei der datenorientierten Vorgehensweise zum einen, daß ggf. Aufwand für die Modellierung von Daten betrieben wird, die für die automatisierte Verarbeitung in AS letztendlich gar nicht benötigt werden. Zum anderen ist zu hinterfragen, wie man die für ein Unternehmen relevanten Daten identifizieren kann, ohne den Kontext ihrer Verwendung durch Funktionen zu analysieren.

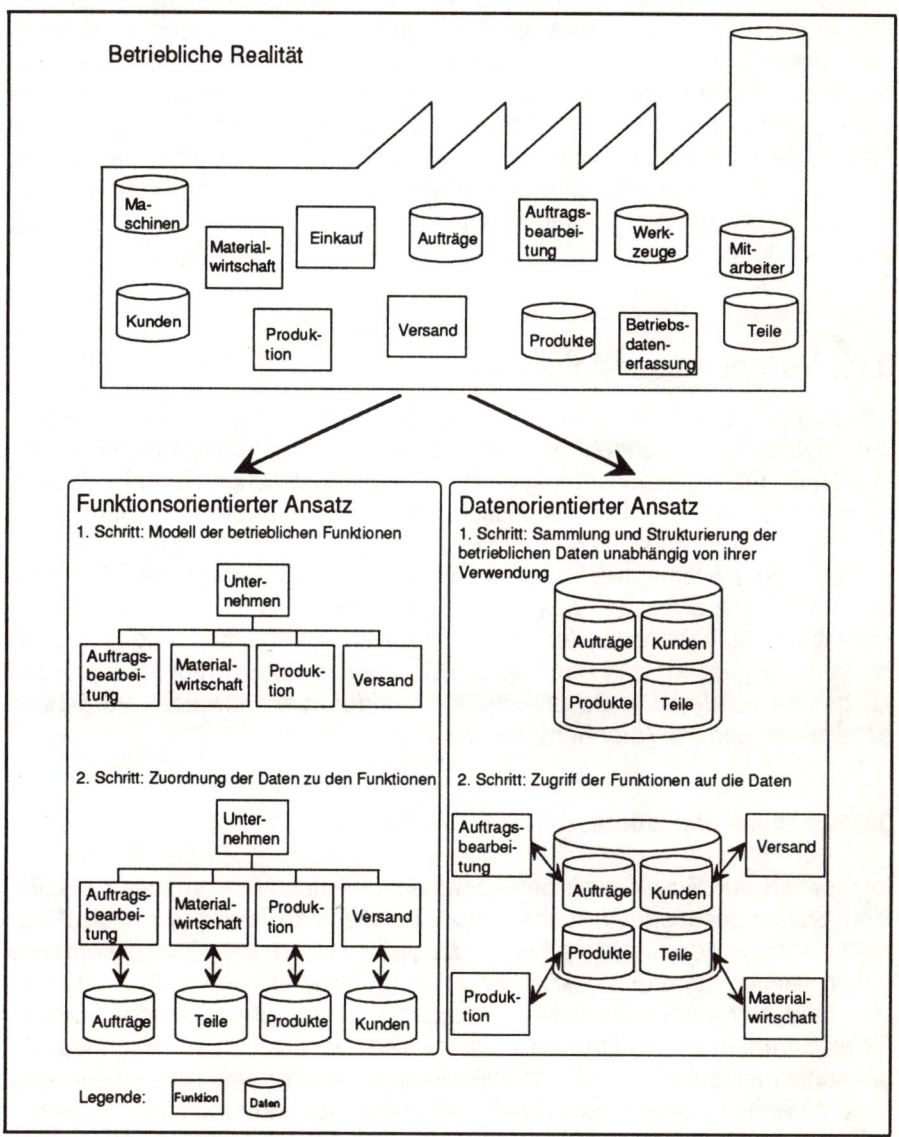

Bild 3.1/1:   Funktions- und datenorientierter Ansatz der Systementwicklung

Bild 3.1/1 illustriert den funktions- und den datenorientierten Ansatz, um AS zu entwickeln. Die betriebliche Realität im oberen Teil der Abbildung ist dabei als unstrukturierte Menge von Funktionen und Daten dargestellt. (Detailliertere Ausführungen zum funktions- und zum datenorientierten Ansatz finden sich in den Kapiteln 5.1 und 5.2.)

Da sowohl der funktionsorientierte als auch der datenorientierte Ansatz Schwächen aufweisen, muß es Ziel der Anwendungssystementwicklung sein, beide Sichtweisen nicht isoliert zu verfolgen, sondern sehr eng miteinander zu verknüpfen. Dadurch sollte es gelingen, redundante Datenbestände zu vermeiden und den Entwicklungsaufwand genau auf die Daten und Funktionen zu fokussieren, die für die Verarbeitung im Unternehmen auch tatsächlich erforderlich und relevant sind. Wie man daten- und funktionsorientierte Ansätze gezielt miteinander verbinden kann, wird im Kapitel 5.3 geschildert.

3.2 Vorgehensmodelle

Unabhängig davon, ob man die Anwendungssystementwicklung funktions- oder datenorientiert angeht oder ob man beide Ansätze miteinander kombiniert, muß man zumindest bei größeren Aufgabenstellungen mit einer hohen Komplexität rechnen, und es müssen eine Vielzahl von Aufgaben gelöst werden. Um die damit verbundene Komplexität zu reduzieren, ist bei der Anwendungssystementwicklung ein planvolles, systematisches Vorgehen notwendig. Dabei ist der gesamte Entwicklungsprozeß in einzelne, überschaubare Aufgabeneinheiten mit begrenztem inhaltlichen und zeitlichen Umfang zu gliedern, die dann sukzessive oder - sofern möglich - parallel ausgeführt werden. Die Beschreibung eines derart schrittweisen Vorgehens bezeichnet man als Vorgehensmodell.

3.2.1   Phasenkonzepte

Im Bereich der Entwicklung betriebswirtschaftlicher AS werden am häufigsten phasenorientierte Vorgehensmodelle, die man häufig auch als **Phasenkonzepte** bezeichnet, angewendet [vgl. Balzert 86]. Phasenkonzepte gehen davon aus, daß ein AS, basierend auf einer exakten Problemabgrenzung und Anforderungsspezifikation, strukturiert bis zur Codierung einzelner Befehle verfeinert werden kann. Dabei sind die einzelnen Teilschritte mit genau festgelegten Ergebnissen vollständig abzuschließen, bevor die jeweils nächste Phase - basierend auf den Resultaten der vorhergehenden Phase - begonnen wird. Eine im deutschsprachigen Raum häufig gebrauchte einfa-

che Variante der Phasenkonzepte unterscheidet beispielsweise sechs Teilschritte [vgl. Mertens et al. 93, S. 158 - 163]:

1) In der **Planungsphase** beschreibt man die Projektidee, skizziert auf
   einem hohen Abstraktionsgrad die Inhalte, legt die Ziele des AS dar
   und schätzt ggf. die Wirtschaftlichkeit des Anwendungssystems ab. Ergebnis dieser Phase sind potentielle IV-Projekte.

2) In der **Definitionsphase** werden vor allem die fachlichen Anforderungen an das AS spezifiziert, d.h. es wird analysiert, welche Aufgaben
   wie zu unterstützen sind. Auf der Grundlage einer Untersuchung des
   Ist-Zustandes mit anschließender Schwachstellenanalyse leitet man
   das Soll-Konzept des AS ab. Ergebnis dieser Phase ist ein sogenanntes Pflichtenheft.

3) Das Pflichtenheft dient als Grundlage für die **Entwurfsphase**. Dabei
   lassen sich der Fachentwurf und der DV-technische Entwurf unterscheiden. Ersterer beschreibt die Funktionen und Daten eines AS unabhängig von informationstechnischen Aspekten. Der DV-technische
   Entwurf baut auf dem Fachentwurf auf und konkretisiert ihn z.B. im
   Hinblick auf die im Unternehmen vorhandene Hardware und/oder Systemsoftware.

4) Die **Implementierungsphase** dient zum Umsetzen des DV-technischen Entwurfs in die einzelnen Programmanweisungen der gewählten
   Programmiersprache.

5) In der **Abnahme- und Einführungsphase** wird z.B. mit Testfällen aus
   der betrieblichen Realität geprüft, ob das AS die im Pflichtenheft genannten fachlichen Anforderungen erfüllt. Desweiteren wird die Stabili-
   tät, z.B. bei Fehleingaben, getestet und ermittelt, ob bei Dialogsystemen die Antwortzeiten akzeptabel sind. Entspricht das AS den Vorstel-
   lungen der Fachabteilung, wird es, nachdem die Abnahme erfolgt ist, in
   Betrieb genommen.

6) Während der **Wartungsphase** nimmt man notwendige Modifikationen,
   z.B. die Beseitigung von nachträglich erkannten Fehlern des AS oder
   Anpassungen an geänderte Anwenderwünsche, vor.

Diese Phasen müssen durch eine permanente, die gesamte Anwendungssystementwicklung umfassende Dokumentation begleitet werden. In der
Dokumentation sind sämtliche Ergebnisse der einzelnen Arbeitsschritte
schriftlich zu fixieren. Ebenfalls phasenbegleitend müssen Maßnahmen
stattfinden, um die Qualität der jeweiligen Phasenergebnisse zu kontrollie-
ren. Bild 3.2.1/1 illustriert das geschilderte Phasenkonzept einschließlich der
jeweiligen Phasenergebnisse.

Innerhalb der verschiedenen Phasen, die in ihrer Gesamtheit auch als Software-Lebenszyklus (Software Life Cycle) bezeichnet werden, kommen einzelne, auf die jeweiligen Aufgaben zugeschnittene Methoden zum Einsatz.

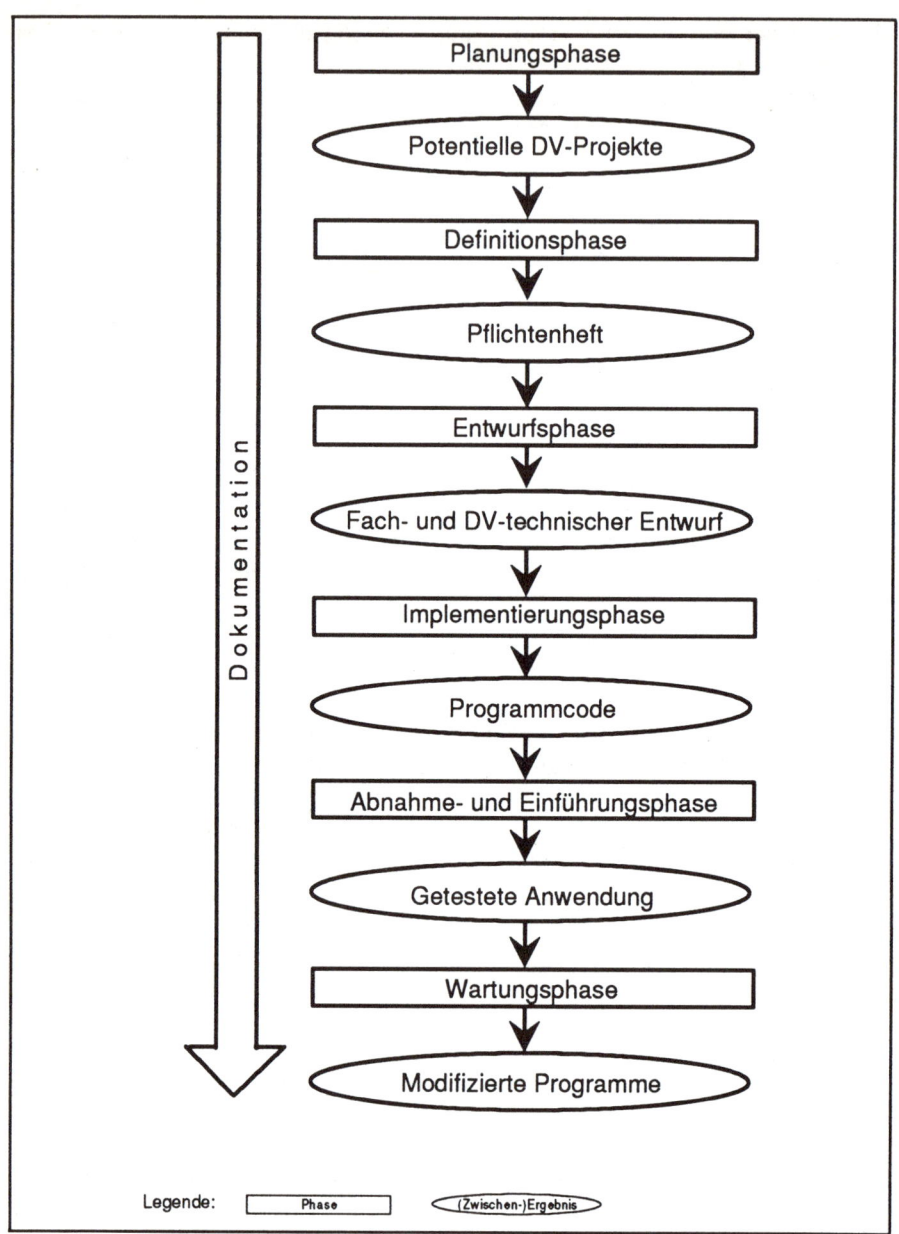

Bild 3.2.1/1: Phasenkonzept

Unter Methoden hat man sich eine Sammlung von Regeln und Techniken vorzustellen, um ausgehend von den Ausgangsbedingungen einer Phase die jeweils definierten Ergebnisse zu erreichen. Die Anwendung der einzelnen

Methoden wird von speziell dafür konstruierten Werkzeugen unterstützt. Für die verschiedenen Methoden und Werkzeuge ist jeweils unterschiedliches Know-how bei den Mitarbeitern erforderlich.

Welche Werkzeuge und Methoden für die Anwendungssystementwicklung eingesetzt werden, hängt beispielsweise von der Art oder Zielsetzung des AS, von den in einem Unternehmen eingeführten Vorgehensweisen oder von der Qualifikation der Mitarbeiter ab. Ein allgemeingültiges Vorgehensmodell spezifiziert somit die Tätigkeiten, die Ergebnisse sowie ein methodisches Rahmenwerk, das auch als Methodensammlung oder "Methodologie" bezeichnet werden kann. Es wird aufgezeigt, in welchen Teilschritten man prinzipiell vorgehen kann, was in den einzelnen Phasen zu tun ist und wie dieses erfolgen kann. Die Auswahl der projektspezifisch konkret einzusetzenden Hilfsmittel erfolgt fallweise.

3.2.2   Information Engineering

Ein konkretes phasenorientiertes Vorgehensmodell, das dem angelsächsischen Sprachraum entstammt, ist das "Information Engineering" nach James Martin [vgl. Martin 89]. Martin versteht das Information Engineering als eine Methodensammlung. Er propagiert eine modellbasierte Vorgehensweise, d.h. unter Anwendung der vorgeschlagenen Methoden sind nach ingenieurmäßigen Prinzipien Unternehmensdaten- und -funktionsmodelle zu entwerfen, aus denen dann die Informationssysteme entwickelt werden. Das Information Engineering unterscheidet die vier Ebenen: Strategie, Analyse, Design und Konstruktion. Diese Ebenen werden oftmals auch in Form einer Pyramide dargestellt (vgl. Bild 3.2.2/1):

1) In der **Strategieebene** ist u.a. zu untersuchen, welche generellen Ziele das Unternehmen verfolgt und welche Teilziele oder kritischen Erfolgsfaktoren (KEF) das Erreichen dieser Ziele am stärksten beeinflussen. Unter KEF versteht man Schlüsselmerkmale, die den Erfolg eines Unternehmens nachhaltig bestimmen, z.B. kurze Lieferzeiten oder eine hohe Produktqualität. Die Ziele und KEF kann man als Hilfen verwenden, um abzuleiten, wie und in welchen Bereichen die Informationsverarbeitung dazu beitragen kann, z.B. die Kosten zu senken oder die Wettbewerbsposition zu verbessern. Die Unternehmensdaten und -funktionen sind in einem hohen Aggregationsgrad abzubilden.

2) In der **Analyseebene** betrachtet man die einzelnen in der Strategieebene lokalisierten Geschäftsbereiche detaillierter. Es wird festgestellt, welche Prozesse in dem Analysebereich ablaufen, wie deren Ablauf zu gestalten ist und auf welche Art und Weise sie verknüpft sind. Die für das Ausführen der einzelnen Funktionen notwendigen Daten sind zu ermitteln, und es erfolgt eine Zuordnung der Daten zu den Prozessen.

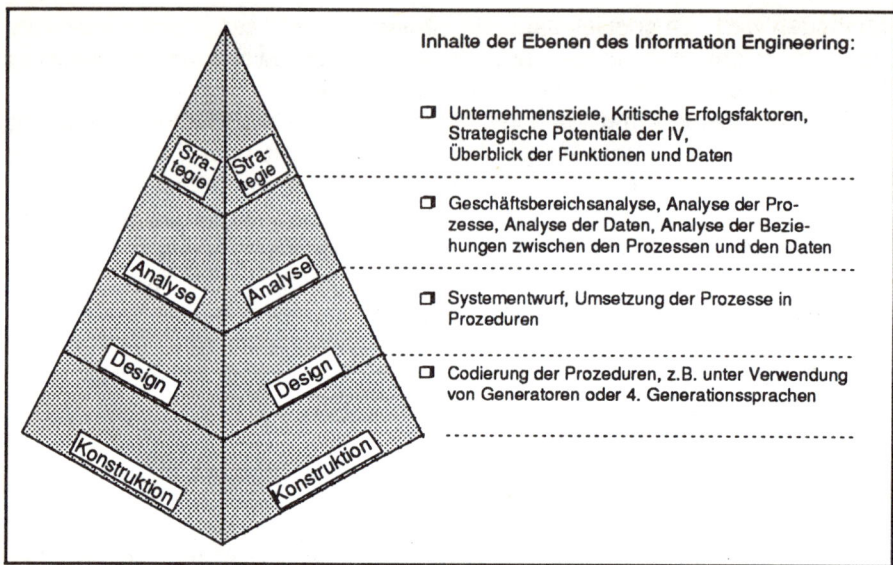

Bild 3.2.2/1: Information Engineering

3)   Die **Designebene** befaßt sich mit dem Umsetzen der identifizierten
      Prozesse in konkrete Anwendungssystembausteine, die auch als Mo-
      dule bezeichnet werden. Es sind beispielsweise die Ablauflogiken und
      Algorithmen zum Verarbeiten der Daten in den einzelnen Modulen, das
      Design der Benutzungsschnittstellen oder die physische Struktur der
      Daten detailliert zu spezifizieren.

4)   In der **Konstruktionsebene** werden die Applikationen codiert und zu
      ablauffähigen Systemen entwickelt. Diese Tätigkeit sollte man so weit
      wie möglich automatisieren, indem z.B. sogenannte Sprachen der 4.
      Generation oder Programmgeneratoren eingesetzt werden.

Für jede dieser Ebenen werden verschiedene, bewährte Techniken und Methoden vorgeschlagen, die zur Anwendungssystementwicklung genutzt
werden können. Das Information Engineering bildet auch die methodische
Grundlage des nachfolgend verwendeten CASE-Tools ADW, d.h. ADW stellt
Werkzeuge bereit, welche die im Rahmen des Information Engineering vorgeschlagenen Techniken und Methoden zur Anwendungssystementwicklung
unterstützen. Die Darstellung der Anwendungssystementwicklung ist in
dieser Arbeit deshalb am Information Engineering angelehnt. Dies spiegelt
sich in den Kapiteln fünf bis acht wider, in denen jeweils näher auf die
Inhalte, Methoden und Techniken sowie die Werkzeugunterstützung der einzelnen Ebenen eingegangen wird. Die Aufgaben der Strategieebene werden
im Kapitel zur "Planung der Anwendungssysteme" behandelt. Die Inhalte der
Analyseebene werden durch die "Fachliche Konzeption von Anwendungssy-

stemen" (Kapitel 5) dargestellt. Das Design des AS findet in der "DV-technischen Konzeption von Anwendungssystemen" (Kapitel 6) statt. Die Konstruktionsebene wird schließlich mit der "Realisierung von Anwendungssystemen" (Kapitel 7) behandelt. Die Ausführungen lassen sich ebenfalls relativ problemlos auf andere Phasenkonzepte übertragen. Dies wird auch bei
der Betrachtung von Bild 3.2.2/2 deutlich, in dem das oben skizzierte Pha-
senmodell sowie die Ebenen des Information Engineering einander gegenübergestellt werden, um so die sich jeweils in etwa entsprechenden Inhalte
aufzuzeigen.

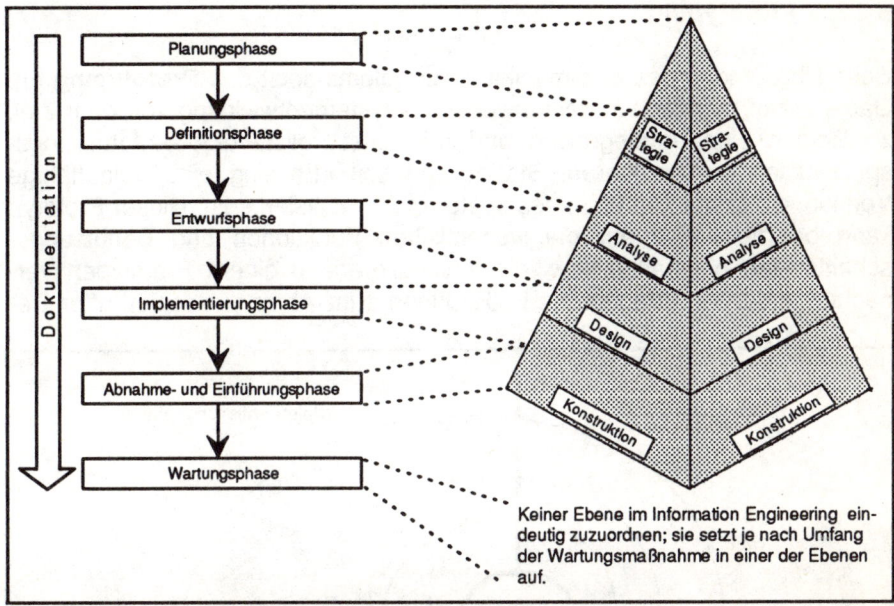

Bild 3.2.2/2: Phasenkonzept und Information Engineering

Die phasenorientierten Vorgehensmodelle weisen den wesentlichen Nachteil
auf, daß man ein lauffähiges AS erst in einer relativ späten Entwick-
lungsphase erhält. Als problematisch muß außerdem angesehen werden,
daß Rücksprünge in vorgelagerte Phasen prinzipiell nicht vorgesehen sind,
diese in der Praxis jedoch eher die Regel denn eine Ausnahme darstellen.
Ursachen hierfür liegen z.B. darin, daß zu Beginn des Software-Lebenszyklus keine vollständige und widerspruchsfreie Systemspezifikation gelingt.
Häufig ist es so, daß die Fachabteilungen ihre Anforderungen unvollständig
oder auch fehlerhaft spezifizieren. Diese Mängel bemerkt man jedoch im
ungünstigsten Fall erst am fertiggestellten AS. Dadurch werden Rücksprünge in vorgelagerte Phasen notwendig. Eine weitere Ursache dieser
Problematik liegt in der unzureichenden Kommunikation zwischen der

Fach- und der DV-Abteilung. Prinzipiell werden die späteren Anwender nur in der Definitionsphase in den Entwicklungsprozeß eingebunden. Weitere Kommunikations- oder Abstimmungszyklen, in denen evtl. unzulängliche Anforderungsspezifikationen aufgedeckt und korrigiert werden könnten, sind nicht vorgesehen. Bedenkt man, daß der Aufwand zur Fehlerbeseitigung in der Anwendungssystementwicklung umso höher liegt, je später die Fehler erkannt werden, so wäre eine engere Kommunikation zwischen Fach- und DV-Abteilung wünschenswert [vgl. u.a. Suhr et al. 93, S. 29 ff.].

3.2.3 Prototyping

Beim Überwinden des Kommunikationsproblems setzt das **Prototyping** an. Dabei trennt man sich in der Anwendungssystementwicklung von dem Ziel, zu Beginn eine umfangreiche und möglichst vollständige Anforderungsspezifikation durchzuführen. Stattdessen soll frühzeitig eine ablauffähige Version, ein erster Prototyp, des späteren AS realisiert sein. Dieser Prototyp kann beispielsweise nur die wesentlichen Funktionen und Benutzungsschnittstellen beinhalten bzw. diese simulieren. In einem Prototypen vernachlässigbar sind dagegen z.B. Routinen zum Abfangen fehlerhafter Be-

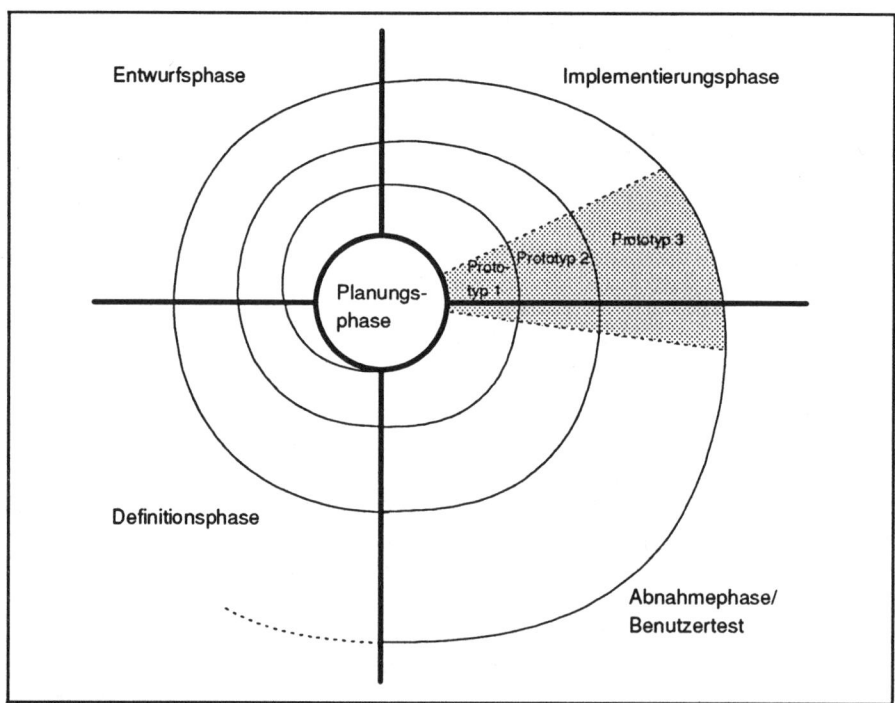

Bild 3.2.3/1: Schema des Prototyping

nutzereingaben (deren Anteil am Gesamtprogrammieraufwand oftmals über 50% liegt) oder Sonderfälle, die in der praktischen Anwendung des Systems ohnehin nur selten auftreten. In ständiger wechselseitiger Abstimmung zwischen Fach- und DV-Abteilung wird dieser Prototyp dann z.B. sukzessive zum vollständigen AS mit sämtlichen Funktionen weiterentwickelt. Bild 3.2.3/1 skizziert das Prototyping schematisch.

Im achten Kapitel wird der Ansatz des Prototyping mit seinen unterschiedlichen methodischen Varianten zum Entwickeln von AS nochmals aufgegriffen.

3.3   Werkzeuge zur Anwendungssystementwicklung

3.3.1   Klassifizierung von Werkzeugen zur Anwendungssystementwicklung

Interpretiert man den eingangs erwähnten CASE-Begriff sehr weit, so lassen sich darunter jegliche DV-gestützten Werkzeuge für die Anwendungssystementwicklung verstehen. Dabei wird der gesamte Software-Lebenszyklus, von der Planung des AS bis zur Ausmusterung der Applikation, unterstützt. Häufig findet man hier auch den Begriff der **Software-Entwicklungsumgebung (SEU)** [vgl. Nagl 93]. (Diese Werkzeuge werden auch als "Tools" bezeichnet.) Entsprechend den vielfältigen Aufgaben im Rahmen des Software-Lebenszyklus ergibt sich ein sehr breites Werkzeugspektrum. Will man eine Klassifizierung vornehmen, bietet es sich an, sogenannte Lower CASE- und Upper CASE-Tools zu unterscheiden, wobei die Übergänge fließend sind und eine scharfe Abgrenzung zwischen diesen beiden Werkzeug-Gattungen somit nicht immer möglich ist [vgl. Kelter 91; o.V. 91].

Lower CASE-Tools werden "code-nah", d.h. für den DV-technischen Entwurf und die Implementierung des AS eingesetzt. Sie unterstützen z.B. das Design von Benutzungsschnittstellen, die Codierung oder das Testen. Typische Beispiele für Lower CASE-Tools sind etwa Compiler, Maskengeneratoren, Programmeditoren, Anwendungssystemgeneratoren oder Debugger. Lower CASE-Tools gehören somit zu den Standardwerkzeugen der Software-Entwicklung.

Upper CASE-Tools werden dagegen in den frühen Phasen der Anwendungssystementwicklung eingesetzt. Sie unterstützen die Planungsaufgaben und fachliche Konzeption. Im Planungsbereich lassen sich beispielsweise mittels Matrixgeneratoren Wirkungsbeziehungen zwischen AS und kritischen Erfolgsfaktoren aufzeigen oder Zielhierarchien der durch die AS beeinflußten

Unternehmensziele aufbauen. Im Bereich der fachlichen Konzeption werden z.B. die Spezifikation der Benutzeranforderungen unterstützt oder Hilfsmittel zum Beschreiben des fachlichen Entwurfs für ein AS bereitgestellt. Upper CASE-Tools erlangten erst in den 80er Jahren eine größere Bedeutung.

Damit die CASE-gestützte Anwendungssystementwicklung möglichst effizient abläuft, sollten die Ergebnisse der einzelnen Werkzeuge in einer zentralen Datenbasis abgelegt und gespeichert werden können. Eine derartige Datenbasis bezeichnet man auch als Entwicklungsdatenbank. Je nachdem, welche Mächtigkeit und welchen Funktionsumfang diese Datenbasis besitzt, unterscheidet man zwischen Data Dictionary und Enzyklopädie [vgl. Schiemann 92].

-   Ein **Data Dictionary** ist ein Verzeichnis (Katalog), welches Informationen über die Daten, die von AS in einem Unternehmen verarbeitet werden, enthält. So sind beispielsweise Informationen über die Struktur von Daten, ihre Verwendung durch AS sowie ihre Eigenschaften in einem Data Dictionary abgelegt.
-   Eine **Enzyklopädie** hat im Vergleich zum Data Dictionary eine erweiterte Funktionalität. Sie enthält sämtliche Ergebnisse der Anwendungssystementwicklung. Dies schließt alle Informationen über das AS, angefangen bei der strategischen Informationssystemplanung bis zu der Beschreibung der einzelnen Elemente des AS, ein. Synonym für den Begriff Enzyklopädie findet man auch die Bezeichnung **Repository**.

CASE-Umgebungen, die möglichst viele, idealerweise sämtliche Phasen des Software-Lebenszyklus durchgängig mit Methoden und Werkzeugen unterstützen, bezeichnet man als **I-CASE-Tools** (Integrated-CASE). Methoden- und Werkzeugdurchgängigkeit bedeutet dabei, daß die Ergebnisse eines Arbeitsschrittes automatisch als Input für die nachfolgenden Schritte des bei der Anwendungssystementwicklung zugrundeliegenden Vorgehensmodells genutzt werden können. I-CASE-Werkzeuge umfassen sowohl Upper CASE- als auch Lower CASE-Werkzeuge und verfügen darüber hinaus auch über eine eigene Enzyklopädie bzw. ein eigenes Repository zum Speichern der Informationen.

In Bild 3.3.1/1 sind die Komponenten einer Software-Entwicklungsumgebung aufgeführt und so angeordnet, daß deutlich wird, welche Phasen des traditionellen Software Life Cycle sie unterstützen. Zu berücksichtigen ist, daß sich eine scharfe Abgrenzung einzelner Werkzeuge nicht immer vornehmen läßt.

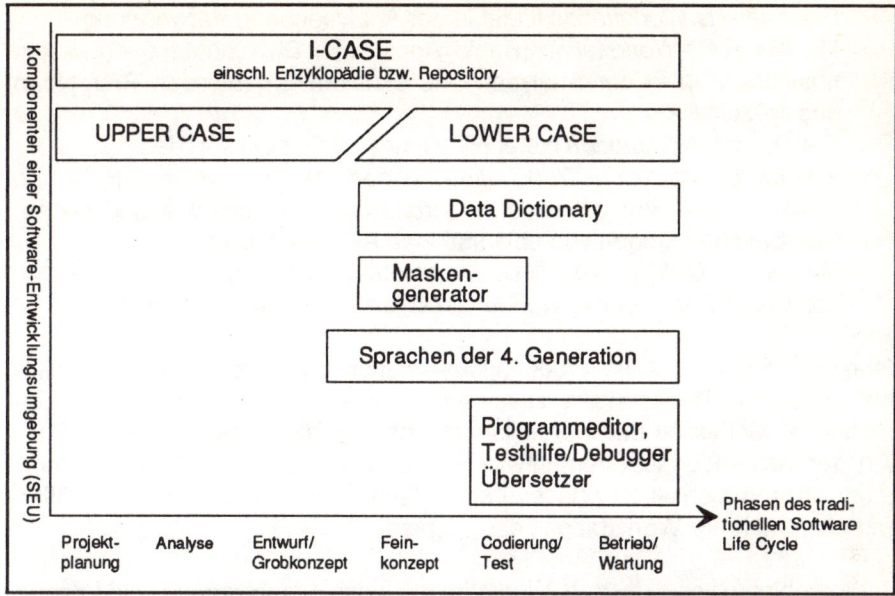

Bild 3.3.1/1: Komponenten einer Software-Entwicklungsumgebung

3.3.2 Beispielhaftes Werkzeug zur Anwendungssystementwicklung

Als Beispiel für ein umfassendes Werkzeug zur Anwendungssystementwicklung soll das CASE-Tool ADW von KnowledgeWare vorgestellt werden.
ADW läßt sich in die Klasse der I-CASE-Tools einordnen, d.h. es unterstützt
sämtliche Phasen der Anwendungssystementwicklung mit einzelnen,
aufeinander abgestimmten Werkzeugen (mit Einschränkungen bei der Implementierung, da ADW keinen Übersetzer und keinen Debugger beinhaltet). Alle mit Hilfe der einzelnen Tools erzeugten Informationen werden in
einer zentralen Enzyklopädie abgelegt. Die Enzyklopädie gewährleistet eine
redundanzfreie Speicherung und die Aktualität der jeweils hinterlegten Informationen. Die einzelnen ADW-Werkzeuge präsentieren somit spezielle
Sichten auf die in der Enzyklopädie gespeicherten Informationen.

Der enge Bezug zwischen ADW und dem Information Engineering spiegelt
sich im modularen Aufbau des CASE-Tools wider. Gegenwärtig umfaßt
ADW insgesamt sechs Module, sogenannte Workstations, jeweils eine für
die vier Ebenen des Information Engineering, eine für das Prototyping und
eine für Dokumentationsaufgaben:
- Die *Planning Workstation* (sofern ADW-spezifische Begriffe verwendet
  werden, sind diese *kursiv* geschrieben) unterstützt typische Aufgaben
  und Methoden der Strategieebene.

- Die *Analysis Workstation* findet in der Analyseebene Verwendung.
- Mit der *RAD-Workstation* (Rapid Application Development) entwickelt man aus den in der Analyseebene erzielten Ergebnissen Prototypen des späteren AS.
- Die *Design Workstation* bietet Hilfen für den Feinentwurf des AS.
- Mit der *Construction Workstation* werden die Ergebnisse der *Design Workstation* weiterverwendet, um daraus Programmcode und Datenbankbeschreibungen von ablauffähigen AS zu entwickeln.
- Mit der *DOC-Workstation* (Documentation) lassen sich Dokumentationen des AS bzw. der Anwendungssystementwicklung erstellen.

Jede der genannten ADW-Workstations setzt sich wiederum aus einer Reihe von einzelnen Werkzeugen zusammen. Diese Werkzeuge unterstützen bestimmte Methoden und Darstellungstechniken, die in den jeweiligen Phasen der Anwendungssystementwicklung einzusetzen sind. Manche Werkzeuge lassen sich auch phasenübergreifend verwenden. In diesen Fällen enthalten mehrere Workstations das Werkzeug.

Darüber hinaus sind in den Workstations auch verschiedene Werkzeuge vorhanden, die keinen speziellen Methodenbezug aufweisen, sondern zur Verwaltung der zentral gespeicherten Informationen in der Enzyklopädie dienen. Hier ist insbesondere das Werkzeug *Encyclopedia Services* zu nennen, mit dessen Hilfe man beispielsweise Enzyklopädien anlegen, umbenennen, kopieren oder auch löschen kann.

Einen Überblick der wichtigsten Werkzeuge von ADW zeigt Bild 3.3.2/1. Die *Construction Workstation* weist dabei vier unterschiedliche Varianten auf, je nachdem, in welcher Zielumgebung die AS ablaufen sollen. Auf die einzelnen Varianten wird im siebten Kapitel noch näher eingegangen.

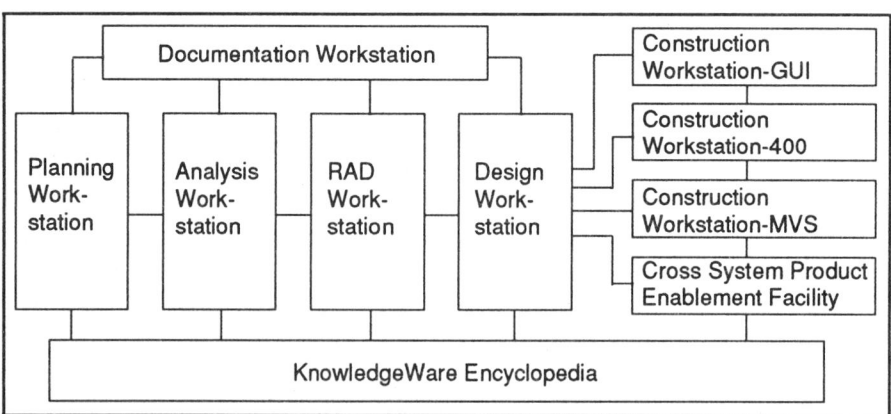

Bild 3.3.2/1: Überblick über die ADW-Workstations

ADW läuft unter dem Betriebssystem OS/2. Die Benutzungsschnittstellen der verschiedenen Werkzeuge sind einheitlich nach dem CUA-Standard (vgl. Kapitel 6) aufgebaut. Der Dialogablauf zwischen dem CASE-Tool und dem Anwender wird durch die graphische Oberfläche mit Menüleisten, Pull down-Menüs, Fenstertechnik, Scrolleisten, Zoomtechniken etc. vereinfacht.

Beim Charakterisieren einzelner ADW-Tools in den folgenden Kapiteln werden bedienungstechnische Aspekte nur soweit berücksichtigt, wie es zum allgemeinen Verständnis des Einsatzes von Werkzeugen für die Anwendungssystementwicklung erforderlich scheint. Es wird bei weitem nicht auf alle Einzelheiten und Optionen eingegangen. Insofern kommt den Ausführungen keinerlei "Handbuchcharakter" zu.

3.4   Literatur zu Kapitel 3

Balzert 86   Balzert, H., Die Entwicklung von Software-systemen - Prinzipien, Methoden, Sprachen, Werkzeuge, 2. Aufl., Mannheim u.a. 1986.

Ferstl et al. 93   Ferstl, O. K. und Sinz, E. J., Geschäftsprozeß-modellierung, in: Wirtschaftsinformatik 35 (1993) 6, S. 589 - 592.

Kelter 91   Kelter, U., CASE, in: Informatik-Spektrum 14 (1991) 4, S. 215 - 220.

Martin 89   Martin, J., Information Engineering, Book I: Introduction, Englewood Cliffs 1989.

Mertens et al. 93   Mertens, P., Bodendorf, F., König, W., Picot, A. und Schumann, M., Grundzüge der Wirtschafts-informatik, 2. Aufl., Berlin u.a. 1993.

Nagl 93   Nagl, M., Software-Entwicklungsumgebungen: Einordnung und zukünftige Entwicklungslinien, in: Informatik-Spektrum 16 (1993) 5, S. 273 - 280.

o.V. 91   O.V., Computer Aided Software Engineering (CASE), in: ist - Intelligente Software-Technolo-gien 1 (1991) 3, S. 57.

Schiemann 92   Schiemann, H., Glossar, in: Leinweber, G. (Hrsg.), Software- und Anwendungsmanage-ment, München u.a., S. 253 - 265.

Suhr et al. 93   Suhr, R. und Suhr, R., Software Engineering - Technik und Methodik, München u.a. 1993.

Vetter 88   Vetter, M., Strategie der Anwendungssoftware-
                                Entwicklung: Planung, Prinzipien, Konzepte,
                                Stuttgart 1988.

4 Planung von Anwendungssystemen

Der erste Schritt einer systematischen, mittel- bis langfristig ausgerichteten Anwendungssystementwicklung besteht in der Planung von AS. Dabei ist mit einer aggregierten Sichtweise für das gesamte Unternehmen zu untersuchen, wie die Informationsverarbeitung dazu beitragen kann, z.B.
- die Anforderungen an eine möglichst effiziente Geschäftsabwicklung der betrieblichen Kernfunktionen in den Fachabteilungen zu unterstützen, wie beispielsweise die Auftragsabwicklung im Vertrieb oder die Arbeitsplanung in der Arbeitsvorbereitung,
- die vorhandene Marktposition zu halten bzw. zu verbessern,
- das Einführen neuerer betriebswirtschaftlicher Konzepte im Unternehmen zu unterstützen oder
- neue Geschäftsfelder zu erschließen.

An der Planung von AS ist primär das obere Management beteiligt. Gewöhnlich hat nur dieser Personenkreis eine entsprechend breite Übersicht und damit Informationen zu einem weitreichenden Planungshorizont für das Unternehmen, um die strategische Zielrichtung festzulegen und die betrieblichen Entwicklungen über mehrere Jahre hinweg zumindest in groben Zügen zu charakterisieren. Das Management gibt somit die Unternehmensziele vor, aus denen speziellere Ziele für die IV abgeleitet werden. In einem Rahmenplan ist dann festzulegen, wie sich die abgeleiteten Ziele durch geeignete AS am besten erreichen lassen. In größeren Unternehmen ist dieses Aufgabe eines Informationsmanagers [vgl. u.a. Jausel-Hüsken 92; Martini et al. 89].

4.1 Methoden zur Anwendungssystemplanung

Mit Methoden zur Anwendungssystemplanung sollen Bereiche bzw. Aufgaben im Unternehmen identifiziert werden, in denen der Einsatz der IV sinnvoll erscheint. In Abhängigkeit von den einzelnen Methoden werden die identifizierten Möglichkeiten zur (verbesserten) IV-Unterstützung in unterschiedlichem Detaillierungsgrad konkretisiert. Dazu werden nachfolgend die Beispiele "Business Systems Planning (BSP)", "Strategic Value Analysis (SVA)" sowie die innerhalb des Information Engineering vorgesehenen Methoden vorgestellt. Anschließend gibt eine Tabelle einen Kurzüberblick zu weiteren Methoden im Rahmen der Anwendungssystemplanung.

Vorab ist anzumerken, daß eine exakte Abgrenzung für die Reichweite der beschriebenen Methoden nicht immer möglich ist. So enthalten einzelne Ansätze, beispielsweise die SVA, auch Elemente der fachlichen Konzeption von AS, welche in dieser Arbeit im fünften Kapitel behandelt werden.

4.1.1   Business Systems Planning

Viele der heute angewendeten Vorgehensweisen zur Anwendungssystem- planung basieren in ihrem methodischen Kern auf der bereits Ende der 60er Jahre im Hause IBM entwickelten Methodik des **"Business Systems Plan- ning (BSP)"** [vgl. IBM 81]. Heute werden die in diesem Vorgehen spezifi- zierten Analyseverfahren auf verschiedene Weisen erweitert oder angepaßt. Ein Beispiel für eine derartige Erweiterung von BSP ist die Kommunikations- System-Studie (KSS). Die wesentlichen Elemente von BSP sind Matrizen. Dabei baut man verschiedene Arten von Matrizen auf, in deren Zeilen und Spalten jeweils für die Anwendungssystemplanung relevante Sachverhalte eingetragen und miteinander in Beziehung gesetzt werden.

Das Vorgehen bei einer BSP-Studie läßt sich in vier Schritte unterteilen, wo- bei die ersten drei Schritte hauptsächlich der Vorbereitung dienen, indem das Planungsteam
1)   die Unternehmensleitung für eine aktive Mitarbeit gewinnt,
2)   Informationen über das Unternehmen sammelt und Interviewpartner auswählt sowie
3)   Zeitpläne aufstellt und die Teilnehmer an der Studie in der Methodik von BSP schult.

Die eigentliche Studie beginnt mit dem Bestimmen von Geschäftsprozessen und deren Zuordnung zu den Organisationseinheiten des Unternehmens. Das Ergebnis dieses Schrittes läßt sich sehr gut mit einer Matrix der Ausprägung "Prozeß läuft ab in Organisationseinheit" abbilden (vgl. Bild 4.1.1/1).

Im folgenden Schritt untersucht man im Rahmen einer sogenannten "Daten- Verwendungs-Analyse" die zuvor definierten Prozesse bezüglich der jeweils zu verarbeitenden Datenobjekte genauer. Es werden die Eigenschaften bzw. Attribute dieser Datenobjekte bestimmt. Beispielsweise analysiert man, ob ein Prozeß Daten erzeugt, verwendet oder löscht.
All jene Attribute eines Datenobjekts, die von genau einem Prozeß geschaf- fen werden, bilden jeweils eine Datenklasse. Die Ergebnisse dieses Schrit- tes können in einer Matrix der Ausprägung "Prozeß erzeugt Datenklasse" festgehalten werden (vgl. die Create- und Use-Beziehungen in Bild 4.1.1/2).

Prozeß / Organisationseinheit	Management			Finanzierung		Marketing		Entwicklung		Verkauf		
	Unternehmensplanung	Organisationsanalyse	Controlling	Finanzplanung	Kapitalbeschaffung	Forschung	Marktforschung	Design	Produktspezifikation	Verkauf	Administration	Auftragsabwicklung
Geschäftsführer	●			●	●	●	×			×		
Leiter Finanzen	×		×	●	●					×		
Controller	×			●	●							
Personaldirektor												
Leiter Gesamtverkauf	/	/				●	●	●	×	●	●	/
Projektmanager												
Leiter Elektronischer Verkauf								×				
Leiter Entwicklung						×		●	●			
Leiter Produktion								/				
Leiter Unternehmensplanung						/		×				

● stark betroffen   × betroffen   / wenig betroffen

Bild 4.1.1/1: Matrix "Prozeß läuft ab in Organisationseinheit"

Um im darauffolgenden Schritt die Anwendungssystemalternativen zu ermitteln, müssen die Prozesse und die Daten so zu Gruppen kombiniert werden, daß ein möglichst geringer Datenaustausch zwischen den Gruppen notwendig wird. Dieses dient insbesondere dem Zusammenfassen von wechselseitig stark voneinander abhängigen Prozessen, d.h. von Prozessen, die einen umfangreichen Datenaustausch betreiben. Gruppen und Datenflüsse werden dabei wie folgt gebildet: Alle die Prozesse, in denen Daten logisch zusammengehörender Klassen angelegt (Create) und relativ häufig genutzt werden (Use), bilden eine Gruppe (vgl. die fett gerahmten Kästen in Bild 4.1.1/2). Solche Gruppen können auch als Bereiche interpretiert werden, die jeweils umfassend einem AS zugeordnet werden sollen. Nun sind die Datenflüsse zwischen den Gruppen zu bestimmen. Ein Datenfluß existiert, wenn die in einer Gruppe angelegten Daten in einer weiteren Gruppe genutzt werden. Datenflüsse werden mit Pfeilen dargestellt (vgl. Bild 4.1.1/2).

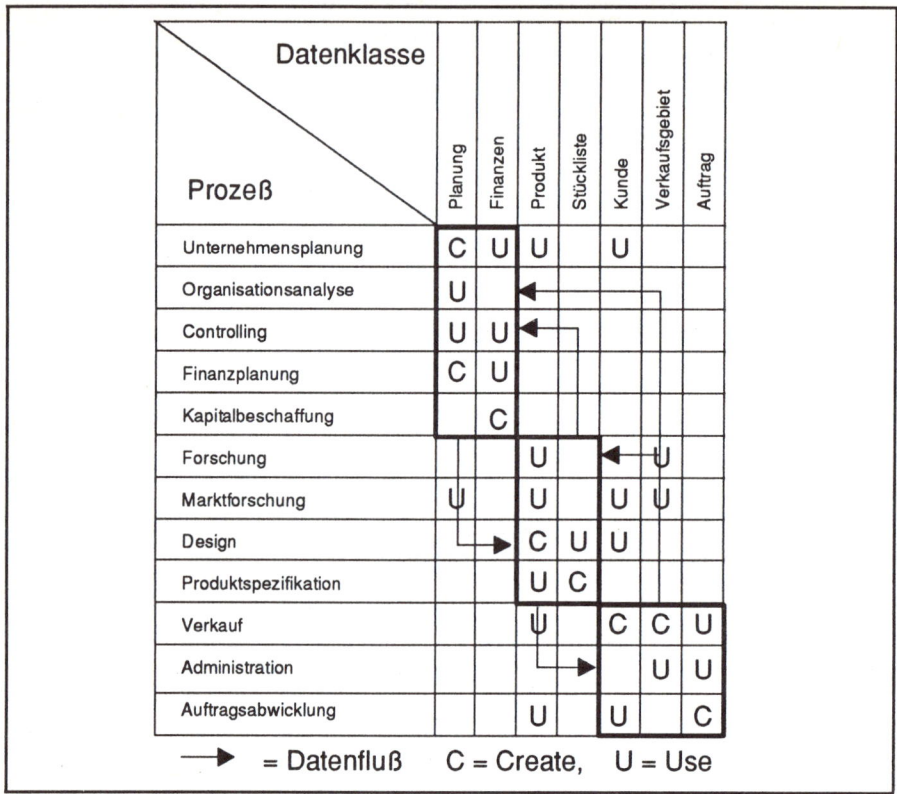

Bild 4.1.1/2: Matrix "Prozeß erzeugt Datenklasse" mit erarbeiteten Datenflüssen

Als Ergebnis der BSP-Untersuchung werden damit potentielle AS aufgrund des notwendigen Funktionsumfangs und der benötigten bzw. erzeugten Datenobjekte charakterisiert. Kritisch ist anzumerken, daß der Erfolg der Vorgehensweise stark von dem Know-how der Projektbeteiligten abhängt. Werden bereits beim Identifizieren der wesentlichen Geschäftsprozesse Fehler gemacht, so wird die weitere Analyse wenig Aussagekraft besitzen. Ebenfalls ist zu bemängeln, daß das Verfahren an den Unternehmensfunktionen ansetzt und die relevanten Daten daraus ableitet. Damit entsteht die Gefahr, daß ein Datenmodell mit Redundanzen entwickelt wird.

4.1.2 Strategic Value Analysis

Die **Strategic Value Analysis** (SVA) ist ein zehnstufiger Prozeß zur Anwendungssystemplanung, der an der Unternehmensstrategie ansetzt und mit einem Entwicklungsplan für zu realisierende AS endet. Die Methode wurde von dem Arthur D. Little Berater R. M. Curtice entwickelt [vgl. Curtice 87]. Die SVA kombiniert mehrere Einzeltechniken zu einem umfassenden Planungsansatz. Bild 4.1.2/1 zeigt die Ablaufschritte der SVA im Überblick.

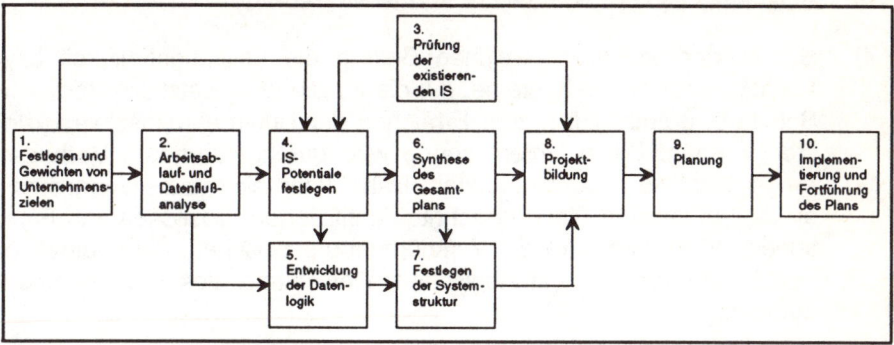

Bild 4.1.2/1: Ablauf der SVA

1)   Im ersten Schritt sind die Unternehmensziele zu benennen, in Einzelziele aufzubrechen und entsprechend der individuellen Einschätzung zu gewichten. Um das Wissen über die grundlegenden Ziele und deren Bedeutung zu gewinnen, sind Diskussionen mit dem Unternehmensmanagement zu führen. In der nachfolgenden, detaillierten Analyse konzentriert man sich dann speziell auf die Bereiche, welche besonderen Einfluß auf diese Ziele haben.

2)   Im nächsten Schritt sind die wichtigsten Unternehmensprozesse zu spezifizieren und die entsprechenden Datenflüsse, die die Prozesse untereinander und mit der Systemumwelt verbinden, zu analysieren. In der Datenflußanalyse wird wiederum die Verbindung zu den Zielhierarchien hergestellt, um die besonders relevanten Datenflüsse zu identifizieren. Diese Untersuchung kann in mehreren Detaillierungsebenen stattfinden. Diesem Planungsschritt liegt eine primär funktionale Sicht auf das Unternehmen zugrunde. Organisatorische Aspekte werden dagegen vernachlässigt. Dabei verwendet man Basisideen der Strukturierten Analyse (vgl. Abschnitt 5.2.2).

3)   Im dritten Schritt befaßt man sich mit den existierenden DV-Lösungen in einem Unternehmen. Damit sollen die vorhandenen Stärken und Schwächen herausgearbeitet werden. Man verfolgt die Zielsetzung, die Anwendungssystementwicklung so zu gestalten, daß Defizite in der Unterstützung durch AS gemildert und Stärken der vorhandenen Lösungen ausgebaut werden können. Neben der funktionellen Betrachtung eingesetzter Applikationen schließt dieser Planungsschritt auch die Analyse der vorhandenen Hardware, der bestehenden Organisation

und des verfügbaren Personals mit ein. Dadurch soll sichergestellt werden, daß die Anwendungssystemplanung die in einem Unternehmen gegebenen Möglichkeiten berücksichtigt, so daß realistische und auch umsetzbare Pläne für AS entwickelt werden.

4) Schritt vier analysiert, welchen Beitrag die Leistungsfähigkeit bzw. Funktionalität der IV-Systeme, d.h die für die IV einsetzbare Hard- und Software, grundsätzlich zum Erreichen der Unternehmensziele zu leisten vermag. Diese Untersuchung wird durchgeführt, um Verbesserungspotentiale herauszuarbeiten. Dabei kann sich das Planungsteam an den im zweiten Planungsschritt identifizierten Prozessen und Funktionen orientieren und so Verknüpfungen zwischen den operativen Funktionen und der strategischen Zielrichtung des Unternehmens aufbauen.

5) Im fünften Schritt wird nach der Entity Relationship-Methode - einer Methode zum Beschreiben der Strukturen, Beziehungen und Eigenschaften von Daten (vgl. Abschnitt 5.1.2) - ein logisches Datenkonzept entworfen. Dieses soll sämtliche relevanten Datenobjekte sowie deren Beziehungen und Attribute enthalten, die zur Ausführung der wichtigen Unternehmensfunktionen benötigt werden, und Grundlage zum Entwurf von Datenbanken sein. Dieser Schritt kann eigentlich schon dem in Abschnitt 5.1 beschriebenen Fachentwurf für die zu verwendenden Daten zugeordnet werden.

6) Schritt sechs baut auf dem vierten Schritt auf und gruppiert die dort ermittelte Funktionalität und die benötigten Leistungsmerkmale der IV-Systeme zu kompletten Lösungen, d.h. es wird festgelegt, welche AS notwendig sind, um die Funktionalität der IV sicherzustellen. Dieses Verfahren ist mit der Modulbildung in BSP vergleichbar. Dabei ist es denkbar, daß ein System verschiedene Funktionen zufriedenstellend abdeckt. Es kann aber auch der Fall eintreten, daß für bestimmte Aufgaben separate AS erforderlich sind.

7) Im Schritt sieben sind die in den Schritten eins bis sechs gewonnenen Erkenntnisse in einem langfristig orientierten IV-Rahmenplan - auch als System-Architektur bezeichnet - festzuschreiben. Aus dieser Architektur sollen sich Empfehlungen für die Hardware- und Software-Auswahl (z.B. Eigenfertigung oder Standardprodukte), für Kommunikationseinrichtungen oder für die Schnittstellendefinition ableiten lassen. Man kann diesen Rahmenplan daher mit einem "Bebauungsplan für die IV" vergleichen, in dem festgehalten wird, welche technischen Komponenten (Hardware, Kommunikationseinrichtungen usw.) grundsätzlich ge-

nutzt werden sollen und welche AS man auf dieser Basis verwenden will.

8) Im achten Schritt sind einzelne Projekte zu definieren, in denen die Vorgaben des IV-Rahmenplans in reale AS umgesetzt werden sollen. Dabei ist darauf zu achten, daß den abgegrenzten Projekten eine klare, unmißverständliche Zielsetzung zugrunde liegt und sie sich mit einem überschaubaren Ressourceneinsatz auch realisieren lassen.

Aufgabe der Schritte 9) und 10) ist es, die einzelnen Projekte in eine zeitliche Abfolge zu bringen und in dem definierten Zeitraum sukzessive abzuwickeln. Hier helfen speziellere Tools, sogenannte Projektmanagementsysteme, die mit Methoden des Operations Research, z.B. Gantt-Diagrammen oder Netzplantechnik, arbeiten. Diese Schritte unterstützen daher spezielle Aufgaben des Projektmanagements.

Die SVA kombiniert mehrere Einzeltechniken zu einem umfassenden Planungsansatz. So werden bei der SVA z.B. die Prozesse und Datenflüsse analysiert sowie ein Datenmodell entworfen. Durch diesen umfassenden Ansatz ist die SVA allerdings ein sehr aufwendiges Verfahren. Man sollte sie daher nur auf Ausschnitte eines Unternehmens anwenden. Vorteilhaft ist bei der SVA, daß sowohl Funktionen als auch Daten betrachtet werden. Der Umfang der Vorgehensweise überschreitet die reine Planung von AS. Auch erste Schritte für ein fachliches Konzept werden gegangen. Kritisch ist jedoch zu hinterfragen, ob der Inhalt der einzelnen Phasen für eine angemessene Realisierung auch wirklich detailliert genug ist.

4.1.3   Information Engineering-Methoden

Hinsichtlich der methodischen Unterstützung für die Planung von AS sind im Information Engineering zwei Typen von Analysen bzw. Studien vorgesehen, die in enger Beziehung zueinander stehen [vgl. Martin 90].

1) Zum einen sind auf einem hohen Aggregationsniveau verschiedene Übersichtsmodelle des Unternehmens zu entwickeln. Sie können z.B.:
   - den organisatorischen Aufbau des Unternehmens zeigen, etwa nach Geschäftseinheiten, um z.B. Unternehmensbereiche zu ermitteln, in denen der Einsatz von AS besonders empfehlenswert ist,
   - die wichtigsten grundlegenden Funktionen und Prozesse benennen, aus denen sich die Geschäftsabläufe bilden, oder
   - die grundlegenden Datenobjekte aufzeigen, die in den einzelnen Bereichen verarbeitet werden.

Diese Übersichtsmodelle sollen eine transparente, unternehmensweite Sicht auf die grundlegenden Komponenten der betrieblichen AS, d.h. auf Organisation, Funktionen, Prozesse und Daten, aufzeigen.

2) Zum anderen sind weitere, für die (strategische) Anwendungssystem-planung relevante Objekte, wie die Unternehmensziele oder die kriti-schen Erfolgsfaktoren, zu bestimmen. Die Objekte sind in Beziehung zueinander zu setzen und ggf. auch entsprechend ihrer Wichtigkeit für das Unternehmen zu bewerten. Dazu müssen vom Unternehmensma-nagement beispielsweise Auskünfte hinsichtlich der folgenden Sach-verhalte erfragt werden:
- Welches sind die Unternehmensziele und wie lassen sich diese in Teilziele aufsplitten? Wie ist die Wichtigkeit der einzelnen Ziele einzuschätzen?
- Welche kritischen Erfolgsfaktoren bestimmen den Geschäftserfolg am stärksten? Wie wirken diese Erfolgsfaktoren auf das Erreichen der Unternehmensziele?
- Welches sind die Ziele der IV? (Diese sind aus den Unterneh-menszielen und/oder den kritischen Erfolgsfaktoren abzuleiten.)
- Welche Informationen braucht das Management, um seine Ent-scheidungen auf einer besseren Informationsgrundlage fällen zu können?
- In welchen Unternehmensbereichen/Organisationseinheiten fallen die Informationen an und durch welche Art von AS könnten sie für die Entscheidungsunterstützung bereitgestellt werden?
- In welchen Organisationseinheiten laufen die Funktionen/Pro-zesse ab, die den Geschäftserfolg am nachhaltigsten beeinflus-sen?
- Welche Organisationseinheiten stellen ganz besonders wichtige Informationen für das Management bereit?

Grundlegendes Ziel dieser und ähnlicher Fragestellungen ist es, das gesamte Unternehmen systematisch hinsichtlich der für die Planung von AS relevanten Aspekte zu hinterfragen. Diese sollen aufgedeckt und transparent dargestellt werden. Mit den dadurch gewonnenen Er-kenntnissen sind die Unternehmensbereiche/Organisationseinheiten und Geschäftsprozesse zu lokalisieren, in denen durch IV-Unterstüt-zung eine Verbesserung der kritischen Erfolgsfaktoren des Unterneh-mens möglich ist.

4.1.4   Weitere Methoden

Die folgende Übersicht (Bild 4.1.4/1) gibt einen Überblick über weitere wichtige Methoden zur Anwendungssystemplanung [vgl. u.a. Schöneker et al. 90]. Jede Methode wird dabei kurz erläutert und beurteilt.

Methode	Erläuterung	Beurteilung
Analyse kritischer Erfolgs-faktoren (KEF)	Geht man davon aus, daß die KEF Zielkriterien widerspiegeln, auf die die AS einwirken sollen, so kann durch den Grad der Einfluß-nahme eine Bewertung erfolgen. Für die AS-Planung bietet sich eine Hierarchie von KEF mit stu-fenweiser Verfeinerung an, z.B. a) wesentliche Branchenerfolgs-faktoren, b) spezifische Unternehmens-erfolgsfaktoren und c) prozeßorientierte Faktoren.	– Die Methode ist sinnvoll zum Identifizieren emp-fehlenswerter DV-Projek-te. – Der Inhalt des AS wird nicht konkretisiert. – Die Entwicklung und Einführung von AS dauert oft mehrere Jahre. Die KEF können sich wäh-rend dieser Zeit ändern.
Portfolio-Analysen	Potentielle AS werden in ein oder mehrere zweidimensionale Portfo-lios eingeordnet, um ihre Bedeu-tung für das Unternehmen zu er-mitteln. Beispielhaft werden AS in einem Portfolio bzgl. der Wirt-schaftlichkeit und dem Beitrag zur Unternehmensstrategie bewertet, um den Projekteinfluß auf die Un-ternehmensziele festzustellen. Die Priorität eines AS läßt sich z.B. ermitteln, indem man das AS bzgl. der IV-Attraktivität zum Erreichen der Unternehmensziele und der existierenden DV-Position des Unternehmens klassifiziert.	– Methode zum Bewerten bereits identifizierter DV-Projekte. – Die Beurteilung kann un-ter verschiedenen Ge-sichtspunkten erfolgen. – Beim Einordnen der glei-chen DV-Projekte in ver-schiedene Portfolios kann das Zusammenfassen der Ergebnisse, das für eine vollständige Projekt-bewertung erforderlich ist, aufgrund rein qualita-tiver Kriterien problema-tisch sein.

Customer Resource Life Cycle (CRLC)	Der CRLC soll die Frage untersuchen, wie die Beziehung des Unternehmens zu seinen Kunden durch AS geändert bzw. verbessert werden kann. Die Verbindung zum Kunden wird nicht nur punktuell zum Zeitpunkt des Kaufs betrachtet: Der CRLC deckt den gesamten Kundenbedienzyklus von der Bedarfsermittlung über den Erwerb und die Nutzung eines Produktes bis zu dessen Stillegung ab. Der CRLC setzt bei einer Differenzierungsstrategie an. In jeder Phase des Kundenbedienzyklus sollen zwei Fragen beantwortet werden: – Wie und wo kann ich meine Kunden durch den Einsatz von IV bei ihren Geschäftstätigkeiten unterstützen? – Welche Möglichkeiten bestehen, selbst daraus Wettbewerbsvorteile zu erzielen?	– Empfehlenswerte AS werden identifiziert, ihr Inhalt wird konkretisiert. – Vorteilhaft ist, daß sich der Einsatz von AS am Kunden orientiert. – Nachteilig ist, daß nur die Vertriebssicht berücksichtigt wird.

Bild 4.1.4/1: Weitere Methoden zur Anwendungssystemplanung

Zusammenfassend kann man festhalten, daß die verschiedenen Methoden zur Anwendungssystemplanung teilweise Ähnlichkeiten aufweisen, insbesondere hinsichtlich der Nutzung von grundlegenden Techniken, z.B. dem Orientieren an den Zielen und kritischen Erfolgsfaktoren des Unternehmens sowie der Analyse der Datenflüsse. Differenzen zwischen den Planungsmethoden ergeben sich zum einen aus einer unterschiedlich restriktiv vordefinierten Abfolge einzelner Planungsschritte. Zum anderen zeigen sich Unterschiede hinsichtlich des Zeitpunkts, zu dem die einzelnen Methoden im Planungsprozeß anzuwenden sind.

Die Übereinstimmung in den verwendeten Basistechniken führt zu dem angenehmen Effekt, daß sich die im folgenden Abschnitt vorgestellten Planungswerkzeuge von ADW nicht nur für die im Information Engineering definierten Methoden nutzen lassen, sondern allgemein verwendbar sind.

4.2 Werkzeuge zur Anwendungssystemplanung

Um die dargestellten Methoden zur Anwendungssystemplanung mit geeigneten Hilfsmitteln DV-technisch zu unterstützen und dabei möglichst unabhängig von den verschiedenen, im vorherigen Abschnitt behandelten Vorgehensweisen zu bleiben, sollen die entsprechenden Werkzeuge insbesondere
für die zu verwendenden Basistechniken einzusetzen sein. Grundlegende,
methodenübergreifend einsetzbare Basistechniken sind beispielsweise das
Darstellen von Datenbeziehungen, das Abbilden struktureller Beziehungen
zwischen Elementen in Form von Hierarchien, das Beschreiben von einzelnen Elementen einschließlich deren Eigenschaften oder der Aufbau von
Matrizen zum Abbilden einfacher Beziehungen zwischen bestimmten Elementen.

Die *Planning Workstation* stellt insgesamt vier Tools für die Planungsaufgaben bereit, die eine Vielzahl flexibler Darstellungs- und Auswertungsoptionen
für die aufgezeigten Methoden zur Anwendungssystemplanung bieten.

Decomposition Diagrammer
Dieses Werkzeug erlaubt für verschiedene Elemente eine hierarchische
Darstellung. Hierarchische Darstellung bedeutet, daß ein Objekt als Zu-
sammensetzung aus mehreren Unter-/Subobjekten dargestellt wird, z.B. ein
Ziel aus mehreren Subzielen. Die Hierarchisierung ermöglicht es auch,
Über-/Unterordnungsrelationen abzubilden, etwa einen Vorgesetzten, dem
mehrere Mitarbeiter zugeordnet sind.
Eine hierarchische Zerlegung - auch als **Dekomposition** bezeichnet - kann
sich über mehrere Ebenen erstrecken. Dadurch wird es möglich, einen
Sachverhalt praktisch in einem beliebigen Detaillierungsgrad darzustellen.
Ausgehend vom in der Hierarchie an höchster Ebene (Ebene 0) angeordneten obersten Element, welches den abzubildenden Sachverhalt am wenig-
sten detailliert darstellt, kann durch sukzessives Zerlegen in Teilsachverhalte
mit weiteren Ebenen der Detaillierungsgrad verfeinert werden, bis man die
gewünschte "Granularität" erzielt hat. Baut man Dekompositionsdiagramme
derart, d.h. von oben nach unten, auf, wird dies als "Top down"-Vorgehen
bezeichnet.
Hierarchiediagramme lassen sich alternativ auch von unten nach oben -
"Bottom up" - gestalten. Dabei identifiziert man zunächst die einzelnen ele-
mentaren Sachverhalte. In den folgenden Schritten werden diese dann sukzessive zu übergeordneten Begriffen zusammengefaßt. Während beim Top
down-Vorgehen mit jeder Zerlegung der Detaillierungsgrad zunimmt, nimmt
dieser beim Bottom up-Vorgehen ab, d.h. es findet eine Abstraktion statt.
Bild 4.2/1 zeigt in einer allgemeingültigen Form die genannten Prinzipien
beim Bilden von Hierarchiediagrammen.

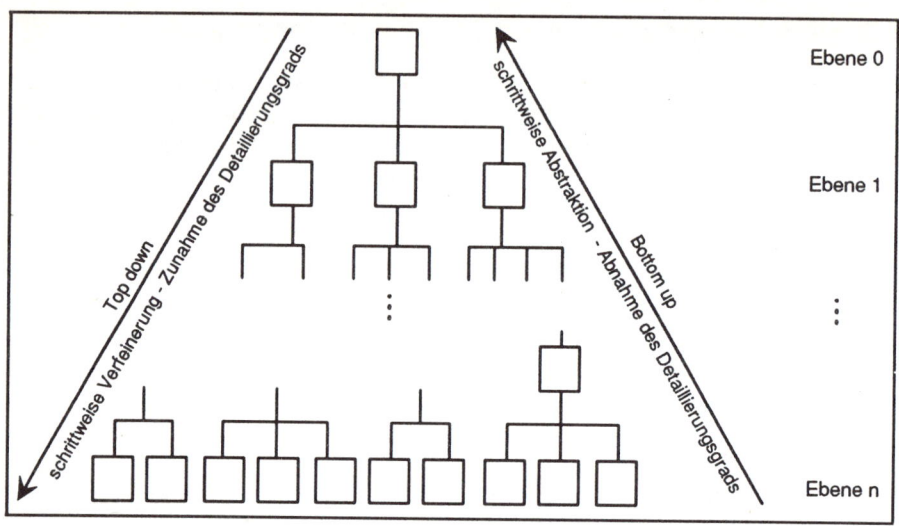

Bild 4.2/1:   Bilden von Hierarchiediagrammen

Mit Hilfe des *Decomposition Diagrammer* können in ADW insgesamt elf verschiedene Elementtypen in Hierarchiediagrammen spezifiziert werden. Versucht man, die verschiedenen Inhalte zu systematisieren, dann lassen sich
die vier Arten organisationsorientiert, aufgabenorientiert, informationsorientiert und managementorientiert unterscheiden.

1)   Organisationsorientiert
     Den organisationsorientierten Elementen sind insbesondere die *Orga-
     nizational Units* zuzuordnen. Darunter versteht man eine organisatori-
     sche Einheit wie beispielsweise eine Abteilung. Während die Organisa-
     tionseinheiten eine logische Struktur widerspiegeln, bezeichnen die
     sogenannten *Locations* den physischen Ort in einem Unternehmen, an
     dem Aufgaben ausgeführt werden, z.B. ein Werk, ein Gebäude oder
     einen Raum. *Projects* charakterisieren temporäre Organisationseinhei-
     ten.

2)   Aufgabenorientiert
     Hierunter fallen die Optionen *Functions*, *Processes* und *Mechanisms*.
     Bei der Anwendung von ADW ist zu beachten, daß sich die Verwen-
     dung von Funktionen und Prozessen, wie sie eingangs des dritten Ka-
     pitels festgelegt wurde, von der ADW zugrundeliegenden Terminologie
     etwas unterscheidet. Während in diesem Buch Prozesse als Funktions-
     abläufe, d.h. als Zusammensetzung von einzelnen Funktionen
     verstanden werden, haben in der ADW-Terminologie die *Functions* ge-
     genüber den *Processes* einen hierarchisch höheren Stellenwert. Dies
     ist insbesondere bei der fachlichen Konzeption von AS zu beachten.
     Mit *Mechanism* wird die Art und Weise bezeichnet, wie Funktionen

bzw. Prozesse ausgeführt werden. Dieses kann z.B. vollautomatisch, halbautomatisch oder personell erfolgen.

Die folgende Übersicht (Bild 4.2/2) stellt die in diesem Buch verwendeten Begriffe der ADW-Terminologie gegenüber.

Terminologie dieses Buches	ADW-Terminologie
Funktion	Process
Elementarfunktion	Sequential Process
Prozeß	Process
Gruppe von Funktionen, mit der ein Aufgabenbereich des Unternehmens unterstützt wird	Function
Methode, nach der die Bearbeitung in einer konkreten Funktion erfolgt	Mechanism

Bild 4.2/2:   Einordnung von Begriffen der ADW-Terminologie

3)   Informationsorientiert
Mit *Data Collections* lassen sich die Unternehmensdaten nach inhaltlichen Kriterien strukturieren. Eine "Datenklasse" wären etwa alle Kundendaten. *Information Needs* charakterisieren Informationen aus einer stärker zweckorientierten Sicht. Dadurch werden die unternehmensrelevanten Informationen u.a. hinsichtlich des Bedarfs strukturiert, der zum Unterstützen einzelner Unternehmensziele notwendig ist.

4)   Managementorientiert
Mit der Option *Goals* kann das Management Hierarchien der Unternehmensziele darstellen und entsprechende Teilziele definieren. Gleiches ist mit der Option *Problems* für die charakteristischen Problemfelder eines Unternehmens möglich.

Für die Anwendungssystemplanung sind vor allem management-, organisations- und informationsorientierte Dekompositionsdiagramme relevant, um z.B. geplante Organisationsstrukturen festzulegen, eine Hierarchie der Unternehmensziele aufzubauen oder die Informationsbedarfe systematisch zu erfassen und abzubilden. Die aufgabenorientierten Sichten finden primär in der fachlichen Konzeption Verwendung.

Da praktisch alle Methoden zur Anwendungssystementwicklung in irgendeiner Form eine Darstellung von Sachverhalten in Dekompositionsdiagrammen beinhalten, ist dieses Werkzeug sehr flexibel und vielfältig einsetzbar.

Property Matrix Diagrammer
Mit Hilfe dieses Matrixgenerators lassen sich sämtliche Elementtypen der Planungsphase spezifizieren und durch Eigenschaften (Properties) mit

einem fest vorgegebenen Wertebereich charakterisieren. Insgesamt kann man für 15 verschiedene Elementtypen derartige Eigenschaftsmatrizen anlegen. Zu den elf mit Hilfe von Dekompositionsdiagrammen darstellbaren und oben bereits beschriebenen kommen noch die folgenden hinzu:

- *Critical Success Factors* (kritische Erfolgsfaktoren, s.o.),
- *Critical Assumptions* bezeichnen Annahmen über das Unternehmen, das geschäftliche Umfeld oder den Wettbewerb, die die kritischen Erfolgsfaktoren beeinflussen,
- *Entity Type* (Entitytyp, vgl. Abschnitt 5.1.2.1),
- *Modelling Source* kann z.B. eine Person, eine Gruppe oder auch ein Dokument sein, aus der/dem Informationen gewonnen werden, um Unternehmensmodelle zu erstellen.

Die zum Charakterisieren der einzelnen Elemente eines Typs verwendbaren Eigenschaften sind fest vorgegeben. Die Unternehmensziele beispielsweise lassen sich mit den folgenden Eigenschaften näher spezifizieren:

- *Begin Time*; dieser Zeitpunkt gibt wieder, ab wann das Unternehmensziel definiert ist.
- *Ranking*; in einem Wertebereich von 1-9999 können die Ziele entsprechend ihrer Bedeutung für das Unternehmen von "völlig unbedeutend" bis "extrem wichtig" gewichtet werden.
- *Planning Horizon*; ermöglicht die Spezifikation eines Vorschauzeitraums, innerhalb dessen das Ziel erreicht werden soll. Dabei differenziert das Werkzeug zwischen permanenten Zielen (PE), die eigentlich nie erreicht werden, sondern eher eine Vision darstellen, strategischen Zielen (ST), die für einen Zeitraum von zwei bis fünf Jahren vorgegeben werden, und taktischen Zielen (TA), die innerhalb von zwei Jahren zu realisieren sind.

Bild 4.2/3 skizziert beispielhaft eine Eigenschaftsmatrix.

	Begin Time	Ranking	Planning Horizon
Qualität	01-1994	8000	PE
Individualität	01-1994	8000	ST
Konkurrenzfähiger Preis	01-1994	6000	PE

Bild 4.2/3:   Eigenschaftsmatrix für den Elementtyp Unternehmensziel

Beispielsweise kann der Elementtyp *Project* mit den Eigenschaften
- Geplanter Start- und Endtermin,
- Tatsächlicher Start- und Endtermin,

- Geschätzter Mittel- und Personenaufwand,
- Wichtigkeit, Priorität und Risiko (hoch, mittel, gering oder Zahl zwischen 1-9999) sowie
- Komplexität der technischen Realisierung (hoch, mittel, gering oder Zahl zwischen 1-9999)

charakterisiert werden.

Darüber hinaus lassen sich für sämtliche in ADW relevanten Elemente sogenannte *Details* spezifizieren. Dabei handelt es sich um Felder für Definitionen (*Definitions*) und Kommentare (*Comments*), in denen sich beliebig lange Textpassagen ablegen lassen. Beispielsweise kann man in Form eines Kommentars bei der Anwendungssystemplanung für jedes strategische und taktische Unternehmensziel einen oder mehrere Zielwerte hinterlegen, anhand derer die Zielerreichung zu überprüfen ist.

Association Matrix Diagrammer
Die Informationen über die einzelnen Elementtypen gewinnen an Aussagekraft, wenn man neben der isolierten Betrachtung auch den Kontext ihrer Verknüpfung mit den anderen Elementtypen darstellen und analysieren kann. Als wirkungsvolles Präsentationsmittel sind hierfür Matrizen geeignet, wie wir sie insbesondere bei der BSP-Methodik kennengelernt haben (vgl. Abschnitt 4.1.1).
Mit dem *Association Matrix Diagrammer* lassen sich derartige Verknüpfungen zwischen den Elementen zweier Elementtypen darstellen. In den Zeilen der Matrix kann einer der 15 bisher vorgestellten Elementtypen angetragen werden. Die Optionen für die Spaltenelemente sind vom Zeilenelement abhängig. Beispielsweise hat man für den Elementtyp "kritischer Erfolgsfaktor" als Zeilenelement insgesamt 15 Optionen für das Spaltenelement zur Auswahl, z.B.: "...verursacht Problem", "...beeinflußt Unternehmensziel", "...ist Inhalt von Projekt" oder "...wird durch Funktion unterstützt". Neben den vom System vorgeschlagenen Beziehungsmatrizen kann sich der Anwender auch selbst Verknüpfungen definieren.

Die Optionen für Eintragungen in den Matrixfeldern variieren, abhängig von den verknüpften Elementtypen. In der einfachsten Form kann durch "Häkchen" spezifiziert werden, daß überhaupt eine Beziehung zwischen einem Zeilen- und einem Spaltenelement besteht. Aussagekräftigere Eintragungen können über Abkürzungen vorgenommen werden, die jeweils für einen speziellen Sachverhalt stehen. In der Beziehungsmatrix "Entity ist enthalten in Prozeß" läßt sich z.B. mit den Kürzeln C (*Create*), R (*Read*), U (*Update*) oder D (*Delete*) angeben, ob das Entity erzeugt, nur gelesen, aktualisiert oder gelöscht wird.

Bild 4.2/4 zeigt einen Ausschnitt aus der Matrix, welche die Verknüpfung "Prozeß findet statt in Abteilung" verdeutlicht.

	Vertrieb	Planung/Design	Arbeitsvorbereitung	Produktion Holz	Produktion Metall	Lagerhaltung/Materialwirtschaft	Auslieferung/Montage	Einkauf	Kostenrechnung
Angebot erstellen	✓	✓	✓					✓	✓
Produkt konstruieren		✓	✓					✓	
Auftrag bearbeiten	✓		✓	✓	✓	✓			
Produkt kalkulieren								✓	✓
Produktionsprozeß planen			✓			✓			
Produktion durchführen				✓	✓	✓			
Produkte ausliefern	✓						✓		
Montage	✓						✓		
Material/Teile einkaufen						✓		✓	

Bild 4.2/4:   Beispiel einer Beziehungsmatrix

Entity Relationship Diagrammer
Mit diesem Tool entwickelt man auf der Basis der Entity Relationship (ER)-Methode nach Chen Datenmodelle. Diese zeigen die in einem Informationssystem oder in einem Unternehmensbereich zu verarbeitenden Datenobjekte (Entities), z.B. Kunden, Produkte oder Aufträge, sowie die Beziehungen zwischen den Entities. Das Erstellen von Datenmodellen nach der ER-Methode erfolgt in der Planungsphase auf einer stark aggregierten und hochverdichteten Ebene. Eingehendere Untersuchungen hinsichtlich der Datenstrukturen finden in der Analysephase statt. Methodik und Werkzeuge zum Erstellen von Datenmodellen werden deshalb erst in Abschnitt 5.1 näher erläutert.

4.3 Strategische Anwendungssystemplanung in der Fallstudie

Die Zielsetzungen der Ladenbau GmbH sind eine hohe Qualität der Leistung, Individualität sowie ein konkurrenzfähiger Preis.

Unter dem Qualitätsgesichtspunkt lassen sich als Einflußfaktoren für den Erfolg des Unternehmens die Bearbeitungsqualität, die Qualität des eingesetzten Materials, ein fertigungsgerechtes Konstruieren sowie die Lieferqualität im Sinne der Termintreue unterscheiden. Die Bearbeitungsqualität setzt sich aus der Qualität des Produktionsprozesses und der Qualität der Montage zusammen. Die Materialqualität wird unter anderem durch die ausgewählten Lieferanten bestimmt. Für die Lieferqualität sind besonders die Verfügbarkeit des Materials und der Betriebsmittel wichtig.

Die Individualität des Produktangebotes der Ladenbau GmbH kommt zum einen durch ein ansprechendes kreatives Design zum Ausdruck. Zum anderen wird sie durch besonders individuelle Angebote für Kunden deutlich.

Um einen konkurrenzfähigen Preis bei den Produkten anbieten zu können, sind kostengerechte Produkte zu fertigen, der Produktionsprozeß entsprechend kostengünstig zu gestalten sowie möglichst geringe Lager- und Zwischenlagerbestände aufzubauen. Um ein Produkt kostengerecht herzustellen, benötigt man sowohl kostengünstiges Material als auch einen möglichst hohen Einsatz von Standardmaterial.

Bild 4.3/1 zeigt die hierarchische Ordnung der Zielsetzungen mit ihren Einflußfaktoren in einem Dekompositionsdiagramm.

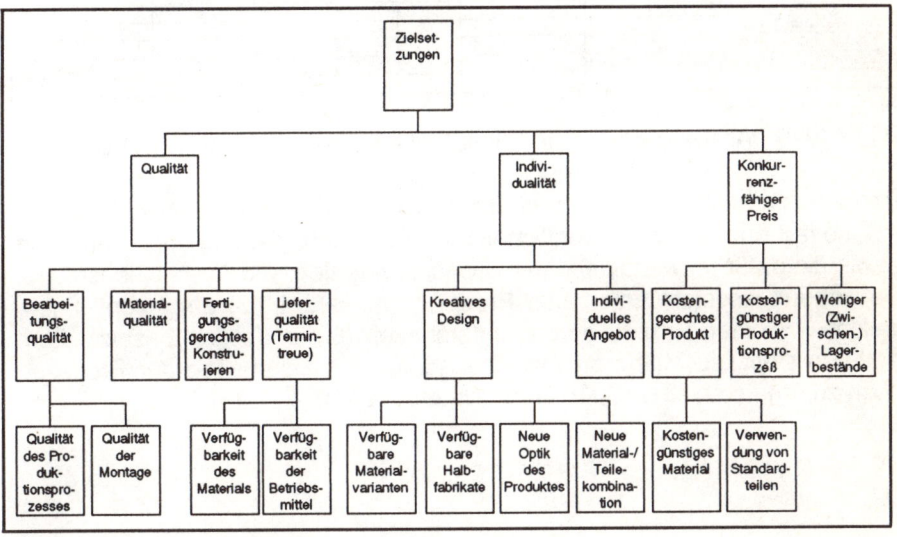

Bild 4.3/1:   Ziele und Einflußfaktoren

Betrachtet man, welche wesentlichen Unternehmensprozesse diese Faktoren beeinflussen können, so fällt auf, daß im wesentlichen drei kritische Bereiche zu nennen sind. Die Produktkonstruktion nimmt Einfluß auf Faktoren, die auf sämtliche drei Zielsetzungen wirken. Der Produktionsprozeß selbst bestimmt maßgeblich die Produktqualität. Er beeinflußt aber auch die Kosten. Schließlich ist der Bereich der Materialwirtschaft und des Einkaufes als

wichtig zu nennen, da hier ebenfalls Qualitäten (insbesondere die Material-
und Teilequalität) sowie die Kosten über die Kapitalbindung im Lager beeinflußt werden. Die Assoziationsmatrix "Einflußfaktor wird beeinflußt von Prozeß" (vgl. Bild 4.3/2) stellt die Beziehungen im Detail dar.

Einflußfaktor	Angebot erstellen	Produkt konstruieren	Auftrag bearbeiten	Produkt kalkulieren	Produktionsprozeß planen	Produktion durchführen	Produkte ausliefern	Montage	Material/Teile einkaufen
Bearbeitungsqualität						✓			
Qualität d. Produktionsprozesses					✓	✓			
Qualität der Montage								✓	
Materialqualität						✓			✓
Fertigungsgerechtes Konstruieren		✓							
Lieferqualität (Termintreue)			✓						
Verfügbarkeit des Materials					✓	✓	✓		
Verfügbarkeit der Betriebsmittel					✓	✓			
Kreatives Design		✓							
Verfügbare Materialvarianten									✓
Verfügbare Halbfabrikate									✓
Neue Optik des Produkts		✓							
Neue Material-/Teilekombination		✓							
Individuelles Angebot	✓								
Kostengerechtes Produkt		✓				✓			
Kostengünstiges Material									✓
Verwendung von Standardmaterial			✓						✓
Kostengünst. Produktionsprozeß		✓			✓	✓			
Weniger (Zwischen-)Lagerbestand						✓			✓

Bild 4.3/2:   Assoziationsmatrix "Einflußfaktor wird beeinflußt von Prozeß"

Betrachtet man die Prozeßunterstützung durch im Unternehmen vorhandene
AS, so fällt auf, daß im wesentlichen die Produktionsplanung und -steuerung
sowie die dafür notwendige Materialwirtschaft fehlen. Die Assoziationsmatrix
"Anwendungssystem unterstützt Prozeß" (vgl. Bild 4.3/3) zeigt zum einen,
welche AS einen Prozeß bereits unterstützen (U für Use/im Einsatz). Zum
anderen stellt die Matrix dar, welche AS für das Bearbeiten der Prozesse
noch zu ergänzen sind (C für Create/zu ergänzen).

	Angebot erstellen	Produkt konstruieren	Auftrag bearbeiten	Produkt kalkulieren	Produktionsprozeß planen	Produktion durchführen	Produkte ausliefern	Montage	Material/Teile einkaufen
Angebotsbearbeitung/-verfolgung	U								
CAD-Design		U							
CAD-Fertigung/NC-Steuerung		U							
Auftragsbearbeitung			U						
Vorkalkulation				U					
Produktionsplanung					C				
Produktionssteuerung						C			
Produktionsfortschrittskontrolle						C			
Montageplanung								C	
Einkaufssteuerung/-verwaltung									U
Versandabwicklung							C		
Materialwirtschaft	C				C	C			C

Bild 4.3/3:   Assoziationsmatrix "Anwendungssystem unterstützt Prozeß"

Auch bei der Analyse der verfügbaren Daten wird deutlich, daß eine Stammdatenverwaltung, in der das Rohmaterial (Material), die Halbfabrikate (Teil) sowie die Endprodukte (Produkt) geführt werden, für die meisten Prozesse notwendig ist, die mit der Abwicklung eines Auftrags verbunden sind. Die Assoziationsmatrix "Prozeß benötigt Stammdaten" (vgl. Bild 4.3/4) stellt dar, welche Stammdaten für welche Prozesse erforderlich sind. Da in der Ladenbau GmbH keine vollständige Produktstammdatenverwaltung (einschließlich Stücklisten und Arbeitsplänen) vorhanden ist, muß hier ein wesentliches Defizit gesehen werden.

	Kunde	Material	Teil	Produkt	Stückliste	Arbeitsplan	Betriebsmittel	Transporteinheit	Montagegruppe	Lieferant
Angebot erstellen	✓		✓	✓						
Produkt konstruieren		✓	✓	✓	✓	✓				
Auftrag bearbeiten	✓	✓	✓	✓	✓	✓				
Produkt kalkulieren	✓	✓	✓	✓						
Produktionsprozeß planen		✓	✓	✓	✓	✓	✓			
Produktion durchführen		✓	✓	✓	✓	✓	✓			
Produkte ausliefern	✓			✓				✓		
Montage	✓			✓					✓	
Material/Teile einkaufen		✓	✓							✓

Bild 4.3/4:   Assoziationsmatrix "Prozeß benötigt Stammdaten"

In der Assoziationsmatrix "Anwendungssystem benötigt Stammdaten" (vgl. Bild 4.3/5) wird gezeigt, auf welche Stammdaten die bereits vorhandenen und die noch zu ergänzenden AS zugreifen.

	Kunde	Material	Teil	Produkt	Stückliste	Arbeitsplan	Betriebsmittel	Transporteinheit	Montagegruppe	Lieferant
Angebotsbearbeitung/-verfolgung	✓		✓	✓						
CAD-Design		✓	✓	✓	✓					
CAD-Fertigung/NC-Steuerung		✓	✓	✓	✓	✓	✓			
Auftragsbearbeitung	✓			✓						
Vorkalkulation		✓	✓	✓		✓	✓			
Produktionsplanung		✓	✓	✓	✓	✓	✓			
Produktionssteuerung		✓	✓	✓	✓	✓	✓			
Produktionsfortschrittskontrolle		✓	✓	✓	✓	✓	✓			
Montageplanung	✓			✓					✓	
Einkaufssteuerung/-verwaltung		✓	✓							✓
Versandabwicklung	✓							✓		
Materialwirtschaft		✓	✓	✓						

Bild 4.3/5:   Assoziationsmatrix "Anwendungssystem benötigt Stammdaten"

Aus dieser Analyse der verfügbaren AS in der Ladenbau GmbH ergibt sich, daß der gesamte Bereich der Produkt-, Teile- und Materialstammdatenverwaltung ein wesentlicher Schwachpunkt des Anwendungssystem-Konzeptes ist. Die in diesem Bereich geführten Daten werden von vielen Geschäftsprozessen benötigt (vgl. Bild 4.3/4). Sie werden aber derzeit nur unzureichend im Unternehmen verwaltet (vgl. Bild 4.3/5 in Zusammenhang mit Bild 4.3/3). Daher soll, auch aufgrund einer sachlich sinnvollen Realisierungsreihenfolge, zuerst eine solche Stammdatenverwaltung aufgebaut werden. Dieses kann in Verbindung mit dem Einrichten eines zentralen Materialwirtschaftssystems erfolgen, dessen Aufgabe im wesentlichen eine Bestandsführung für diesen Datenkreis darstellt.

4.4   Literatur zu Kapitel 4

Curtice 87   Curtice, R. M., Strategic Value Analysis, Englewood Cliffs 1987.

IBM 81   IBM (Hrsg.), Business Systems Planning - Information Systems Planning Guide, GE20 - 0527 - 3, White Plains 1981.

Jausel-Hüsken 92   Jausel-Hüsken, S., Strategische Informations-
                          planung - Ein Kommunikationsprozeß, in: Curth,
                          M. und Lebsanft, E., (Hrsg.), Wirtschaftsinforma-
                          tik in Forschung und Praxis, München u.a. 1992,
                          S. 90 - 99.

Martin 90   Martin, J., Information Engineering, Book II:
                          Planning and Analysis, Englewood Cliffs 1990.

Martini et al. 89   Martini, L. und Klotz, M., Strategisches Informa-
                          tionsmanagement. Bedeutung und organisatori-
                          sche Umsetzung, München u.a. 1989.

Schöneker et al. 90   Schöneker, H. und Nippa, M. (Hrsg.), Computer-
                          gestützte Methoden für das Informationsmana-
                          gement, Baden-Baden 1990.

5 Fachliche Konzeption von Anwendungs- systemen

Die wesentliche Zielsetzung bei der fachlichen Konzeption von AS ist es, die Funktionen sowie ihre Zusammenhänge und die zu verarbeitenden Informationen in einem abgegrenzten Unternehmensbereich herauszuarbeiten. Dabei ist zu untersuchen, wie die relevanten Informationen in den einzelnen Funktionen erzeugt, verwendet, aktualisiert, gelöscht und ausgetauscht werden. Ergebnisse der fachlichen Konzeption sind Funktions- und Datenmodelle. Diese zeigen die Daten und Funktionen, die notwendig sind, um die Geschäftsprozesse abzuwickeln. Darüber hinaus sollte aus den Modellen hervorgehen, wie die Daten und Funktionen miteinander verknüpft werden.

Gegenüber der Planungsphase besteht ein wesentlicher Unterschied darin, daß bei der fachlichen Konzeption nicht mehr das gesamte Unternehmen oder ein Geschäftsbereich betrachtet bzw. modelliert wird, sondern nur noch ein ausgewählter Bereich, ohne jedoch die Schnittstellen zu den angrenzenden Bereichen zu vernachlässigen. Ein weiterer Unterschied liegt in der Betrachtungstiefe. Während in der Planungsphase die Daten und Funktionen auf einem hochaggregierten, vergleichsweise abstrakten Niveau untersucht wurden, findet in der fachlichen Konzeption eine differenziertere, in die Einzelheiten gehende Analyse statt.

Als Methoden zur Daten- und Funktionsanalyse für kommerzielle AS haben sich in den vergangenen Jahren insbesondere die "Structured Analysis bzw. Strukturierte Analyse (SA)" sowie die "Semantische Datenmodellierung nach der Entity Relationship-Methode (ERM)" als Standards entwickelt und etabliert. Sie bilden auch den methodischen Kern des Information Engineering [vgl. Martin 90] sowie verschiedener weiterer Vorgehensmodelle und werden dementsprechend durch die Werkzeuge der *Analysis Workstation* des ADW-CASE-Tools unterstützt.

Die im vorherigen Abschnitt behandelten Methoden Strategic Value Analysis und Business Systems Planning beinhalten ebenfalls Elemente der SA und/oder ERM. Dieses ist ein Indiz dafür, daß eine scharfe Trennung zwischen der Anwendungssystemplanung und der fachlichen Konzeption nicht möglich, aber auch nicht sinnvoll ist. Die Übergänge sind oftmals als fließend anzusehen.

In Abschnitt 3.1 wurde bereits angemerkt, daß der daten- und der funktionsorientierte Ansatz eng miteinander zu verknüpfen sind. Dazu bedarf es
grundlegender Kenntnisse zum Anwenden der entsprechenden Methoden,
über deren spezielle Zielsetzungen, über ihre charakteristischen Merkmale
sowie über das unterschiedliche Vorgehen bei der Daten- und Funktionsmodellierung. Dies ist Gegenstand der folgenden Abschnitte. Zunächst wird
das Erstellen von Datenmodellen auf der Grundlage von ERM vorgestellt,
danach der Entwurf von Funktionsmodellen behandelt. Dabei werden beide
Ansätze jeweils unabhängig voneinander betrachtet. Daran anschließend
wird gezeigt, wie man werkzeuggestützt vorgehen kann, um eine Symbiose
von daten- und funktionsorientierten Ansätzen zu erreichen.

5.1   Datenmodellierung

5.1.1   Grundlagen der Datenmodellierung

Die Datenmodellierung wurde aufgrund der Erkenntnis entwickelt, daß die
Daten nicht mehr nur als "Anhängsel" der Funktionen zu betrachten sind,
sondern eine gleichrangige und eigenständige Komponente von Informati-
onssystemen darstellen. Dies bezieht sich sowohl auf die logische Beschreibung der Daten als auch auf ihre physische Speicherung. Während bei
einem funktionsorientierten Ansatz die Daten gewöhnlich in Dateien organisiert und den verschiedenen AS direkt zugeordnet sind, werden bei einem
datenorientierten Ansatz die Unternehmensdaten idealerweise in zentralen
Datenbanken anwendungsunabhängig organisiert und verwaltet [vgl. Vetter
88]. Die von einem AS für Verarbeitungszwecke benötigten "Teilmengen"
der Daten werden dann als virtuelle, nicht real gespeicherte Dateien vom
Datenbanksystem in Form sogenannter "Sichten" zur Verfügung gestellt.

Um die betrieblichen Daten in einer anwendungsunabhängigen Form in einer
Datenbank zur Verfügung zu stellen, ist ein stufenweises Vorgehen erforderlich (Bild 5.1.1/1) [vgl. Scheer 90].
1)   Zunächst sind in einem Abstraktionsvorgang aus der Unternehmens-
      realität die sachlogischen Datenobjekte und -beziehungen abzuleiten.
      Die wesentlichen Aufgaben dieser Datenanalyse bestehen darin, Be-
      griffe zu sammeln, die jeweils bestimmte unternehmensbezogene
      Sachverhalte repräsentieren, die Bedeutung dieser Begriffe zu klären
      und mittels einer formalen Beschreibungssprache abzubilden. Desweis-
      teren sind zwischen diesen Datenobjekten bestehende Beziehungen zu
      bestimmen. Das dabei entstehende Datenmodell soll die betriebliche
      Realität möglichst korrekt widerspiegeln.

Die Problematik dieser Aufgabenstellung liegt darin, möglichst interpre-
tations- und redundanzfreie Vereinbarungen hinsichtlich der Bedeutung, d.h. der Semantik, der Begriffe zu finden. Man bezeichnet diese
Phase deshalb als semantische Datenmodellierung. Häufig findet man
auch den Begriff der konzeptionellen Datenmodellierung.
Für diese Aufgabe hat sich die Entity Relationship-Methode als Quasi-
Standard etabliert.

2) Das konzeptionelle Datenmodell ist im nächsten Schritt in die Notation
eines sogenannten logischen Datenmodells zu überführen, das sich an
dem für die physische Speicherung der Daten vorgesehenen Datenbanksystem orientiert. Wenngleich hier der Aspekt der physischen
Speicherung in einer Datenbank bereits eine Rolle spielt, bleibt der
Begriff "logisches Modell" insofern gerechtfertigt, weil lediglich der Typ
der einzusetzenden Datenbank spezifiziert wird. Bei den logischen Datenmodellen kommt dem relationalen Modell mittlerweile die wohl
größte Bedeutung zu. Daneben existieren in der betrieblichen Praxis
auch Datenbanken, die auf dem netzwerkartigen sowie dem hierarchischen Datenmodell basieren.

3) Im dritten Schritt sind das logische Datenmodell in die Beschreibungs-
sprache eines Datenbanksystems zu überführen und die physische Datenbank zur Aufnahme der Daten einzurichten.

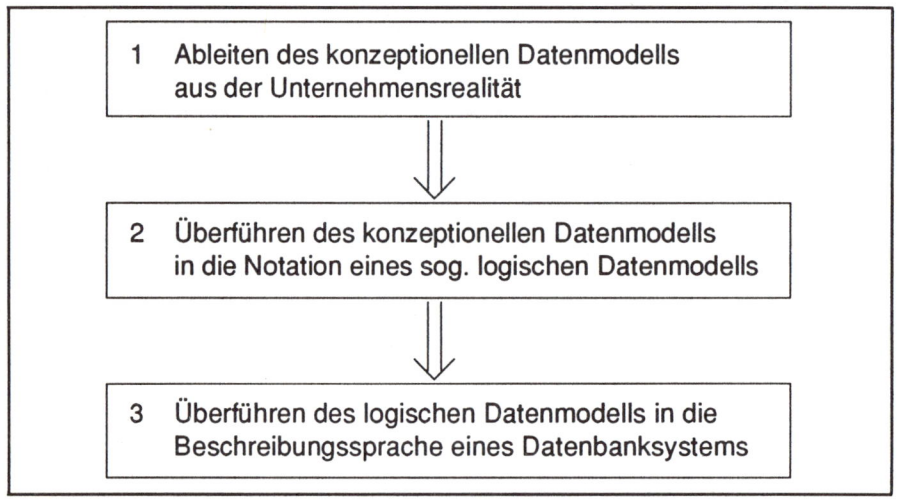

Bild 5.1.1/1:   Vorgehen zum Entwurf von Datenbanken

Der Entwicklung des konzeptionellen bzw. semantischen Datenmodells und
somit der Datenanalyse kommt in diesem Entwicklungsprozeß die zentrale
Bedeutung zu. Die dabei zu erbringende Abstraktionsleistung erfordert ho-
hes intellektuelles Geschick. Die Automatisierungsmöglichkeiten sind be-

grenzt und beschränken sich, wie noch zu zeigen sein wird, im wesentlichen auf das graphische Erstellen und Verwalten von Datenmodellen sowie auf Konsistenzprüfungen. Die Schritte zwei und drei lassen sich, sofern ein sauberes konzeptionelles Datenmodell mit einem geeigneten Werkzeug entwickelt und implementiert wurde, unter Verwendung entsprechender Tools dann weitgehend automatisch abwickeln. Diese Aufgaben sind jedoch der DV-technischen Konzeption bzw. der Realisierung zuzuordnen. Auf die Schritte zwei und drei wird deshalb erst in den folgenden Kapiteln näher eingegangen.

Ein konzeptionelles Datenmodell ist immer unabhängig von der physischen Speicherung der Daten. Der Einsatz von Datenbanksystemen ist somit keine zwingende Voraussetzung für die konzeptionelle Datenmodellierung. Diese macht auch dann Sinn, wenn auf der physischen Ebene Dateisysteme eingesetzt werden. Auf diesen Aspekt wird im nächsten Kapitel ebenfalls noch detaillierter eingegangen.

5.1.2   Datenmodellierung mit dem Entity Relationship-Modell

Das Entity Relationship-Modell (ERM) geht auf Chen zurück [vgl. Chen 76]. Es gilt gegenwärtig als das am meisten verwendete Beschreibungsverfahren für sachlogische Datenstrukturen und zeichnet sich insbesondere durch seine Einfachheit und leichte Verständlichkeit aus. Dies gilt zum einen für die Anzahl der unterschiedlichen Elemente im ERM, zum anderen auch für die im ERM angewandte Diagrammtechnik.

5.1.2.1 Elemente eines Entity Relationship-Modells

Im Grundmodell des ERM (auf Erweiterungen wird weiter unten eingegangen) werden die für ein zu entwickelndes AS relevanten Sachverhalte durch Entities, deren Attribute und die Beziehungen zwischen den Entities beschrieben.

Entitytypen
Entities sind reale oder abstrakte Informationsobjekte mit einer eigenständigen Bedeutung. Sie sind in einem zu betrachteten Kontext von Interesse, weil sie z.B.
-      eine Person repräsentieren, die an einem Geschäftsvorgang beteiligt ist, etwa einen Kunden, einen Mitarbeiter oder einen Lieferanten,
-      eine Organisationseinheit darstellen, beispielsweise eine Abteilung oder eine Stelle,

- einen realen oder abstrakten Gegenstand im Unternehmen bezeichnen, etwa einen Artikel, ein Betriebsmittel, einen Auftrag oder eine Rechnung,
- Aktionen im Unternehmen auslösen, z.B. eine Auftragsdurchführung.

Im ERM ist zu unterscheiden, ob unter Entity nur ein einzelnes Informationsobjekt, z.B. ein einzelner, konkreter Kunde, verstanden wird oder ob man alle Entities des gleichen Typs, d.h. die gesamte Klasse "Kunde", meint. Im letztgenannten Fall spricht man von **Entitytyp** oder von Entitymenge. Ein Entity ist somit als einzelne, konkrete Ausprägung eines Entitytyps zu verstehen. Synonym zu den Begriffen Entity und Entitytyp findet man häufig die Bezeichnung "Entität". Davon wird in diesem Buch Abstand genommen, um eindeutig zwischen dem einzelnen Entity und dem Entitytyp differenzieren zu können.

Die graphische Präsentation von Entitytypen erfolgt im Entity Relationship Diagramm durch Rechtecke.

Attribute
Attribute sind Eigenschaften von Entities. Ihre konkreten Ausprägungen, die **Attributwerte**, beschreiben die einzelnen Entities näher. So kann man den Entitytyp Mitarbeiter u.a. mit den Attributen Mitarbeiternummer, Anschrift, Name, Alter, Betriebszugehörigkeit und Abteilung charakterisieren. Manche Attribute können selbst wieder eine Kombination von mehreren einzelnen Attributen darstellen. So besteht das zusammengesetzte Attribut Anschrift z.B. aus den einzelnen Attributen Straße, Hausnummer, Postleitzahl und Ort.

Sämtliche Entities eines Entitytyps werden durch dieselben Attribute beschrieben. Eine Abgrenzung zwischen den einzelnen Ausprägungen eines Entitytyps ergibt sich durch die Werte, welche die Attribute in einem konkreten Anwendungsfall annehmen. Diese Werte müssen innerhalb eines Wertebereichs liegen, den man auch als **Domäne** bezeichnet.

Bei der Datenmodellierung muß die Zuordnung von Attributen - neben der näheren Beschreibung eines Entities - auch gewährleisten, daß ein Entity eindeutig identifiziert werden kann. Dies erreicht man mit Hilfe eines sogenannten **(Primär)Schlüsselattributs** (oder Primärschlüssels). Dabei handelt es sich um ein Attribut, das für ein bestimmtes Entity nur genau einen Wert annehmen kann. Diesen Wert darf kein anderes Entity des gleichen Typs annehmen können. Für Primärschlüssel sind Nummern gut geeignet, z.B. die Kundennummer, Auftragsnummer oder Artikelnummer.

Ein charakteristisches Beispiel für ein Schlüsselattribut, über das sich die meisten Personen in Deutschland eindeutig identifizieren lassen, ist die Nummer des Personalausweises.

Prinzipiell ist es auch möglich, daß eine Kombination aus mehr als einem Attribut zur eindeutigen Identifikation eines Entities herangezogen werden kann. In diesem Falle spricht man auch von einem zusammengesetzten Schlüssel. Ein Beispiel hierfür wäre der identifizierende Schlüssel für das Entity Auftragsposition, der aus den Attributen Auftragsnummer und Artikelnummer gebildet wird.

Attribute werden in einem Entity Relationship-Diagramm gewöhnlich durch Kreise spezifiziert, die über Linien mit den Rechtecken der entsprechenden Entitytypen verbunden sind. Zur besonderen Kennzeichnung der Schlüsselattribute werden diese unterstrichen (vgl. Bild 5.1.2.1/1).

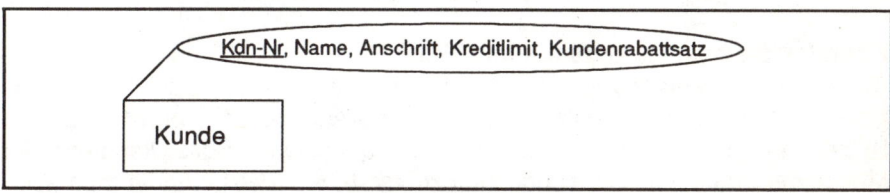

Bild 5.1.2.1/1: Darstellung des Entitytyps Kunde mit Attributen

Wie der Begriff Abteilung zeigt, ist die Abgrenzung zwischen Entity und Attribut nicht immer eindeutig. Betrachtet man eine Abteilung aus Sicht der Unternehmensorganisation, so ist sie als Entity aufzufassen. Aus Sicht der Personalwirtschaft jedoch kann sie zum Charakterisieren eines Entities Mitarbeiter dienen und ist somit ein Attribut. Ob ein Begriff als Entity oder Attribut anzusehen ist, hängt somit wesentlich vom Kontext, in dem er verwendet wird, sowie von der subjektiven Sichtweise des Datenmodellierers ab. Generell gültige Aussagen sind hier nicht möglich.

Relationships
Mit **Relationships** erfaßt und beschreibt man Beziehungen, die zwischen zwei oder mehreren Entitytypen bestehen. Ein einfaches Beispiel ist die Beziehung "Kunde erteilt Auftrag". Die beiden Entitytypen Kunde und Auftrag werden durch die Relationship "erteilt" in eine logische Beziehung zueinander gesetzt, die einen wirklichen Ablauf bzw. einen realen Sachverhalt in einem Unternehmen kennzeichnet. Da die Beziehung "erteilt" nicht nur einen Kunden mit einem Auftrag verknüpft, sondern für eine Vielzahl von Kunden und Aufträge Gültigkeit besitzt, spricht man auch von **Beziehungstypen**. Grundsätzlich sind die Beziehungen so allgemein zu bezeichnen, daß sie für alle Entities der jeweils verknüpften Entitytypen zutreffen.

Beziehungstypen können, ebenso wie die Entitytypen, mit Attributen näher charakterisiert werden. So ließe sich beispielsweise die Relationship "erteilt" mit einem Bestelldatum oder einem gewünschten Liefertermin näher beschreiben. Zur eindeutigen Identifikation einer Relationship nutzt man gewöhnlich einen zusammengesetzten Schlüssel, der sich aus der Kombination von Schlüsselattributen der verknüpften Entitytypen ergibt. Die Relationship "erteilt" kann dann beispielsweise über die Kombination aus Auftragsnummer und Kundennummer eindeutig identifiziert werden.

Zu berücksichtigen ist, daß eine Beziehung auch immer eine Leserichtung impliziert. Stellt man in dem genannten Beispiel die Entities um, müßte die Relationship mit "wird erteilt von" bezeichnet werden. Als ebenso einfache wie wirkungsvolle Hilfestellung, um Entitytypen und Beziehungstypen voneinander abgrenzen zu können, gilt, daß Entitytypen i.d.R. durch Subjekte und Beziehungstypen durch Prädikate bezeichnet werden.

Komplexität bzw. Kardinalität im ERM
Die semantische Aussagekraft eines Datenmodells hinsichtlich der Wiedergabe der betrieblichen Realität wird durch die Angabe der **Komplexität** des Beziehungstyps präzisiert. Darunter ist eine quantitative Spezifikation für die Menge der auftretenden Beziehungen zu verstehen. Hierfür findet man auch die Bezeichnung "Kardinalität" eines Beziehungstyps. Grundsätzlich lassen sich 1 : 1-, 1 : n- sowie n : m-Beziehungen unterscheiden:
-      Eine 1 : 1-Beziehung liegt vor, wenn einer Ausprägung eines Entitytyps genau eine Ausprägung eines anderen Entitytyps zugeordnet werden kann und umgekehrt. Dies ist beispielsweise zwischen den Entitytypen "Verkaufsleiter" und "Region" der Fall, sofern ein Verkaufsleiter genau eine Region betreut.
-      Die Relationship "Kunde erteilt Auftrag" ist eine 1 : n-Beziehung. Schließlich ist es möglich, daß ein Kunde mehrere, d.h. n Aufträge erteilt. Hingegen wird ein Auftrag immer nur von genau einem Kunden erteilt.
-      Als Beispiel für eine m : n-Beziehung sei eine Relationship zwischen den Entitytypen "Auftrag" und "Artikel" genannt, etwa in der Form "Auftrag enthält Artikel". Gewöhnlich ist es so, daß ein Auftrag mehrere Artikel umfaßt. Umgekehrt kann ein Artikel auch in mehreren Aufträgen enthalten sein.
Eine Illustration der grundsätzlichen Beziehungstypen beinhaltet das Bild 5.1.2.1/2.

Da eine ungenau angegebene Kardinalität zu einer verfälschten Wiedergabe der betrieblichen Sachverhalte im Datenmodell führen kann, ist die genaue Spezifikation der Komplexität von Beziehungstypen bei der Datenmodellierung von entscheidender Wichtigkeit.
Ein Beispiel aus dem Einkaufsbereich soll dies verdeutlichen: Wenn zwischen den Entitytypen Lieferant und Artikel eine 1 : 1-Beziehung spezifiziert wird, entspricht dies dem (eher seltenen) Fall, daß ein Artikel nur von einem

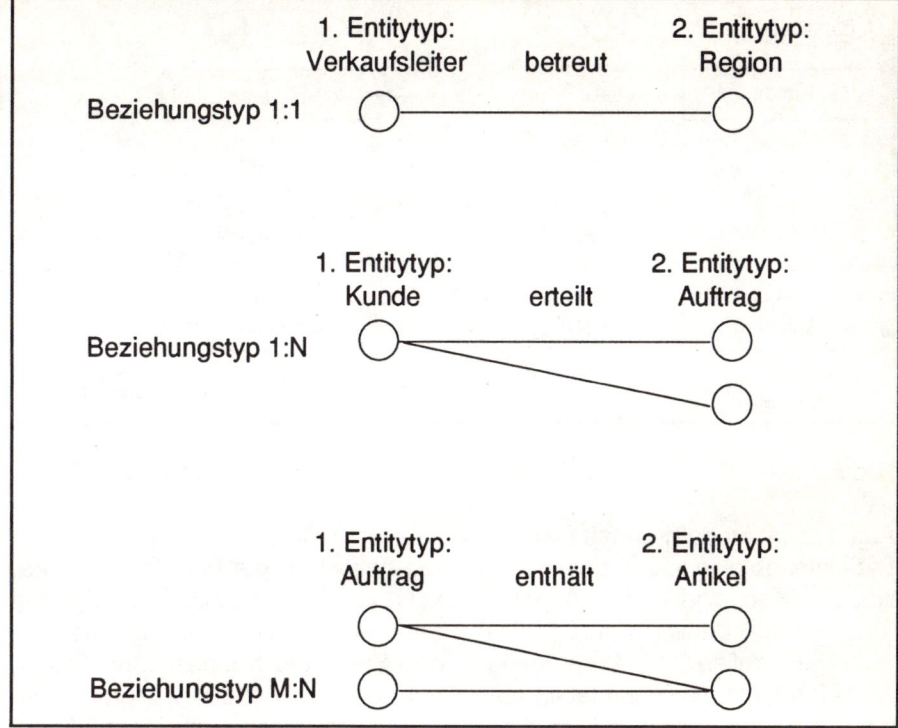

Bild 5.1.2.1/2:   Arten von Beziehungstypen

Lieferanten bezogen wird und jeder Lieferant auch nur genau einen Artikel liefert. Bei einer 1 : n-Beziehung wird ein Artikel immer noch von genau einem Lieferanten bezogen, von diesem werden aber auch noch andere Artikel geliefert. Spezifiziert man dagegen eine m : n-Beziehung, so kann man beim Fremdbezug eines Artikels zwischen mehreren Lieferanten wählen und mehrere Artikel auch von einem Lieferanten beziehen.
Vergegenwärtigt man sich, welche unterschiedlichen Optionen für die Gestaltung z.B. eines AS zur Bestellabwicklung aus den Beziehungstypen resultieren, läßt sich die Wichtigkeit innerhalb eines korrekten Datenmodells in etwa einschätzen. Es wird auch deutlich, daß sich der Komplexitätsgrad nur anhand der spezifischen Problemstellung in dem zu betrachtenden Geschäftsbereich genau ermitteln läßt. In einem ER-Diagramm wird der Komplexitätsgrad graphisch wiedergegeben, indem man ihn an den Entitytypen anträgt.

In Bild 5.1.2.1/3 werden die bislang zum Entity Relationship-Modell und dessen Notation getroffenen Aussagen an einem einfachen Beispiel gezeigt.

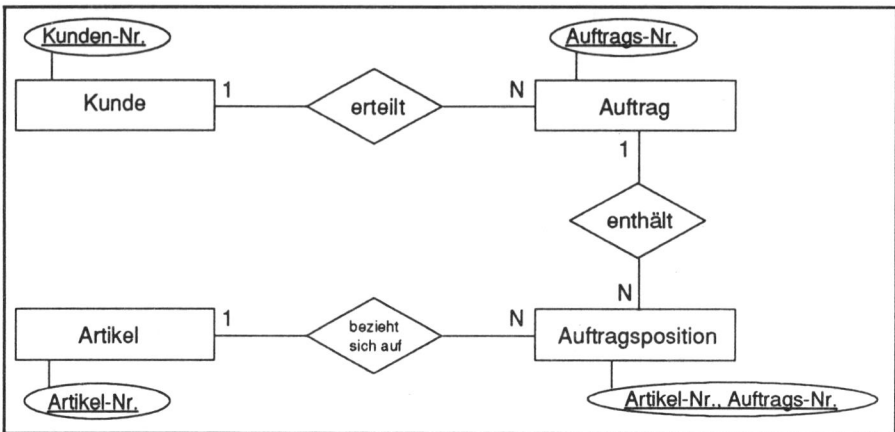

Bild 5.1.2.1/3:   Beispiel eines einfachen Entity Relationship-Modells

Aus diesem Modell können folgende Aussagen abgeleitet werden:
Die Datenobjekte, die in dem betrachteten Ausschnitt der betrieblichen Realität auftreten, sind Kunde, Auftrag, Artikel und Auftragsposition. Die Kunden
(und nur die) erteilen Aufträge. Dabei kann ein Kunde einen oder mehrere
Aufträge erteilen. Die Ausprägungen des Entitytyps Kunde können durch
eine Kundennummer eindeutig identifiziert werden. Bei den Ausprägungen
des Entitytyps Auftrag erfolgt die eindeutige Identifikation mit dem Attribut
Auftragsnummer. Die Aufträge enthalten Auftragspositionen. Jeder Auftrag
besteht aus einer oder mehreren Auftragsposition(en). Über eine Auftragsposition wird ein Bezug zu Artikeln hergestellt. Ein Artikel kann in mehreren Auftragspositionen (i.d.R. verschiedener Aufträge) enthalten sein. Eine
Ausprägung des Entitytyps Artikel wird durch das Attribut Artikelnummer
eindeutig identifiziert. Bei dem Entitytyp Auftragsposition erfolgt dies über
eine Kombination aus Artikelnummer und Auftragsnummer.

5.1.2.2   Erweiterungen des Entity Relationship-Modells

Das ERM in der bislang diskutierten, einfachen Form gestattet nur eine begrenzte Wiedergabe der betrieblichen Realität. Manche Sachverhalte lassen
sich mit den gezeigten Mitteln nicht oder nur ungenügend präzise wiedergeben. So gestatten beispielsweise die vorgestellten Arten von Beziehungstypen kein genügend nuanciertes Abbild der tatsächlich auftretenden
Beziehungen oder es kann der Fall auftreten, daß ein Datenobjekt zum einen als Beziehungstyp, zum anderen auch als Entitytyp interpretiert werden
kann.

Um hier Abhilfe zu schaffen, wurden am Grundmodell verschiedene semantische Erweiterungen vorgenommen, von denen einige wichtige hier vorgestellt werden sollen.

(min,max)-Notation
Eine (modernere) Variante für die eben beschriebene (1,m,n)-Notation zur
Definition der Komplexität eines Beziehungstyps besteht in der Angabe, in
wievielen Beziehungen ein Entity mindestens (min) stehen muß und maxi-
mal (max) stehen kann. So würde beispielsweise der Sachverhalt, daß ein
Kunde einen oder mehrere Aufträge erteilt und ein Auftrag von genau einem
Kunden stammt (vgl. Bild 5.1.2.1/3), mit folgender Notation dargestellt.
-   Der Entitytyp Kunde wird durch eine Klammer "(1,n)" gekennzeichnet.
-   Dem Entitytyp Auftrag wird "(1,1)" zugeordnet.
Dabei spezifiziert die erste Ziffer in der Klammer die jeweils minimale Anzahl, in denen das entsprechende Entity in der Beziehung auftreten kann
und die rechte Ziffer die zugehörige maximale Anzahl.
Prinzipiell kann bei der (min,max)-Notation auch der Sachverhalt auftreten,
daß einem Entitytypen als Minimum die "0" zugewiesen wird. Dieser Fall
ergibt sich etwa in der Beziehung "Kunde bestellt Artikel". Hier wäre der
Entitytyp Kunde mit der Komplexität (0,n) zu kennzeichnen, da ein Kunde zu
einem gewissen Zeitpunkt kein, ein oder auch mehrere Exemplare eines
bestimmten Artikels bestellen kann. Ein mehrfaches Auftreten einer Beziehung wird anstatt des "n" häufig auch durch ein "*" charakterisiert.
Bild 5.1.2.2/1 illustriert die Angabe des Komplexitätsgrades mit Hilfe der
(min,max)-Notation.

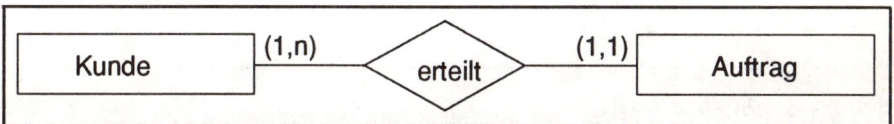

Bild 5.1.2.2/1:   (min,max)-Notation

Durch die Hinzunahme des Minimum-Wertes weist die (min,max)-Notation
insbesondere Vorteile beim Bestimmen von Existenzabhängigkeiten zwischen Entitytypen auf. Darauf wird beim Vorstellen des sogenannten Strukturierten ERM (SERM) noch näher eingegangen.

Der Entitytyp Zeit
Wie bereits angemerkt, bestehen bei der Spezifikation der Elemente eines
ERM teilweise Alternativen, gewisse Sachverhalte als Attribute oder als En-
titytypen zu definieren, so daß ein Datenmodell zum einen den betrachteten
Kontext, zum anderen auch die Einschätzung durch den Modellierer wider-
spiegelt. Eine besondere Bedeutung kommt in diesem Zusammenhang dem
Entitytyp Zeit zu [vgl. Scheer 90]. Wenngleich dessen Notwendigkeit als

eigenständiges Objekt in einem ERM umstritten ist, vermag dieser Entitytyp die Semantik eines Modells zu erhöhen, insbesondere dann, wenn derselbe Sachverhalt mehrfach zu jeweils unterschiedlichen Zeiten vorliegen kann.
So kann es der Fall sein, daß von einem Lieferanten zu einem bestimmten Zeitpunkt mehrere Angebote vorliegen, die sich auf Anfragen beziehen, die zu unterschiedlichen Zeitpunkten an den Lieferanten gerichtet wurden. Eine Möglichkeit, diesen Sachverhalt im ERM wiederzugeben, besteht in der Zuordnung des Datums als Attribut zum Entitytyp Angebot. Alternativ dazu könnte man das Angebot selbst als Beziehungstyp zwischen den Entitytypen Lieferant und Zeit interpretieren. Beide Alternativen sind in Bild 5.1.2.2/2 dargestellt.

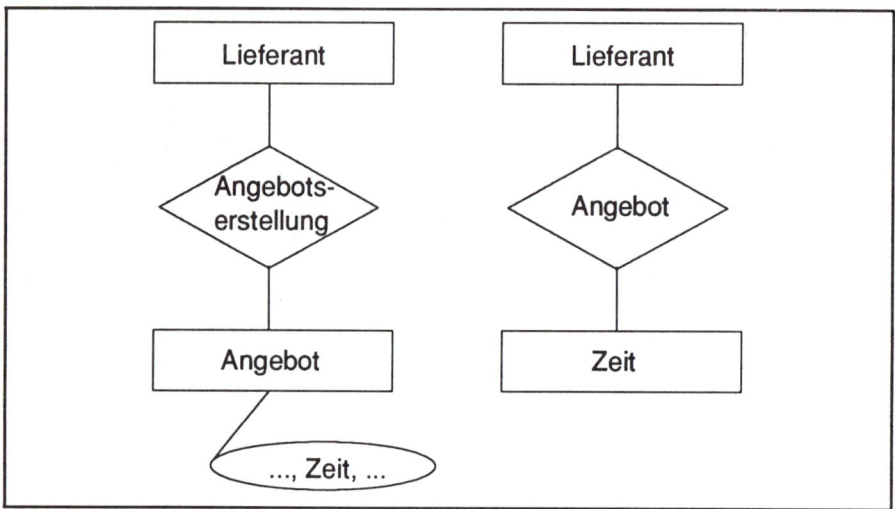

Bild 5.1.2.2/2:   Alternativen zur Modellierung des Entitytyps Zeit

Vorteilhaft ist der Entitytyp Zeit dadurch, daß sich Ereignisse und Zustände in einem Unternehmen im Datenmodell besser repräsentieren lassen. Für Ereignisse würde man eine Verbindungslinie zum Entitytypen Zeit definieren. Zustände weisen dagegen keinen Zeitbezug auf.

Generalisierungskonzept
Um das reale betriebliche Geschehen zu abstrahieren und in einem Datenmodell abzubilden, bedient man sich, bewußt oder unbewußt, sogenannter "(Abstraktions-)Konstrukte" bzw. "(Abstraktions-)Operationen". Zur Datenmodellierung sind insbesondere die Operationen
- Aggregation, d.h. aus Einzelbegriffen komplexere Zusammenhänge bilden,
- Gruppierung, was bedeutet, aus den Elementen einer Menge Gruppen bilden, und

-    Generalisierung, d.h. ähnliche Begriffe einem übergeordneten Begriff
     zuordnen,
von Bedeutung. Die bislang vorgestellte Notation des ERM unterstützt durch
das Bilden von Beziehungstypen insbesondere die Aggregation. Eine
Gruppierung, z.B. das Zusammenfassen von mehreren Arbeitsplätzen zu
einer Abteilung, läßt sich mit Hilfe von 1:n-Beziehungstypen realisieren ("n
Arbeitsplätze gehören zu einer Abteilung").
Die Generalisierung wird im Grundmodell jedoch nicht unterstützt. Hierfür
hat man deshalb ein zusätzliches Element eingeführt, mit dem sich entsprechende Sachverhalte abbilden lassen. Die Generalisierung wird als spezieller "IS-A-Beziehungstyp" interpretiert und modelliert. Die graphische Wiedergabe erfolgt durch ein Dreieck (vgl. Bild 5.1.2.2/3).

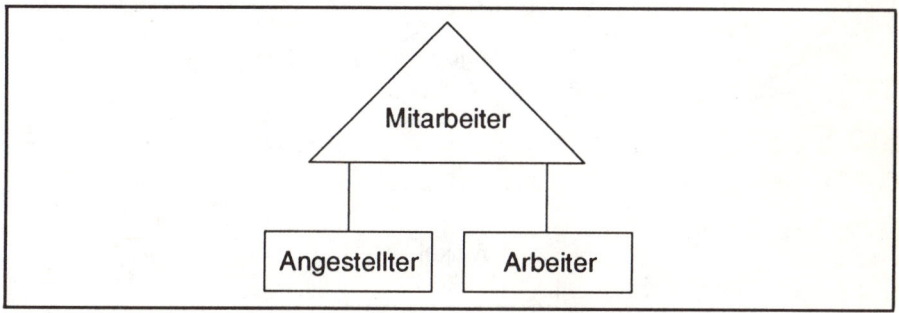

Bild 5.1.2.2/3:   Beispiel für das Generalisierungskonzept

Uminterpretation von Beziehungstypen
Im Laufe einer Datenanalyse und der Entwicklung eines konzeptionellen Datenmodells kann durchaus der Fall auftreten, daß einem bestimmten Sachverhalt, der zunächst als Beziehungstyp abgebildet wurde, bei einer Verfeinerung des Datenmodells eine eigenständige Bedeutung beigemessen wird.
Dementsprechend ist er auch als Entitytyp zu definieren. Um jedoch zu vermeiden, daß der entsprechende Begriff erneut und damit redundant im Datenmodell abgebildet wird, wurde die Option der Uminterpretation eines Beziehungstyps zu einem Entitytypen eingeführt.
Zur Verdeutlichung wird auf das bereits eingeführte Beispiel eines vom Lieferanten abgegebenen Angebots zurückgegriffen. Dort ist das Angebot ein
Beziehungstyp. Das Angebot kann aber durchaus als eigenständiger Entitytyp aufgefaßt werden, schließlich stellt es eine wesentliche Komponente im
Geschäftsablauf zwischen dem Betrieb und dem Lieferanten dar.
Ein Angebot enthält gewöhnlich die Artikel oder eine Auswahl davon, die der
entsprechende Lieferant voraussichtlich liefern wird. In einem Datenmodell
ist der Entitytyp Angebot somit mit dem Entitytypen Artikel zu verknüpfen.
Diese Relationship kann man über den Beziehungstyp "Angebotsposition"
herstellen.

In einem Entity Relationship-Modell wird der skizzierte Sachverhalt derart
repräsentiert, daß über den als Raute dargestellten Beziehungstyp
"Angebot" ein Rechteck gelegt wird. Die Verbindungslinien zu dem somit
auch als Entitytyp definierten "Angebot" reichen bis an das Rechteck. Die
Verbindungslinien des Beziehungstyps "Angebot" reichen bis an die Raute.
Bild 5.1.2.2/4 verdeutlicht den geschilderten Sachverhalt.

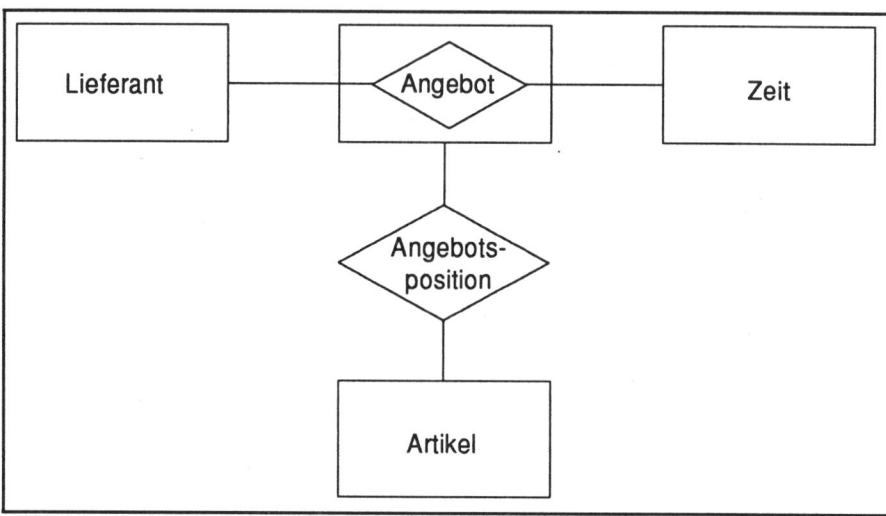

Bild 5.1.2.2/4:   Uminterpretation eines Beziehungstyps

Strukturiertes Entity Relationship-Modell nach Sinz (SERM)
Ausgehend vom Grundmodell des ERM und dessen Unzulänglichkeiten für
das Aufstellen eines konzeptionellen Datenmodells entwickelte Sinz das
Strukturierte Entity Relationship-Modell (SERM) [vgl. Sinz 87]. Im wesentli-
chen soll das SERM die folgenden Schwachstellen des ERM beseitigen:
-    **Überschneidung von Entity- und Relationshiptypen**
     In der Realität sind Entity- und Beziehungstypen sehr häufig überlagert.
     Wenngleich durch die Uminterpretation eine Möglichkeit besteht, die-
     sem gerecht zu werden, steht die damit verbundene Doppelrolle des
     uminterpretierten Beziehungstyps im Widerspruch zu der ursprüngli-
     chen Zielsetzung des ERM, einer semantisch eindeutigen und über-
     schneidungsfreien Modellierung der Datenstrukturen.
-    Darstellung von **Existenzabhängigkeiten**
     Existenzabhängigkeit bedeutet, daß ein Objekt nicht ohne ein ihm zu-
     geordnetes Objekt vorkommen kann und somit von dessen Existenz
     abhängig ist. Beispielsweise ist das Entity "Auftragsposition" abhängig
     von der Existenz des Entities "Auftrag". Wird ein Auftrag storniert oder
     erfüllt, ist auch jede Auftragsposition erledigt. Existenzabhängigkeiten

lassen sich im ERM nur unzulänglich durch die Definition von sogenannten "schwachen Entitytypen" festhalten.

Im SERM unterscheidet man **drei Objekttypen**:
1)   den Entitytyp (E-Typ),
2)   den Entity Relationship-Typ (ER-Typ) sowie
3)   den Relationship-Typ (R-Typ).

Während der E- und der R-Typ in ihrer Semantik kongruent zu den entsprechenden Typen im ERM sind, stellt die separate Definition des ER-Typs eine Erweiterung dar. Sinz definiert einen ER-Typ als "einen Entitytyp, dessen Objekte nur in Verbindung mit bestimmten Objekten anderer E- oder ER-Typen existieren können" [Sinz 89, S. 81]. Die verschiedenen Objekttypen werden durch rechteckige Symbole repräsentiert, die den Bezug des SERM zu ERM widerspiegeln (vgl. Bild 5.1.2.2/5).

Hinsichtlich der auftretenden Beziehungen zwischen den Objekttypen differenziert das SERM vier Arten, die in der (min,max)-Notation den (0,1)-, (0,*)-, (1,*)- und (1,1)-Beziehungen entsprechen. Jede dieser Arten wird durch ein eigenes **Kantensymbol** graphisch visualisiert.

Bild 5.1.2.2/5 zeigt die Symbole des SERM.

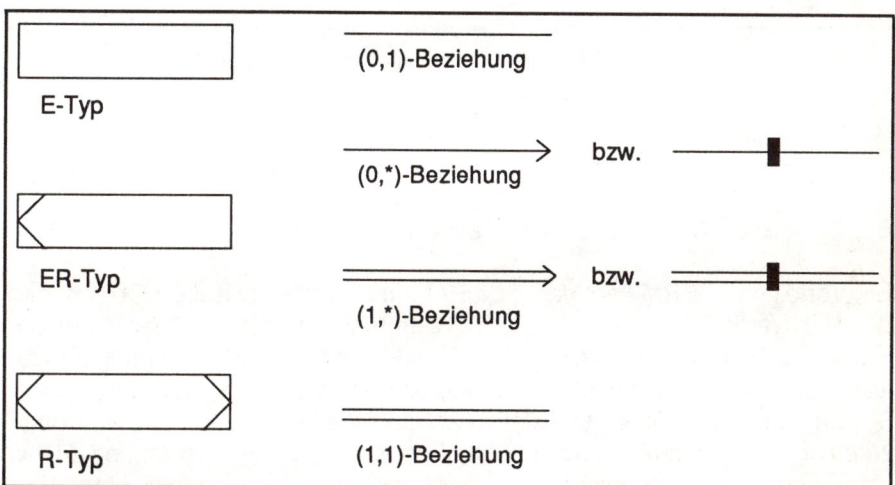

Bild 5.1.2.2/5:   Symbole des SERM

Ein grundlegender Unterschied zwischen SERM und ERM liegt darin, daß im SERM nicht nur der **Art der Beziehung**, sondern auch ihrer **Richtung** eine Bedeutung zukommt. Die Kanten im Diagramm werden somit gerichtet interpretiert. Sie besitzen einen Start- und einen Zielknoten. Dieses macht das Festlegen von Darstellungsregeln für SERM-Diagramme erforderlich:

1)   Der Startknoten ist links vom Zielknoten anzuordnen.
2)   Zwischen zwei Knoten sind mehrere, auch unterschiedliche Kanten zulässig.
3)   Ein R-Typ darf kein Startknoten sein.
4)   Ein E-Typ darf kein Zielknoten sein.
5)   Jeder R-Typ ist Zielknoten von mindestens 2 Kanten.

Prinzipiell ist das SERM so eng mit dem ERM verwandt, daß aus einem ERM auch immer ein SERM abgeleitet werden kann und umgekehrt. Bild 5.1.2.2/6 skizziert ein einfaches Beispiel eines ERM und des korrespondierenden SERM.

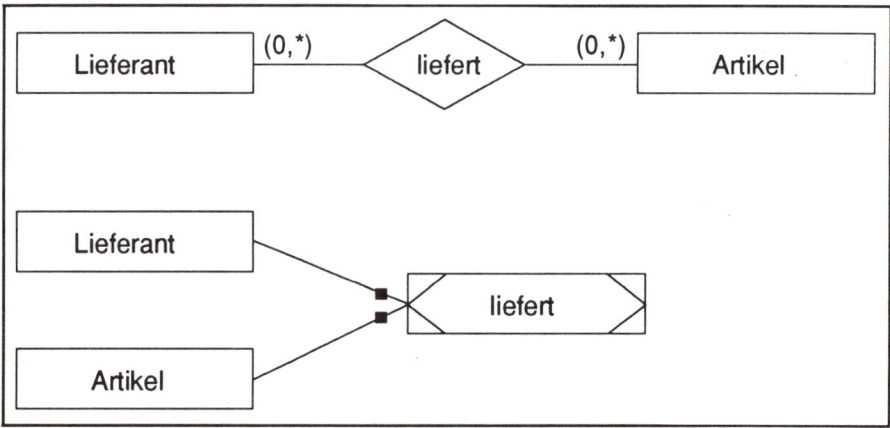

Bild 5.1.2.2/6:   Darstellung eines Sachverhalts im ERM und SERM

Ein Vorteil des SERM liegt darin, daß Abhängigkeiten zwischen Objekttypen deutlich werden (vgl. Bild 5.1.2.2/7). Durch die gerichtete Anordnung der Kanten im SERM wird deutlich, daß "Kunde" und "Artikel" unabhängige Objekttypen darstellen, die keinen existenziellen Abhängigkeiten unterliegen. "Auftrag" steht in einer existenziellen Abhängigkeit von Kunde. Da ein Kunde zu einem bestimmten Zeitpunkt auch ohne einen Auftrag existent und z.B. in einer Datenbank gespeichert ist, liegt hier eine sogenannte **einseitige Existenzabhängigkeit** vor. Die gleiche Überlegung trifft auch auf die Beziehung zwischen Auftragsposition und Artikel zu.
Ebenso ist die Existenz einer Auftragsposition von einem Auftrag abhängig. Da aber durch die Art der Kante (1,*) zwischen diesen Typen deklariert ist, daß ein Auftrag mindestens eine Auftragsposition enthalten muß, liegt hier eine **wechselseitige Existenzabhängigkeit** vor.

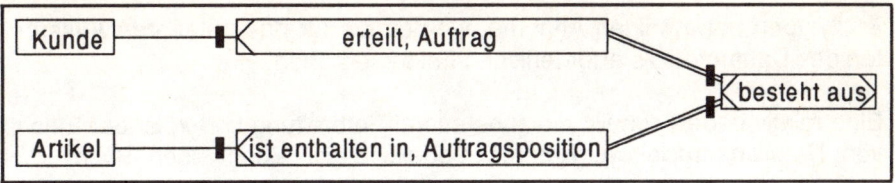

Bild 5.1.2.2/7:   Beispiel für ein SERM

5.1.3   Erhebungsmethoden bei der Datenmodellierung

ERM bzw. SERM sind Darstellungs- bzw. Beschreibungsmethoden, um ein Datenmodell abzubilden. Will man diese Methoden in einem konkreten Anwendungsfall einsetzen, benötigt ein Analytiker darüber hinaus auch Vorgehensweisen und Techniken, um in der betrieblichen Realität die für ein AS benötigten Datenobjekte, Beziehungen und Attribute überhaupt erst einmal zu erheben. Erst dann können sie in einem Datenmodell abgebildet werden [vgl. Brenner 88, S. 51 ff.].

Als Ausgangspunkt sehr vieler Sammelvorgänge und somit als die wohl wichtigste Erhebungsmethode ist die **Formularanalyse** anzusehen. Dabei werden die bislang bei manueller und/oder automatischer Abwicklung der Geschäftsprozesse anfallenden Dokumente und Formulare, wie z.B.
- Angebote,
- Aufträge,
- Bestellungen,
- Rechnungen oder
- Berichte

herangezogen und darin enthaltene Datenobjekte und Eigenschaften untersucht.

Eine weitere pragmatische Möglichkeit besteht darin, die betrieblichen Abläufe im Rahmen einer **Selbstaufschreibung** verbal zu formulieren und schriftlich festzuhalten. Aus den Substantiven des dabei entstehenden Dokuments gehen i.d.R. unmittelbar die entsprechenden Entitytypen hervor.

Insbesondere wenn die Feinheiten eines Datenmodells zu entwerfen sind, z.B. das Festlegen der Kardinalitäten, wird es notwendig sein, daß der Modellersteller **Interviews** und/oder **Befragungen** mit den fachlichen Knowhow-Trägern, z.B. den Sachbearbeitern in den Fachabteilungen, vornimmt. Dabei können die auf Basis der Formularanalyse bzw. der Selbstaufschreibung gewonnenen Elemente als Diskussionsgrundlage dienen. Durch gezielte Fragestellungen, z.B. hinsichtlich der Häufigkeit des Auftretens von Beziehungen zwischen zwei Entitytypen oder der für eine Beschreibung von

Entitytypen notwendigen Attribute, werden die für das detaillierte Ausarbeiten des Datenmodells erforderlichen Fakten erhoben.

Eine relativ neue Technik, die zunehmend Verbreitung findet, ist der Einsatz von **Referenzmodellen**. Referenzmodelle beschreiben einen Sachverhalt anhand charakteristischer Eigenschaften sowie deren generell gültigen Ausprägungen. Sie werden eingesetzt, um unter Beachtung fallspezifischer Rahmenbedingungen individuelle Lösungen abzuleiten. Referenzdatenmodelle enthalten dementsprechend allgemein gültige und verwendbare Strukturen von Entitytypen, Attributen und Beziehungen [vgl. u.a. Schüle 94]. Sie dienen als Entwurfsgrundlage. Durch das Verwenden der vordefinierten Strukturen läßt sich der Entwurf des unternehmensindividuellen Datenmodells vereinfachen und beschleunigen.
Referenzdatenmodelle wurden mittlerweile z.B. für Industriebetriebe bzw. für bestimmte Betriebstypen (z.B. Massen- oder Kleinserienfertiger) oder die Versicherungsbranche entwickelt [vgl. z.B. Glaser et al. 91].

5.1.4 Werkzeuge zur Datenmodellierung

Betrachtet man die Werkzeugunterstützung für die Datenmodellierung, dann kann dies aus zwei Blickwinkeln erfolgen.
1) Zum einen ist zu untersuchen, welche Methodik ein Werkzeug bereitstellt. Da sich das Entity Relationship-Modell als Standard-Methode etabliert hat, liegt es quasi allen Datenmodellierungswerkzeugen zugrunde. Wie gezeigt wurde, existieren mittlerweile verschiedene Erweiterungen zum ERM. Ebenso gibt es auch (kleine) Unterschiede in der graphischen Wiedergabe oder der Bezeichnung von Elementen eines ERM. Beurteilt man diese Abweichungen, dann lassen sich unterschiedliche Varianten von ERM erkennen, die gewissermaßen auch als "ERM-Dialekte" bezeichnet werden können. Bei Nutzung eines Werkzeugs zur Datenmodellierung ist deshalb zu berücksichtigen, welcher ERM-Dialekt dabei verwendet werden muß.
2) Zum anderen sollte eine leistungsfähige, werkzeuggestützte Datenmodellierung dem Entwickler nicht nur die Optionen eines reinen Zeichentools bieten, sondern darüber hinaus weitere Automatisierungsmöglichkeiten zum komfortablen Erstellen von Datenmodellen bereitstellen. Wünschenswert wäre etwa,
   -   sich jederzeit sämtliche bislang angelegten Entitytypen, Beziehungstypen und/oder Attribute am Bildschirm übersichtlich anzeigen lassen zu können,
   -   gezielt nach einzelnen Entitytypen zu suchen, z.B. nach allen Entitytypen mit einer bestimmten Anfangssilbe,
   -   beim Definieren von Entitytypen einen Hinweis auf ähnliche, bereits angelegte Typen zu erhalten,

- mit Zoomtechniken ein Datenmodell in beliebigem Detaillierungsgrad betrachten zu können,
- sich zu einem Entitytyp sämtliche Beziehungstypen, in Beziehung
  stehende Entitytypen oder Attribute anzeigen lassen zu können
  oder
- beim Entfernen eines Entitytyps auf die Folgen aufmerksam gemacht zu werden (stehen z.B. andere Entitytypen dann alleine?).

Die Funktionalitäten zur Datenmodellierung sind bei ADW im wesentlichen
auf zwei Tools, den *Entity Relationship Diagrammer* sowie die *Entity Type
Description* verteilt.

Entity Relationship Diagrammer
Mit Hilfe des *Entity Relationship Diagrammer* definiert man die Entitytypen
sowie die Beziehungen zwischen den Entitytypen. Der zugrundeliegende
ERM-Dialekt unterscheidet drei Arten von Entitytypen: fundamentale, attri-
butive und assoziative.
- Fundamentale Entitytypen besitzen eine eigenständige Bedeutung, z.B.
  Produkt oder Kundenauftrag, und werden in ADW durch ein Rechteck
  dargestellt.
- Attributive Entitytypen beschreiben andere Entitytypen näher, z.B. der
  Entitytyp Preis den Entitytypen Produkt. In ADW sind diese durch ein
  Rechteck mit einem innenliegenden Dreieck gekennzeichnet.
- Assoziative Entitytypen resultieren aus einer Verknüpfung von zwei
  Entitytypen. Sie werden durch ein Rechteck mit einer innenliegenden
  Raute abgebildet. Klassisches Beispiel eines assoziativen Entitytyps ist
  die Auftragsposition.

Das Anlegen von Entitytypen ist denkbar einfach. Mit dem Werkzeug kann
man sowohl bereits in der Enzyklopädie existierende Entitytypen in das aktuelle Entity Relationship-Diagramm aufnehmen als auch neue Entitytypen
anlegen. Dazu erhält man ein Fenster zur Definition des Entitytyps und seiner Art (vgl. Bild 5.1.4/1).

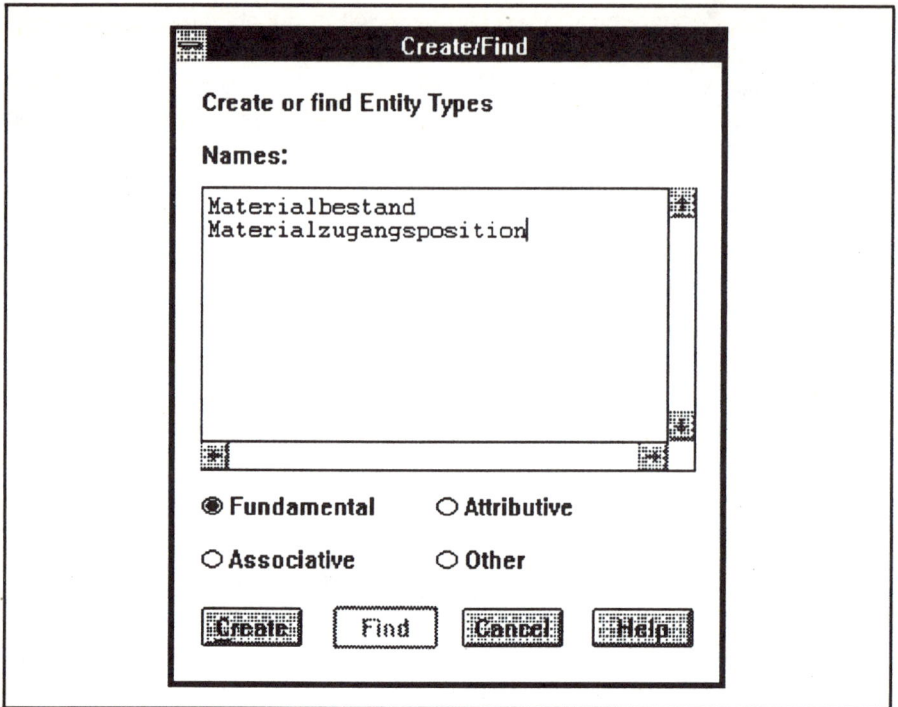

Bild 5.1.4/1:   Werkzeuggestützte Definition von Entitytypen

Das Festlegen von Beziehungstypen gestaltet sich ebenfalls recht einfach. Mausgestützt verbindet man die zwei gewünschten Entitytypen und definiert dann die erstellte Beziehung in einem Eingabefenster. Dort sind die Bezeichnungen für die Beziehungstypen der verbundenen Entitytypen - für jede Richtung eine - sowie deren Kardinalitäten zu bestimmen. Als Minimum oder Maximum kann man eine beliebige Zahl zwischen 0 und 9999 angeben, das Maximum kann auch mit "M" für eine unbekannt hohe Anzahl an Ausprägungen belegt werden. Das Werkzeug prüft automatisch, ob das Maximum auch größer oder gleich dem Minimum ist (vgl. Bild 5.1.4/2).

Bild 5.1.4/3 zeigt einen kleinen Ausschnitt aus dem Entity Relationship-Diagramm unserer Fallstudie. Das Werkzeug bietet noch verschiedene weitere Optionen, welche die Orientierung im und die Arbeit mit dem Modell vereinfachen, z.B.:
-       Man kann sich alle benachbarten Entitytypen anzeigen lassen.
-       Zwischen graphisch entfernt liegenden Entitytypen können die Verbindungen aufgezeigt werden.

Add Relationship Type

Create or find a relationship type.

From: Materialzugangsposition

   To: Materialbestand

☐ Reverse

From-To Relationship

Name erhöht

Min 1   **Max** 1

To-From Relationship

Name wird erhöht durch

Min 0   **Max** M

Create   Find   Cancel   Help

Bild 5.1.4/2:   Werkzeuggestütztes Festlegen von Beziehungstypen

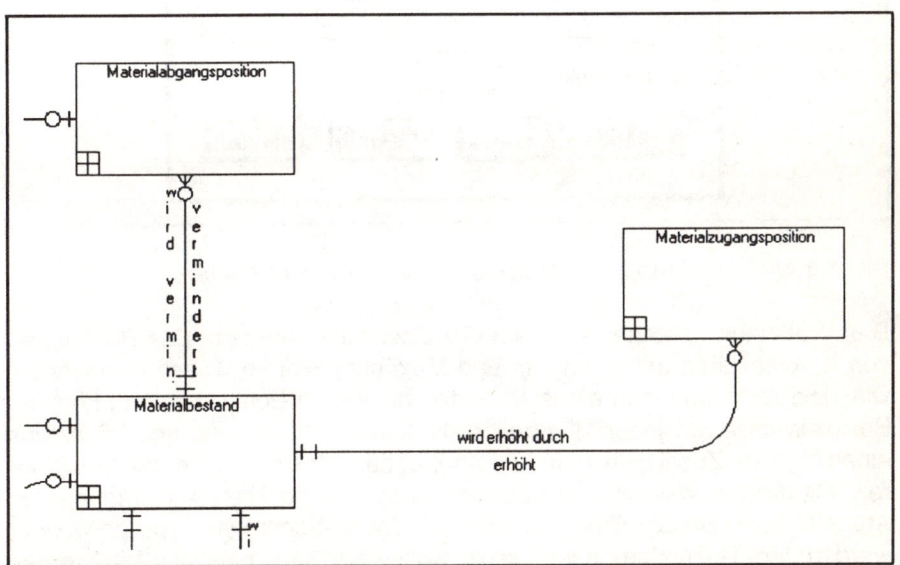

Bild 5.1.4/3:   Beispiel eines ERM

Entity Type Description
Das Definieren der Attribute für einen Entitytypen erfolgt mit dem Werkzeug
Entity Type Description. Der Vorgang erfolgt - analog dem Vorgehen beim
Definieren von Entity- und Beziehungstypen - über ein entsprechendes Ein-
gabefenster (vgl. Bild 5.1.4/4).

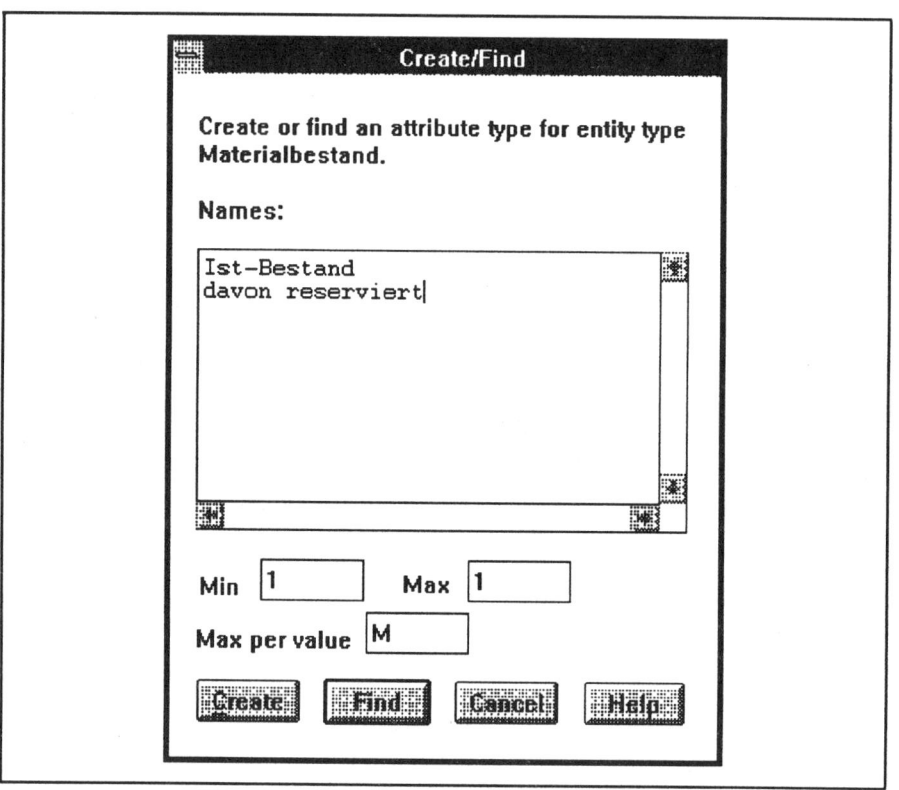

Bild 5.1.4/4:   Werkzeuggestütztes Festlegen von Attributen

Das Werkzeug gestattet auch auf der Ebene der Attribute das Bestimmen
von Kardinalitäten mit Minimum- und Maximum-Werten. Diese bezeichnen,
wie viele Ausprägungen eines Attributes bei einem Entity auftreten können.
Beispielsweise hat jeder Mitarbeiter als Attribut mindestens und höchstens
einen Namen. Zusätzlich ist für ein Attribut der "Max per value" zu spezifizieren. Mit diesem Wert wird erfaßt, wie häufig eine konkrete Ausprägung des
Attributs beim Beschreiben aller Entities des betrachteten Typs verwendet
werden darf. Beim Namen ist beispielsweise der "Max per value" > 1, da es
einen "Hans Müller" durchaus mehrmals geben kann. Aber z.B. beim Attribut
"Personalnummer" ist "Max per value = 1" zu fordern, d.h. jede Personal-

nummer darf nur einmal vergeben werden. Ein "Max per value = 1" identifiziert damit ein Schlüsselattribut (ID Identifier) des Entitytyps.

Das CASE-Tool bietet zudem eine Option für das sogenannte **Multityping**. Dabei handelt es sich um eine spezielle Erweiterung des ERM-Ansatzes, mit dem das Prinzip der Generalisierung in Datenmodellen dargestellt werden kann. Zusätzlich lassen sich mit Multityping auch Vererbungsstrategien verwirklichen. Bild 5.1.4/5 verdeutlicht die Umsetzung des Multityping.

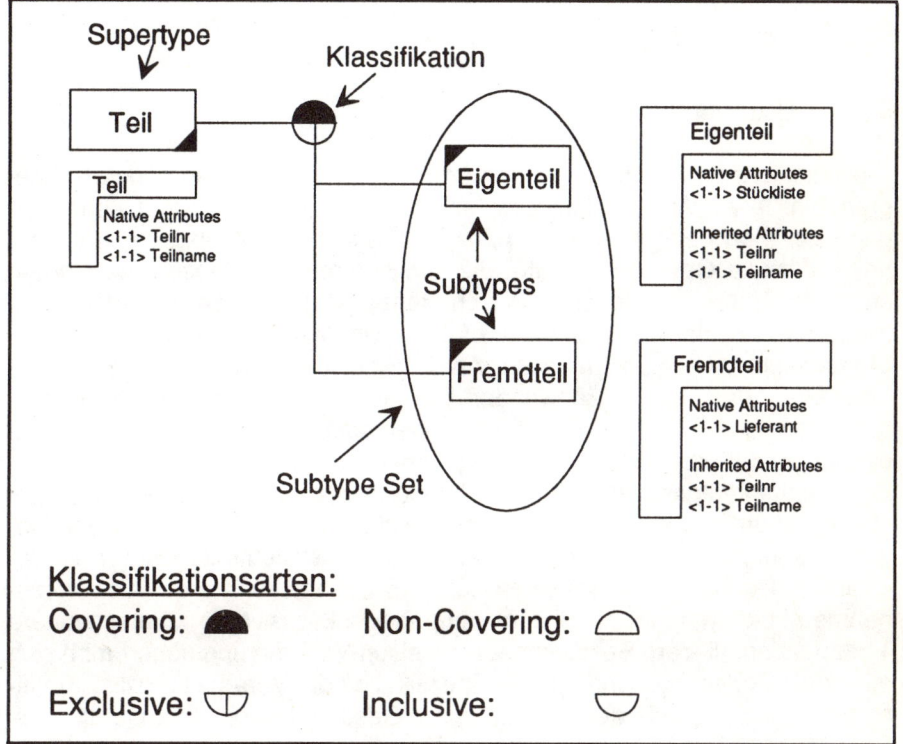

Bild 5.1.4/5:   Multityping

Der Entitytyp Teil (*Supertype*) ist entweder ein Eigenteil oder ein Fremdteil (jeweils *Subtypes*). Alle zusammengehörenden Subtypes bilden einen sogenannten *Subtype Set*. Die Beziehung zwischen einem Supertype und Subtypes wird unter zwei Gesichtspunkten - Covering/Non-Covering und Exclusive/Inclusive - klassifiziert.
-    *Covering* bedeutet, daß jede Ausprägung des Supertypes mindestens einem Subtype angehört.
-    *Non-Covering* tritt dann auf, wenn sich nicht jede Ausprägung des Supertypes einem Subtype zuordnen läßt.

- Bei *Exclusive* sind die Subtypes überschneidungsfrei.
- Bei *Inclusive* gibt es Überschneidungen zwischen den Subtypes.

Die für einen *Supertype* definierten Attribute können an die entsprechenden Subtypes vererbt werden. In der *Entity Type Description* der *Subtypes* erscheinen sie als sogenannte "*Inherited* (vererbte) *Attributes*" (vgl. Bild 5.1.4/5).

5.2   Funktionsmodellierung

5.2.1   Grundlagen der Funktionsmodellierung

Die Funktionsanalyse setzt an den im Rahmen der Planung von AS abgegrenzten Geschäftsbereichen bzw. an der darin zu erfüllenden Gesamtaufgabe an. Man betrachtet somit prinzipiell dieselben betrieblichen Sachverhalte, d.h. die Geschäftsabläufe, die auch bei einer Datenanalyse Gegenstand der Untersuchung sind. Jedoch stehen jetzt nicht mehr die Datenobjekte, deren Beziehungen sowie die Attribute im Mittelpunkt der Betrachtung. Stattdessen konzentriert man die Analyse auf die **Verarbeitungsabläufe**, mit denen das AS die Anwender bei ihren Aufgaben **funktionell unterstützen** soll. Die Benutzeranforderungen sind somit als eine wesentliche Grundlage der Funktionsmodellierung zu berücksichtigen.
Eine Gesamtaufgabe auf Geschäftsbereichsebene ist in der Regel so abstrakt und umfangreich, daß sie nicht unmittelbar einer DV-technischen Unterstützung durch Funktionen eines Informationssystems zugänglich ist. Im Rahmen der Funktionsanalyse ist somit eine Komplexitätsreduktion vorzunehmen, indem man die Gesamtaufgabe sukzessive in überschaubare Teilaufgaben gliedert. Bei dieser schrittweisen Verfeinerung nähert man sich mit jedem Zerlegungsschritt an die Spezifikation der Verarbeitungslogik in einem AS an. Dies bedeutet, daß eine Gesamtfunktion solange in Teilfunktionen zerlegt wird, bis man eine Detaillierungsebene erreicht, auf der sich die erforderlichen Verarbeitungsabläufe im Prinzip mit den Beschreibungsmitteln einer Programmiersprache darstellen lassen.
Beginnt man bei der Funktionsanalyse - wie eben beschrieben - mit der Gesamtfunktion und zerlegt diese sukzessive in Teilfunktionen, spricht man von einem "Top down"-Ansatz. Die Zerlegung muß bestimmten Anforderungen genügen, die in Abschnitt 5.2.3 dargestellt werden. Demgegenüber steht der "Bottom up"-Ansatz, bei dem man zunächst einzelne Verarbeitungsfunktionen spezifiziert und diese dann zu einem Gesamtsystem zusammenfügt. Der Bottom up-Ansatz erfordert zwar geringeres Abstraktionsvermögen, er kann jedoch nachteilig für einen sauberen strukturellen Aufbau des AS sein,

was sich z.B. negativ bei der Redundanzfreiheit sowie ggf. der Wartung auswirken kann.

Um sich bei der Anwendungssystementwicklung jeweils die Vorteile beider Ansätze zu erschließen sowie die Nachteile zu vermindern, ist es sinnvoll, eine Kombination von Top down- und Bottom up-Vorgehen anzuwenden. Wie dabei vorzugehen ist, zeigt Abschnitt 5.3.

5.2.2   Funktionsmodellierung mit der Strukturierten Analyse

Die Strukturierte Analyse (SA) hat sich seit ihren Anfängen in den 70er Jahren zur gegenwärtig wohl wichtigsten Methode der Funktionsanalyse für kommerzielle AS entwickelt [vgl. u.a. DeMarco 78; Weinberg 80]. Sie erlaubt das Entwickeln und Beschreiben von (Funktions-)Modellen der AS, die sowohl einen Gesamtüberblick vermitteln als auch Details berücksichtigen können. Dazu kombiniert die SA mehrere Darstellungs- und Beschreibungstechniken.

5.2.2.1   Elemente der Strukturierten Analyse

Ein charakteristisches Kennzeichen der Funktionsanalyse in der SA ist das Betrachten von Funktionen im Zusammenhang mit Datenflüssen. Zum einen verbinden diese Datenflüsse die Teilfunktionen innerhalb des betrachteten Systems. Zum anderen wird über Datenflüsse auch die Verknüpfung zu Objekten realisiert, die außerhalb des zu modellierenden Systems angesiedelt sind. Dementsprechend stellen **Datenflußdiagramme** (DFD) (nicht zu verwechseln mit Datenflußplänen!) eine wesentliche graphische Modellnotation in der SA dar.

Wenngleich man im Schrifttum zur Systemanalyse und Anwendungssystementwicklung DFD in unterschiedlichen Ausprägungen findet, stimmen diese Varianten hinsichtlich der Elemente, die in einem Datenflußdiagramm enthalten sind, überein. Ein DFD enthält vier Elemente: Funktionen, Datenflüsse, Datenspeicher und Objekte der Systemumwelt (Bild 5.2.2.1/1).

-   In der SA-Notation werden **Funktionen** in DFD durch einen Kreis abgebildet. Sie haben die Aufgabe, Eingabedaten in Ausgabedaten zu konvertieren. In einem DFD werden die Funktionen allerdings nur benannt. Der Entwurf der Verarbeitungslogik einer Funktion ist nicht Inhalt eines DFD. Dies erfolgt im sogenannten Pseudocode (s.u.).
-   **Datenspeicher** stellen einen (temporären) Aufenthaltsort für Daten dar. Sie sind erforderlich, wenn der Entstehungszeitpunkt der Daten von ihrem Nutzungszeitpunkt abweicht. Datenspeicher skizziert man mit zwei parallelen Strichen.
-   **Objekte der Systemwelt** sind beispielsweise Kunden, Lieferanten oder auch ein anderes Informationssystem. Sie werden durch ein Rechteck

repräsentiert. Diese Objekte selbst betrachtet man nicht näher. Von
Bedeutung ist lediglich, wie sie mit dem zu modellierenden System in
Beziehung stehen.

- **Datenflüsse** sind Kanäle für Informationen. Sie können zwischen zwei
  Funktionen, zwischen einer Funktion und einem Datenspeicher sowie
  zwischen der Systemumgebung und dem zu betrachtenden System
  auftreten. In einem DFD werden Datenflüsse durch Pfeile kenntlich
  gemacht, wobei die Pfeilrichtung auch die Richtung des Datenflusses
  beschreibt.

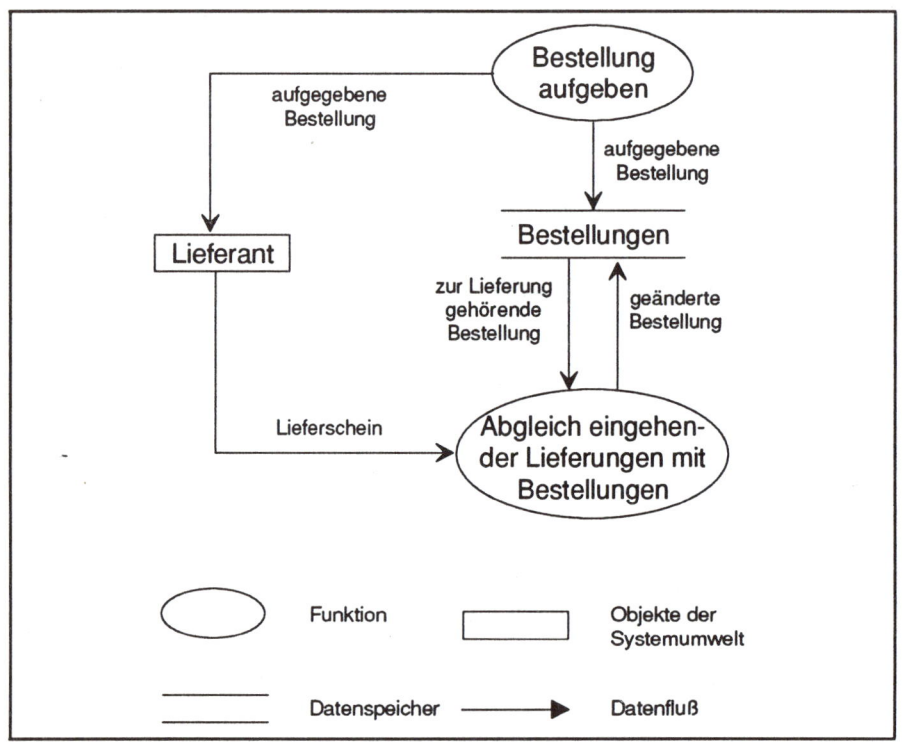

Bild 5.2.2.1/1:   Symbole eines DFD

Datenspeicher und Datenflüsse benennen lediglich die zu speichernden
bzw. zu übertragenden Daten. Die konkreten Inhalte werden mittels sogenannter **Datenkataloge** festgehalten. Sie können als eine einfache Form eines Data Dictionary verstanden werden. Darin werden die Datenobjekte und
die sie beschreibenden Attribute hinterlegt. Ein Datenkatalog könnte somit
auch mit Hilfe eines ERM abgebildet werden. Im Gegensatz zu dem im vorherigen Kapitel behandelten ERM beschreibt man jedoch nicht sämtliche
relevanten Datenobjekte, Beziehungen und Attribute eines AS, sondern nur

diejenigen, die in dem Datenfluß übertragen bzw. in dem Datenspeicher aufbewahrt werden.

Durch die Definition der Datenkataloge geht die SA über die reine Funktionsmodellierung hinaus und enthält auch Elemente einer datenorientierten Sichtweise. Da jedoch die funktionsorientierte Sichtweise eindeutig dominiert, ist es gerechtfertigt, die SA unter der Überschrift Funktionsmodellierung zu behandeln.

Die Gesamtmenge an abzubildenden Funktionen, Datenflüssen, Datenspeichern und Objekten der Systemumwelt, die für den in der fachlichen Konzeption angestrebten Detaillierungsgrad erforderlich ist, läßt sich normalerweise in einem einzelnen Diagramm nicht transparent und übersichtlich darstellen. Die DFD-Technik erlaubt es jedoch, eine Vielzahl von DFD in eine hierarchische Beziehung zueinander zu setzen. Dadurch ist es möglich, DFD mit unterschiedlichen Detaillierungsgraden zu entwerfen und nach dem oben bereits erwähnten Prinzip der schrittweisen Verfeinerung das Modell eines AS sukzessive zu konkretisieren. Dies wird durch das Bild 5.2.2.1/2 verdeutlicht.

Den Ausgangspunkt dabei bildet ein DFD, in dem das zu modellierende System sehr abstrakt, d.h. durch lediglich eine einzige Funktion spezifiziert wird. Ausschließlicher Sinn und Zweck dieses DFD ist es, den **Kontext** des Systems zu visualisieren. Dies bedeutet, daß das Diagramm sämtliche Objekte der Systemumwelt, sogenannte "Externe Agenten", sowie die entsprechenden Datenflüsse zu und von der definierten Funktion enthält. Das DFD dient nur zur Definition der Schnittstellen zwischen dem zu modellierenden System und dessen Umwelt. Man bezeichnet es deshalb auch als **Kontextdiagramm**.

Aus der dabei definierten Funktion gehen die notwendigen Ablauf- und Verarbeitungslogiken bzw. die Funktionsweise des Systems nicht hervor. Es wird lediglich die Transformation der Eingabedaten (Input) in Ausgabedaten (Output) dargestellt. Unter Eingabedaten sind die Beziehungen zu Objekten, die als Datenquelle fungieren, zu verstehen. Spiegelbildlich kann man die Ausgabedaten als Beziehungen zu den Objekten der Systemumwelt, die Datensenken sind, interpretieren.

Zur Spezifikation der Funktionsweise des Systems entwirft man ein verfeinertes DFD der im Kontextdiagramm enthaltenen Funktion. Dazu ist diese zunächst in mehrere Teil- oder Subfunktionen zu zerlegen, wobei man darauf achten muß, daß die Gesamtheit der Teilfunktionen die übergeordnete Funktion auch vollständig wiedergibt. Der nächste Schritt beschreibt die Transformation von Daten zwischen den Teilfunktionen. Informationsinput für die Teilfunktionen sind zum einen die Inputdaten aus dem Kontextdiagramm, zum anderen kann der Output einer Teilfunktion ebenfalls als Input in eine weitere Teilfunktion einfließen. Der Output der Teilfunktionen, welcher nicht als Input einer weiteren Teilfunktion dient, entspricht dem Output, wie er bereits im Kontextdiagramm spezifiziert wurde.

Bild 5.2.2.1/2 verdeutlicht das Prinzip der schrittweisen Verfeinerung mit Hilfe der DFD in einer allgemeinen Form. In der oberen Bildhälfte erkennt man ein Kontextdiagramm mit einer Funktion und vier Externen Agenten, jeweils zwei mit Input- und zwei mit Outputdatenflüssen. Im darunterliegenden, verfeinernden DFD wird die Funktion in drei Teilfunktionen TF1, TF2 und TF3 zerlegt. Die gestrichelte Linie verdeutlicht den logischen Zusammenhang dieser Teilfunktionen, der sich durch die gemeinsame übergeordnete Funktion ergibt. Die Inputdatenflüsse für die Gesamtfunktion tauchen in identischer Form im verfeinernden DFD auf, ebenso die Outputdatenflüsse. Im Schaubild kreuzen diese die gestrichelte Linie. Innerhalb der gestrichelten Linie existieren weitere Datenflüsse, welche den Transformationsprozeß zwischen den Teilfunktionen beschreiben. Gegenüber dem Kontextdiagramm verbessern diese Datenflüsse den Detaillierungsgrad bzw. die Aussagekraft hinsichtlich der Abläufe innerhalb der Gesamtfunktion.

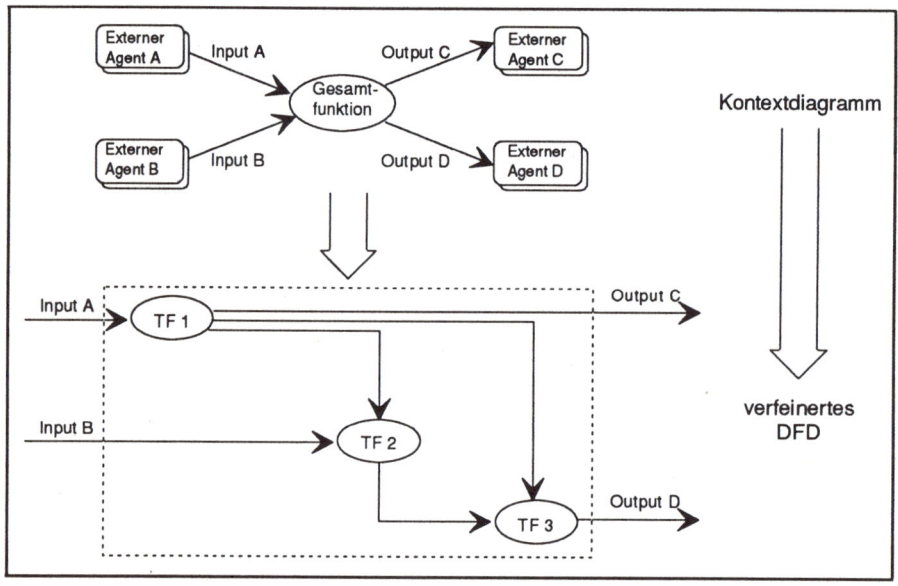

Bild 5.2.2.1/2:   Prinzip des schrittweisen Verfeinerns mit DFD

Sofern der Output einer (Teil)Funktion nicht unmittelbar sondern erst nach einer zeitlichen Verzögerung zum Input einer weiteren Funktion wird, können

Datenspeicher definiert und die entsprechenden Daten (zwischenzeitlich) darin abgelegt werden.

Diese schrittweise Detaillierung der Funktionen und deren Beschreibung durch ein verfeinertes DFD wird solange fortgeführt, bis einzelne, **in sich abgeschlossene Funktionen** vorliegen. In einem System zur Materialwirtschaft könnte dies z.B. das Berechnen einer Losgröße sein, in einem Vertriebsinformationssystem beispielsweise das Ermitteln einer einzelnen Kennzahl wie "Umsatzentwicklung des Produktes X im Gebiet Y im Vergleich zum Vormonat". Funktionen auf der untersten Hierarchieebene nennt man **Elementarfunktionen**.

Die Elementarfunktionen beinhalten somit die eigentlichen Be- und Verarbeitungsfunktionen eines AS. Diese können mit einem DFD nur ungenügend beschrieben werden, da ein DFD lediglich die Transformation der Eingabe- in Ausgabedaten charakterisiert, die eigentliche Verarbeitung jedoch als "Black-box" betrachtet und nur dem Namen nach spezifiziert. Deshalb setzt man zur Charakterisierung der Elementarfunktionen keine verfeinernden DFD ein, sondern verwendet sogenannte **Prozeßspezifikationen**, die mit Hilfe von sogenanntem Pseudocode die Ablauf- und Verarbeitungslogik detailliert spezifizieren.

Pseudocode ist ein textuelles Beschreibungsmittel, das sehr stark an die natürliche Sprache angelehnt ist und trotzdem eine präzise Spezifikation einer Elementarfunktion zuläßt. Ein kleines Pseudocode-Beispiel aus dem Bereich der Kundenangebots- und Auftragsbearbeitung könnte etwa lauten:
    "Wenn der Kunde ein Stammkunde ist, dann 10 % Rabatt gewähren,
    sonst
    keinen Rabatt gewähren."

Dem Pseudocode kommt somit eine Art "Überbrückungsfunktion" zwischen verschiedenen Adressaten zu. Auf der einen Seite steht der Anwender aus der Fachabteilung mit seinen Kenntnissen der betrieblichen Sachverhalte. Auf der anderen Seite stehen die formalen Anforderungen zur exakten Spezifikation dieser Sachverhalte, um sie einer DV-Unterstützung zugänglich zu machen.

Die bisherigen Ausführungen zur SA zeigt zusammenfassend Bild 5.2.2.1/3. Schematisch wird der hierarchische Aufbau eines Funktionsmodells in der SA-Modell-Notation mit einem DFD und einer Prozeßspezifikation dargestellt. Man erkennt darin das Prinzip der sukzessiven Verfeinerung, wobei ausgehend von der Gesamtfunktion im Kontextdiagramm auf der höchsten Hierarchieebene eine schrittweise Konkretisierung stattfindet, bis auf der un-

tersten Ebene die detaillierte Spezifikation der Ablauf- und Verarbeitungslogik mit Pseudocode erfolgt.

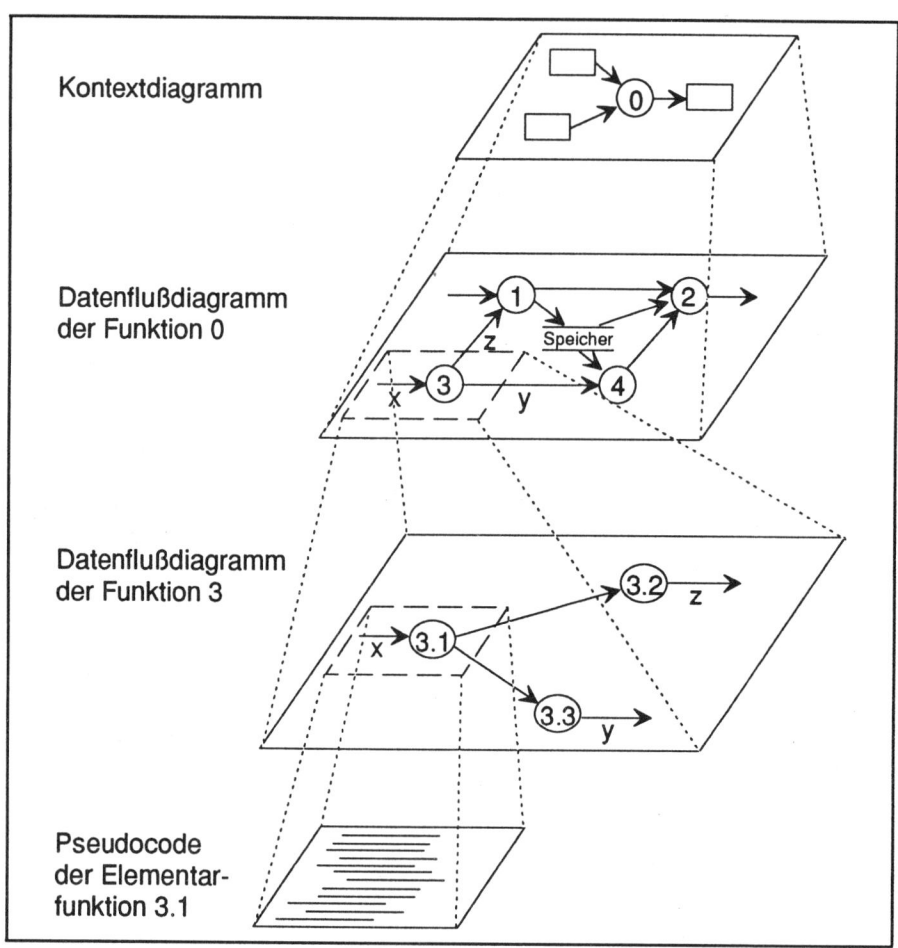

Bild 5.2.2.1/3:   DFD-Hierarchiemodell [vgl. Balzert 91, S. 62]

Entfernt man aus sämtlichen DFDs die Datenflüsse sowie Datenspeicher
und faßt dann alle Funktionen und Teilfunktionen in einem einzigen Diagramm zusammen, so erhält man einen hierarchischen Funktionsbaum.
Dieser gewährt gewissermaßen "auf einen Blick" eine Übersicht über die
funktionale Zerlegung des Gesamtmodells. Für das hierarchische Funktionsmodell wird auch häufig der Begriff **Dekompositionsdiagramm** verwendet (vgl. Bild 5.2.2.1/4).

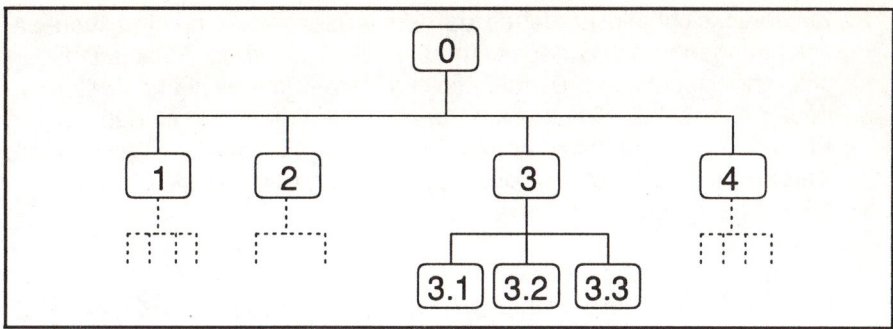

Bild 5.2.2.1/4:   Dekompositionsdiagramm

5.2.2.2   Formale und inhaltliche Regeln der Strukturierten Analyse

Um eine eindeutige, aussagekräftige und möglichst interpretationsfreie Lesbarkeit eines SA-Modells auch für die Personen zu gewährleisten, die nicht unmittelbar an dessen Erstellung beteiligt sind/waren, empfiehlt es sich, daß - neben der Verwendung einer standardisierten Modellnotation - auch formale Regeln hinsichtlich der Bezeichnungen von Funktionen, Datenflüssen etc. eingehalten werden [vgl. Raasch 92]. Darüber hinaus sind auch inhaltliche Vereinbarungen zu treffen, z.B. auf welcher Hierarchieebene die verschiedenen SA-Modellelemente eingesetzt werden können oder wie umfangreich das Modell sein sollte. Derartige formale und inhaltliche Modellierungsregeln sind nachfolgend aufgeführt.
Orientiert man sich beim Entwickeln des AS an diesen Regeln, kann ein gewisser **Grad der Standardisierung** erreicht werden. Die Standards erhöhen die Lesbarkeit und das Verständnis für die Modelle, vereinfachen die Kommunikation zwischen den an der Anwendungssystementwicklung beteiligten Personen und tragen zu einer effizienten bzw. rationellen Entwicklung bei.

Formale Regeln:
-   Bezeichnung von Funktionen
    Eine sinnvolle Konvention, um möglichst "selbstsprechende" Bezeichnungen für Funktionen zu erhalten, ist die Kombination eines Substantivs mit einem nachfolgenden Verb. Dabei bezeichnet das Substantiv das in dem jeweiligen Kontext zu behandelnde Objekt, z.B. das Produktionsprogramm, den Kundenauftrag oder die Wareneingangsposition. Das Verb charakterisiert die in der jeweiligen (Teil)Funktion zu verrichtende Tätigkeit, z.B. erfassen, prüfen, steuern etc. Entsprechend dieser Konvention ergeben sich dann Funktionsbezeichner wie "Produktionsprogramm planen", "Kundenauftrag erfassen" oder "Wareneingangsposition prüfen".

Zu berücksichtigen ist dabei, daß die Aussagekraft der Funktionsbe-
zeichnungen um so höher sein muß, je tiefer sie in der Funktionshierarchie angesiedelt sind. Deshalb sollten Verben mit wenig konkreter Bedeutung, wie z.B. "bearbeiten" oder "verwalten", nur in den oberen
Ebenen der Funktionshierarchie Verwendung finden. Aussagekräftigere
Verben, z.B. "berechnen" oder "prüfen", sind für die tieferen Ebenen
besser geeignet.

- Voranstellen von Ziffern
  Dem verbalen Funktionsbezeichner kann darüber hinaus eine Ordnungsnummer - ähnlich einer Gliederungsnummer - vorangestellt werden, welche die Position der jeweiligen Funktion in der Funktionshierarchie widerspiegelt. Die "oberste Funktion" erhält die Ordnungsnummer
  0, die nächst tieferliegenden Funktionen die Ziffern 1 ... n, die Teilfunktionen zu 1 die Ziffern 1.1 ... 1.n usw. Dieser Nummer kommt keine inhaltliche Bedeutung zu, etwa über eine zeitliche Reihenfolge der Bearbeitung von Teilfunktionen (dies ist Gegenstand der DV-technischen
  Konzeption von AS). Das Prinzip der Vergabe von Ordnungsnummern
  erleichtert jedoch die Orientierung sowie das Verständnis der Modelle:
  - Aus der Stellenzahl der Ordnungsnummern läßt sich ableiten, in
    welcher Hierarchieebene der Funktionsstruktur die aktuelle Funk-
    tion angesiedelt ist. Eine dreistellige Ordnungsnummer bei-
    spielsweise bedeutet, daß die entsprechende Funktion auf der
    vierten Hierarchieebene zu finden ist.
  - Alleine anhand der Funktionsbezeichnung ist es vor allem in den
    tieferen Hierarchieebenen nicht immer eindeutig ersichtlich, wel-
    chem Bereich eine (Elementar-)Funktion zugeordnet ist. Die ein-
    deutige Lokalisierung ist anhand der ersten Ziffer der Ordnungs-
    nummer auf jeder Hierarchieebene leicht möglich.
  - Möchte man Informationsbeziehungen zwischen zwei (Elemen-
    tar-)Funktionen, die nicht die gleiche direkt übergeordnete Funk-
    tion haben, abbilden, läßt sich der entsprechende Datenfluß nicht
    mehr in einem einzigen Datenflußdiagramm darstellen. Stattdes-
    sen müssen diese Informationen über die nächste, den beiden
    Elementarfunktionen gemeinsam übergeordnete Funktion geleitet
    werden. Letztere ist sehr einfach anhand des gemeinsamen Teils
    der Ordnungsnummer der Elementarfunktionen zu identifizieren.
    Soll beispielsweise eine Informationsbeziehung zwischen den
    Elementarfunktionen 1.2.1.2 und 1.2.3.1 dargestellt werden, muß
    der entsprechende Datenfluß über das Datenflußdiagramm der
    Funktion 1.2 geleitet werden (vgl. Bild 5.2.2.2/1).

-    Bezeichnung von Datenflüssen
     Ähnlich wie bei den Funktionsnamen sollten auch bei den Datenflüssen aussagekräftige Bezeichnungen verwendet werden. Deshalb ist es sinnvoll, für Datenflüsse ebenfalls zusammengesetzte Namen zu benutzen. Einen hohen Informationsgehalt erzielt man beispielsweise dann, wenn der Datenflußbezeichner sowohl die Daten selbst als auch deren Zustand bzw. aktuellen Status charakterisiert, z.B. "geprüfte Kundenaufträge".
     Die Aussagekraft von Datenflußnamen kann z.B. durch die Angabe der Datenquelle und/oder Datensenke erhöht werden. Dies hat insbesondere dann Vorteile, wenn bei großen Modellen mit einer Vielzahl von Datenflüssen die Gefahr besteht, durch ähnliche Datenflußbezeichnungen Mißverständnisse im Modell hervorzurufen. Nachteilig ist dabei jedoch die daraus resultierende Namenslänge. Sie könnte aber mit einer durchdachten Definition von Abkürzungen sowie deren disziplinierter Verwendung im Modell gemildert werden.

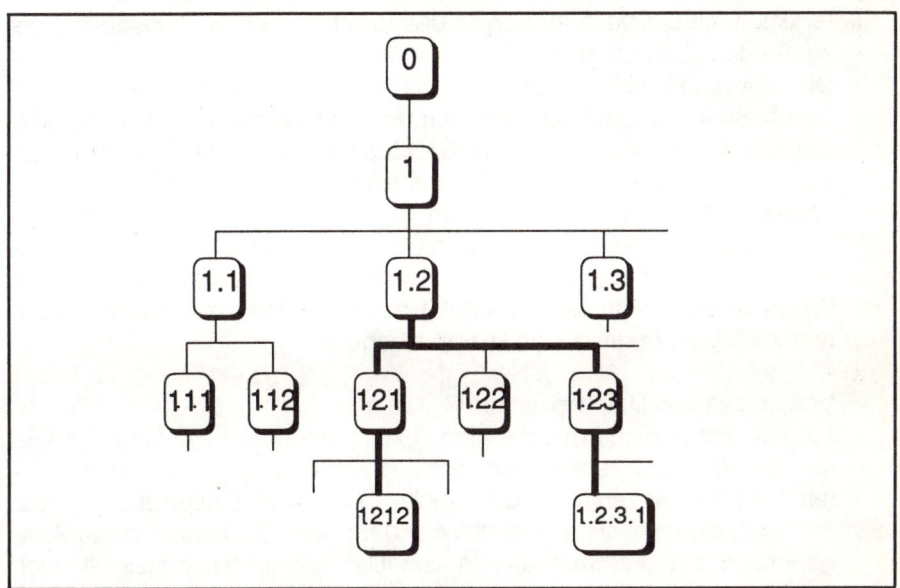

Bild 5.2.2.2/1:   Informationsflußbeziehungen über mehrere Hierarchieebenen

-    Bezeichnung von Datenspeichern
     Eine eindeutige Benennung von Datenspeichern läßt sich gewährleisten, wenn die Inhalte der Datenspeicher z.B. um den Zusatz "Datei" ergänzt werden (Kundendatei, Auftragsdatei etc.). Durch einen derar-

tigen Zusatz kann sichergestellt werden, daß keine Begriffsüberschnei-
dungen mit Entitytypen auftreten.

Die hier angeführten Konventionen für die Namen der SA-Modellelemente
sind nicht zwingend, sondern lediglich als Empfehlung zu verstehen. Prinzipiell notwendig ist es jedoch, daß zu Beginn einer Modellentwicklung eindeutige Vereinbarungen über die Vergabe von Bezeichnern getroffen und
diese dann im Laufe der Anwendungssystementwicklung konsequent angewendet werden.

Inhaltliche Regeln:
- Verwenden von Externen Agenten
  Die Spezifikation der Externen Agenten legt die Schnittstellen des zu
  entwickelnden AS zu seiner "Umwelt" offen. Schnittstellen können zum
  einen zu anderen AS im Unternehmen bestehen, etwa zwischen einem
  Auftragsabwicklungs-   sowie   einem   Produktionsplanungs-   und
  -steuerungssystem. Zum anderen treten Schnittstellen auch bei der Interaktion mit Objekten außerhalb des Unternehmens auf, insbesondere
  zu Kunden und Lieferanten.
  Die Übersichtlichkeit dieser Schnittstellen wird erhöht, wenn sie auf
  "einen Blick" zu erkennen sind, d.h. in einem einzigen Schaubild oder
  Diagramm enthalten sind. In SA-Modellen ist dafür das Kontextdiagramm (s.o.) vorgesehen. Daraus folgt, daß **Externe Agenten ausschließlich im Kontextdiagramm** zu verwenden sind. Sämtliche Externe Agenten stehen somit nur mit einer einzigen Funktion in Verbindung. Die Zuordnung der an den Schnittstellen übertragenen Informationen zu den Teilfunktionen erfolgt dann über die Datenflüsse im Datenflußdiagramm der ersten Hierarchieebene.

- Verwenden von Datenspeichern
  Datenspeicher dienen im SA-Modell zur (temporären) Ablage von Daten, die von einer Funktion erzeugt und (zeitverzögert) von einer anderen Funktion weiterverwendet werden. In den Datenspeichern selbst
  darf man die Dateninhalte nicht verändern. Insofern könnte in der Analysephase auf die Spezifikation von Datenspeichern prinzipiell auch
  verzichtet werden. Datenoutput einer (Teil-)Funktion wird dann unmittelbar zu Dateninput einer nachfolgenden (Teil-)Funktion.
  Da jedoch dem Speichern von Daten in der betrieblichen Informationsverarbeitung eine sehr hohe Bedeutung beizumessen ist, sind Datenspeicher für viele Systementwickler bzw. -analytiker aus der fachlichen
  Konzeption nicht "wegzudenken". Datenspeicher können somit einer
  besseren Veranschaulichung bzw. als "Gedächtnisstütze" im Modell
  des zukünftigen AS dienen. Verwendet man in einem SA-Modell Da-

tenspeicher, so stellt sich die Frage, wo diese zu plazieren sind. Dabei
tritt folgendes Modellierungsproblem auf:
Plaziert man die Datenspeicher möglichst verwendungsnah, d.h. in den
DFD mit den Elementarfunktionen, so hat dies den Vorteil, eine unmittelbare Beziehung zwischen den Datenspeichern und der tatsächlichen
Verarbeitung der Daten - letzteres erfolgt in den Elementarfunktionen -
aufzeigen zu können. Dieses Vorgehen kann es jedoch notwendig
machen, denselben Datenspeicher in mehreren DFDs zu verwenden.
Damit kommt es evtl. zu einer gewissen Willkür bei der Spezifikation
von Datenspeichern, die sich negativ auf die logische Konsistenz des
Modells auswirken kann. Positioniert man dagegen einen Datenspeicher im DFD einer hierarchisch höher liegenden Funktion, können darauf Elementarfunktionen aus unterschiedlichen DFDs zugreifen. Als
nachteilig ist jedoch anzusehen, daß dieses zusätzliche Datenflüsse erforderlich macht. Diese Vor- und Nachteile sind projektspezifisch ge-
geneinander abzuwägen.
Im Kontextdiagramm sollten prinzipiell keine Datenspeicher verwendet
werden, da es vor allem die Integrationsbeziehungen des zu analysierenden AS offenlegt.

-    Verwenden von Datenflüssen
     Besteht zwischen zwei Elementen eines SA-Modells, z.B. zwischen
     zwei (Teil-)Funktionen, ein Datenaustausch, so kann man hierfür einen
     oder mehrere Datenflüsse einrichten. Verteilt man die auszutauschen-
     den Daten auf mehrere Flüsse derselben Richtung, so hat dieses den
     Vorteil, durch eine geeignete Datenflußbezeichnung den jeweiligen In-
     halt recht genau spezifizieren zu können. Als wesentlicher Nachteil ist
     jedoch anzusehen, daß in diesem Fall viele Datenflüsse notwendig
     sind, was zu Lasten der Übersichtlichkeit der Diagramme geht. Darüber
     hinaus ergibt sich auch ein Widerspruch zu dem in der Analyse anzu-
     wendenden Prinzip der schrittweisen Verfeinerung, das gleichfalls für
     die Datenflüsse verwendbar ist.
     Deshalb sollte man zwischen zwei Elementen nach Möglichkeit immer
     nur eine begrenzte Anzahl an Datenflüssen (ca. einen bis drei) in eine
     Richtung spezifizieren. Jeder dieser Datenflüsse kann dann im verfei-
     nernden Diagramm in mehrere einzelne Datenflüsse aufgespalten
     werden.
     Es ist darauf zu achten, daß Datenflüsse immer mit mindestens einer
     Funktion in Verbindung stehen. Dies schließt beispielsweise Datenflüs-
     se zwischen zwei Datenspeichern aus. Bei der Verwendung von Da-
     tenspeichern ist darüber hinaus zu berücksichtigen, daß immer ein zu-
     und ein abfließender Datenfluß eingerichtet werden. Bezeichnung und
     Inhalt dieser zwei Datenflüsse müssen identisch sein. Dies resultiert

aus dem bereits erwähnten Sachverhalt, daß innerhalb eines Daten-
speichers keine Datenmanipulation stattfinden darf.

5.2.3 Erhebungsmethoden bei der Funktionsmodellierung und -systematisierung

Im vorherigen Abschnitt wurden Regeln und Konventionen aufgezeigt, die
beim Entwickeln eines Funktionsmodells zu beachten sind. Überlegungen,
die sich unmittelbar auf die Tätigkeit der Funktionsmodellierung beziehen,
d.h. das Identifizieren, Erheben und Zerlegen von Funktionen, fanden dabei
jedoch kaum Berücksichtigung. Dieses soll Gegenstand des nun folgenden
Kapitels sein. Dabei werden Richtlinien vorgestellt, nach denen man beim
Entwurf der Funktionsstrukturen vorgehen kann, um in einem konkreten
Analyseprojekt gewissermaßen "Boden unter die Füße" zu bekommen.
Dabei ist u.a. zu behandeln,

-   welche Möglichkeiten bestehen, um aus der betrieblichen Realität
    Funktionen und Teilfunktionen abzuleiten bzw. zu differenzieren oder
-   in wieviele Teilfunktionen man sinnvollerweise eine komplexere Funk-
    tion gliedern kann bzw. sollte, um Modelle zu erhalten, die sich dann
    angemessen in ein AS umsetzen lassen.

Bei der Funktionsanalyse ist das Hauptaugenmerk der Untersuchung prinzipiell auf sogenannte **essentielle Funktionen** zu legen. Eine Funktion ist
dann essentiell, wenn sie für den zu analysierenden Bereich auch geschäftliche Bedeutung hat, indem sie neue entscheidungsrelevante Daten erzeugt,
vorhandene modifiziert oder nicht mehr benötigte löscht. Funktionen wie z.B.
"Daten sichern" oder "Büromaterial verwalten" erfüllen dieses Kriterium
ebensowenig wie etwa eine Funktion "Auftrag ablegen". Routinen zur
Fehlerbehandlung stellen ebenfalls keine essentiellen Funktionen dar und
sind somit nicht Gegenstand einer Funktionsanalyse.

Eine weitere grundlegende Richtlinie besteht darin, daß bei einer funktionalen Zerlegung die Subfunktionen den entsprechenden Sachverhalt vollständig abdecken müssen. In der Literatur findet man diese Forderung häufig
auch unter dem Stichwort **Prinzip der Vollständigkeit**. So wäre beispielsweise die Zerlegung der Funktion "Auftrag verwalten" in die Subfunktionen
"Auftrag erfassen", "Auftrag ändern" und "Auftrag löschen" (nach Auslieferung und erfolgter Fakturierung) unvollständig, da der Sachverhalt einer Auf-
tragsstornierung nicht abgedeckt ist.

5.2.3.1 Analyse der Ist-Situation

Ein häufig praktiziertes Vorgehen bei der fachlichen Konzeption eines AS ist
es, zunächst den Ist-Zustand zu erheben. Im Rahmen einer derartigen Ist-

Analyse sind die Anforderungen an das zu entwickelnde System zu definieren. Die Ist-Analyse kann entweder an einem bereits vorhandenen und zu
verbessernden IV-System ansetzen oder untersucht die bislang manuell
abgewickelten Abläufe. Betrachten wir zunächst den erstgenannten Fall [vgl.
Raasch 92, S. 141 ff.].

Wird bereits ein AS eingesetzt, das durch ein neues System abzulösen ist,
etwa weil eine Migration von einer Host-Umgebung in ein PC-Netzwerk an-
steht, so kann die Funktionsstruktur des Altsystems durchaus auch die
Grundstruktur des neuen AS bilden. Schließlich handelt es sich bei der
skizzierten Migration primär um eine systemtechnische Änderung. Derartige
Maßnahmen wirken sich erst bei der DV-technischen Konzeption eines AS
aus, die fachliche Konzeption wird von primär technischen Modifikationen
nicht tangiert.

Auf jeden Fall sollte aber überprüft werden, inwieweit das alte System die
Benutzeranforderungen auch tatsächlich erfüllt oder ob ggf. Schwachstellen
bestehen. Stellt es sich beispielsweise heraus, daß von den Benutzern gewünschte Funktionen nicht oder nur in unzureichendem Maße durch das
System unterstützt werden, sind diese im Funktionsentwurf des neuen AS
entsprechend zu ergänzen. Gleichfalls könnte auch der Fall eintreten, daß
ein AS die Benutzeranforderungen "übererfüllt" und bereits implementierte
Funktionen im Funktionsentwurf des neuen AS nicht mehr aufzuführen sind.

Kritisch ist dabei anzusehen, daß man bei der Analyse eines Vorgängersystems ggf. sehr aufwendig Details systematisch erfaßt und modelliert, die für
das zu entwickelnde AS eigentlich keine Relevanz besitzen. Dies ist insbesondere dann der Fall, wenn - wie bei älteren AS häufig üblich - keine saubere Anwendungssystemdokumentation vorliegt, aus der die Trennung der
logischen Struktur des AS von den systemtechnisch bedingten Implemen-
tierungseinzelheiten hervorgeht. Hier sind meist aufwendige Untersuchungen auf der Quellcode-Ebene erforderlich. Daraus resultiert die Gefahr, daß
man die Ist-Analyse für ein Projekt zu lange betreibt, was zu Verzögerungen
in der Anwendungssystementwicklung führt.

Wird noch kein IV-System eingesetzt, so ist zu untersuchen, welche Funktionen personell abgewickelt werden. Ebenfalls sind die Benutzeranforderungen an ein neu zu entwickelndes AS zu ermitteln.

Sowohl bei einem bereits vorhandenen IV-System als auch bei bislang
personeller Bearbeitung ist allerdings zu beachten, daß man sich bei der
Anwendungssystementwicklung nicht zu lange mit den vorhandenen Abläufen befaßt. Anderenfalls erwirbt man i.d.R. Detailkenntnisse, die häufig dazu
führen, daß ein stark am Status Quo ausgerichtetes System entwickelt wird.

Daraus mögen sich zwar Akzeptanzvorteile bei den Anwendern ergeben, da sich an den Abläufen nur die Art der Abwicklung - DV-gestützt statt personell - ändert, aber sonst "alles beim Alten" bleibt. Häufig ist jedoch nicht gewährleistet, daß die vorhandenen Abläufe in ablauforganisatorischer Hinsicht auch wirklich optimal sind. Werden diese Abläufe bei der fachlichen Konzeption des neu zu entwickelnden AS allzu unkritisch übernommen, ist die Gefahr groß, suboptimale Vorgänge durch das DV-System zusätzlich zu zementieren. Potentiale von DV-Systemen zur durchgängigen und effizienten Gestaltung von Geschäftsprozessen werden in solchen Fällen vernachlässigt. (Auf die Wiederverwendung von vorhandenen Systemen wird im zehnten Kapitel noch näher eingegangen.)

5.2.3.2   Analyse von Ereignissen

Die grundlegende Aufgabe der Funktionsanalyse beinhaltet - wie bereits festgestellt wurde - den Entwurf von Funktionseinheiten, welche die Anforderungen erfüllen, die Benutzer an ein AS stellen. Ein Ansatz zum Funktionsentwurf besteht darin zu hinterfragen, wie einzelne Benutzeranforderungen entstanden sind. Dabei wird man feststellen, daß die Benutzeranforderungen aus sogenannten Geschäftsereignissen resultieren, auf die der Anwender, z.B. ein Sachbearbeiter im Vertrieb, unterstützt durch das AS reagieren möchte. Solche Geschäftsereignisse sind dadurch gekennzeichnet, daß aufgrund einer neuen Information oder eines betriebsinternen Auftrags ein Prozeß angestoßen wird. Die Geschäftsereignisse sind somit die ursächlichen Auslöser für die Geschäftsprozesse bzw. für die Aktivitäten der Anwender. Beispielsweise kann eine Kundenanfrage das Erstellen eines Angebots auslösen oder der Vertriebsleiter einem Assistenten den Auftrag erteilen, die Großkundenumsätze eines bestimmten Produktsortiments zusammenzustellen.

Daraus ergibt sich, daß eine wesentliche Aufgabe der Funktionsanalyse im Herausfinden der relevanten Geschäftsereignisse, die von dem zu entwickelnden System unterstützt werden sollen, besteht. Aus den Angaben des Anwenders, wie er auf die Geschäftsereignisse reagiert bzw. aus den Anforderungen, wie das AS auf die Ereignisse reagieren sollte, können dann die notwendigen Funktionen abgeleitet werden [vgl. Raasch 92, S. 89 und Böhm et al. 93, S. 188].

Typische Beispiele für Geschäftsereignisse und entsprechende Funktionen eines System sind:
- ein Kunde wünscht ein Angebot -> Angebot erstellen
- ein Kunde erteilt einen Auftrag -> Machbarkeit prüfen, Auftrag bestätigen

- Ware trifft ein -> Lagerbestand aktualisieren, offene Posten im Ein-
  kauf aktualisieren
- Monatsende erreicht -> Zwischeninventur durchführen
- Bestellbestand wird unterschritten -> Bestellung auslösen
- Zahlungsziel wird überschritten -> Kunde mahnen
- usw.

Um beim Erfassen aller Geschäftsereignisse, die ein System mittels entsprechender Funktionseinheiten bearbeiten soll, systematisch vorzugehen,
lassen sich die Geschäftsereignisse z.B. nach externen, internen oder peri-
odischen Ereignissen gliedern.
- Als extern sind solche Ereignisse zu bezeichnen, die von Externen
  Agenten (s.o.) ausgehen, z.B. Kunde erteilt einen Auftrag. Derartige
  Ereignisse sind über die Datenflüsse im Kontextdiagramm sichtbar zu
  machen.
- Interne Ereignisse treten innerhalb des betrachteten Systems auf (in
  einem Materialverwaltungssystem wäre dies z.B. das Unterschreiten
  eines Mindestbestands).
- Periodische Ereignisse wiederholen sich regelmäßig, etwa das Erreichen eines bestimmten Datums.

Schwierig wird diese Vorgehensweise immer dann anzuwenden sein, wenn
solche Geschäftsereignisse nur sporadisch auftreten und dann schwer identifiziert werden können. Ebenfalls kommt es vor, daß aufgrund gewisser
Ausprägungen des Geschäftsereignisses die zuzuordnenden Funktionen
variieren können.

Eine weitere Möglichkeit, um Ereignisse zu identifizieren, ergibt sich, wenn
man eine datenorientierte Sichtweise auf ein Informationssystem in die
Überlegungen einbezieht. Dazu sind die in einem Sachverhalt relevanten
Entitytypen zu analysieren. Untersuchungsgegenstand sind
- der/die Auslöser für das Entstehen der Ausprägung eines Entitytyps
  (Create),
- der/die Auslöser für ein Aktualisieren (Update) eines oder mehrerer Attribute eines Entities oder
- der/die Auslöser, die ein Löschen (Delete) eines Entities bewirken.

Diese Auslöser führen zu entsprechenden Ereignissen, die das AS bearbei-
ten muß. Betrachtet man beispielsweise den Entitytypen "Auftrag", sind als
Ereignisse u.a.
- Kunde erteilt einen Auftrag (ein Auftrag entsteht),
- Beginn der Fertigung/Auftragsstatus ändert sich von "eingeplant" zu "in
  Bearbeitung" (Auftrag wird aktualisiert),

- Versand meldet Warenausgang (offener Kundenauftrag wird gelöscht, Rechnungserstellung angestoßen)

festzuhalten.

Bei einem derartigen, hier ansatzweise skizzierten Vorgehen, das gewissermaßen den Lebenszyklus eines Entities betrachtet, spricht man auch von einer "Entity Life Cycle-Analyse" [vgl. Achatzi 89]. Sie setzt voraus, daß der Analytiker sich in den Geschäftsprozeß bereits entsprechend tief eingearbeitet hat.

5.2.3.3   Typisierung von Funktionseinheiten

Derigs und Grabenbauer [vgl. Derigs et al. 93, S. 92 ff.] schlagen für den Entwurf des Funktionsmodells vor, in einem ersten Schritt die einzelnen in einem Modell auftretenden Funktionseinheiten zu typisieren. Für den Bereich der kommerziellen betrieblichen Anwendungen besteht demnach eine zweckmäßige Gliederung in:
- Funktionen zur Datenverwaltung,
- Funktionen zum Steuern von Vorgängen und
- Funktionen für Auswertungen.

Mit Hilfe der **Funktionen zur Datenverwaltung** werden die Anforderungen eines Anwenders zum Bearbeiten einzelner Datenobjekte, sogenannter Benutzerobjekte, abgedeckt. Ein Benutzerobjekt stellt dabei eine aus Benutzersicht als Ganzes zu bearbeitende Einheit dar, z.B. einen Kundenauftrag, eine Materialart oder eine Eingangsrechnung. Hier erkennt man eine gewisse Analogie zu Entitytypen, wie sie bei der konzeptionellen Datenmodellierung bereits behandelt wurde.
Typische Funktionen zur Datenverwaltung sind aus Anwendersicht Neuanlage, Suchen, Ändern, Löschen oder Anzeigen bzw. Drucken. Diese Funktionen decken häufig bereits die volle Funktionalität zur Verwaltung der Benutzerobjekte ab.

Mittels der **Vorgangsfunktionen** werden komplette Geschäftsvorgänge abgewickelt. Da innerhalb eines Geschäftsvorgangs bestimmte Benutzerobjekte bearbeitet werden, ist es sinnvoll, zum Entwurf einer Vorgangsfunktion - sofern ausreichend - möglichst genau diejenigen Datenverwaltungsfunktionen zu nutzen, welche sich auf das jeweilige Bearbeitungsobjekt beziehen. Insofern setzt sich eine Vorgangsfunktion häufig aus einer Folge von mehreren Datenverwaltungsfunktionen zusammen, wobei jedoch der Fall auftreten kann, daß man für Anforderungen, die durch die Datenverwaltungsfunktionen nicht abgedeckt werden, zusätzliche Funktionen benötigt.
Betrachtet man etwa die Beschaffung, so findet man typische Beispiele für Vorgänge in der Bestellung oder der Bestellüberwachung. Die Vorgangs-

funktion Bestellung kann sich beispielsweise aus den Datenverwaltungsfunktionen Lieferkonditionen suchen, Bestellauftrag anlegen, Bestellauftrag
ändern und Bestellauftrag drucken zusammensetzen.

Auswertungsfunktionen zeichnen sich durch einen hohen Bedarf an Inputdaten aus. Im Vergleich dazu wird dem Benutzer dagegen eine relativ
geringe Datenmenge ausgegeben. Ein typisches Beispiel einer Auswer-
tungsfunktion ist eine Lieferantenbewertung, bei der aus einer größeren
Menge an Vergangenheitsdaten über Preise, Liefertreue, -qualität etc.
Kennzahlen ermittelt und verdichtet werden, um bei einer anstehenden Bestellung den Disponenten bei der Lieferantenauswahl zu unterstützen.

Eine gewisse Gefahr bei der Dreiteilung der Funktionen besteht darin, daß
bereits indirekt technische Anforderungen einfließen und damit eine saubere
fachliche Konzeption unterbleibt.

Unter Zugrundelegen der beschriebenen Funktionstypisierung kann dann bei
der Funktionsanalyse sowohl Top down als auch Bottom up vorgegangen
werden. Beim Top down-Vorgehen würde man ausgehend von dem abgegrenzten Geschäftsbereich die relevanten Vorgangsfunktionen identifizieren
und diesen entsprechende Datenverwaltungsfunktionen zuordnen. Im
nächsten Schritt sind die Auswertungsfunktionen zu spezifizieren, wobei
diese ebenfalls aus Datenverwaltungsfunktionen zusammengefügt werden
können. Alternativ könnte man auch Bottom up zunächst die Benutzerobjekte bestimmen und die zu ihrer Be- und Verarbeitung notwendigen Datenverwaltungsfunktionen festlegen. Im nächsten Schritt wären die Geschäftsvorgänge zu identifizieren und die Datenverwaltungsfunktionen den Vorgängen zuzuordnen. Zur Komplettierung des Funktionsmodells sind ab-
schließend die Auswertungsfunktionen zu entwerfen.

5.2.3.4 Analyse von Unternehmensebenen

Beetz und Lambers [vgl. Beetz et al. 92, S. 101 ff.] schlagen für den Entwurf
der Funktionsstruktur ein sogenanntes Ebenenkonzept vor. Dabei wird eine
"Unternehmensfunktion", z.B. das Steuern von Materialflüssen, als oberste
Funktion angesehen. Diese spaltet man in "Fachgebiete" auf. In einem praktischen Anwendungsfall der Warenverfolgung könnte dies der Aufteilung in
die Steuerung des Wareneingangs, des innerbetrieblichen Materialflusses
und des Warenausgangs entsprechen. Die Unternehmensfunktion und die
Fachgebiete können auch durch die Aufbauorganisation eines Unternehmens vorgegeben sein. Beispielsweise lassen sich Fachgebiete mit den
Fachabteilungen eines Unternehmens abbilden.
Den einzelnen Fachgebieten sind Ressourcen, z.B. Informationen, Personen
und Formulare, zugeordnet, mit denen "Abläufe" bewältigt werden, bei-

spielsweise die Warenannahme. Die Abläufe werden durch Ereignisse ausgelöst und setzen sich aus einer Folge von "Arbeitsgängen" (den Elementarfunktionen) zusammen.

Nach dem Ebenenkonzept können Modelle gestaltet werden, welche auf die unternehmensspezifischen, organisatorischen Rahmenbedingungen zugeschnitten sind. Dabei läuft man allerdings Gefahr - ähnlich wie bei einer zu ausführlichen Analyse eines suboptimalen Vorgängersystems -, unzulängliche Strukturen in das Funktionsmodell und damit auch in das zu entwickelnde AS zu übertragen.

Das Ebenenkonzept kann aber herangezogen werden, um einen Funktionsentwurf den organisatorischen Strukturen des Unternehmens gegenüberzustellen. Ergeben sich Abweichungen, ist kritisch zu hinterfragen, worauf diese zurückzuführen sind. Lassen sich beispielsweise Funktionen mehreren unternehmensspezifischen Fachgebieten zuordnen, ist dies ein Indiz für eine (organisatorische) Schnittstelle. Solche Schnittstellen wirken sich gewöhnlich hemmend auf die durchgängige und effiziente Abwicklung einer Funktion aus. Bei organisatorischen Schwachstellen kann auch der Einsatz der DV zur Unterstützung der Geschäftsprozesse nur bedingt zu verbesserten Abläufen beitragen.

5.2.3.5   Identifikation von Elementarfunktionen

Als Richtlinien zum Erkennen von Elementarfunktionen können u.a. die folgenden Merkmale herangezogen werden:
-    Eine Elementarfunktion sollte ein in sich vollständiges Ergebnis, z.B. eine einzelne, berechnete Kennzahl, liefern, und die in der Funktion stattfindende Aufgabe sollte ohne Unterbrechung durchgeführt werden.
-    Wertverändernde Operationen sollten innerhalb einer Elementarfunktion nur auf einem Datenobjekt ausgeführt werden.
-    Eine Elementarfunktion muß unabhängig von anderen ausführbar sein.
-    Zum Beschreiben der Ablauflogik einer Elementarfunktion sollte eine halbe bis eine ganze DIN A4-Seite ausreichen.

In Abschnitt 5.3.2 wird noch eine weitere Methodik zum Erkennen von Elementarfunktionen vorgestellt, die sich insbesondere dann anbietet, wenn man in der Analysephase den Daten- und Funktionsansatz kombiniert und werkzeuggestützt abwickelt.

5.2.3.6   Einsatz von Referenzmodellen

Ähnlich wie man beim Entwickeln von Datenmodellen auf allgemeingültige und vordefinierte Strukturen zurückgreifen kann (vgl. Abschnitt 5.1.3), ist das Zugrundelegen von Referenzmodellen auch beim Entwurf von Funktionsmodellen prinzipiell möglich. Einschränkend ist allerdings anzumerken, daß der Anpassungsaufwand bei funktionsbezogenen Referenzmodellen i.d.R. höher sein dürfte als bei entsprechenden Datenmodellen. Dies kann man dadurch begründen, daß sich eine unternehmensspezifische Abwicklung von Geschäftsvorgängen insbesondere in den Funktionen niederschlägt. Hingegen sind die Objekte der Abläufe, wie z.B. Kunden, Mitarbeiter, Aufträge oder Betriebsmittel, bei verschiedenen Unternehmen prinzipiell gleich.

5.2.3.7   Gestaltung der Funktionsstruktur

Während in den vorangegangenen Abschnitten betrachtet wurde, wie man aus der Realität eines Unternehmens die Funktionseinheiten für das Modell eines AS ableitet, werden im folgenden Aspekte zur Ausgewogenheit bzw. Güte des Funktionsentwurfs diskutiert.

Ziel der schrittweisen Verfeinerung der Funktionen ist es, durch Abstraktionsebenen die Komplexität eines umfassenderen Kontexts sukzessive zu verringern bzw. zu minimieren. Ergebnis dieser Schritte ist der Funktionsentwurf, etwa in Form eines Hierarchiebaums. Dabei stellt sich jedoch für jeden Analytiker die Frage, wie er die Funktionshierarchie gestalten soll, damit ihre Komplexität minimal ist. So hat man bei der Funktionsanalyse prinzipiell Freiheitsgrade sowohl beim Festlegen der Anzahl an Hierarchieebenen als auch bei der Anzahl an Teilfunktionen, in die eine Funktion zerlegt wird. Darüber hinaus ist es problematisch zu erkennen, wann eine Elementarfunktion vorliegt, die nicht weiter zu zergliedern ist, bzw. wann eine zusätzliche funktionale Zerlegung notwendig wird.

Hinsichtlich der **maximalen Anzahl** an Teilfunktionen orientieren sich viele Autoren von Werken zum Thema Software Engineering an einer Arbeit von Miller, die sich mit den Grenzen der menschlichen Auffassungsgabe im Kurzzeitgedächtnis befaßt [vgl. Miller 56]. Demnach sollte eine Funktion in nicht mehr als sieben +/- zwei Teilfunktionen zerlegt werden. Beim Entwurf von Funktionsmodellen mit Hilfe von Datenflußdiagrammen wird man recht bald feststellen, daß diese Größenordnung eher eine Ober- denn eine Untergrenze für die maximale Anzahl an Subfunktionen darstellt. Mehr Elemente gehen zu Lasten der Übersichtlichkeit entsprechender Graphiken und das Modell kann außer vom Entwickler kaum mehr von anderen Personen verstanden werden. Eine optimale Lesbarkeit entsprechender Diagramme erzielt man nach unserer Erfahrung bei ca. fünf +/- zwei Teilfunktionen.

Hinsichtlich der **Mindestanzahl** gilt ganz allgemein, daß bei einer Dekomposition ein Element in zumindest zwei Subelemente zerlegt werden sollte, da ansonsten die hierarchische Verfeinerung nicht sinnvoll ist. Dieser Grundsatz gilt auch für die Funktionsdekomposition im Rahmen der hier behandelten Funktionsanalyse. Ein Abweichen von dieser Richtlinie ist (temporär) zulässig, wenn diese Zerlegung nur einen Zwischenzustand darstellt und es vorab bereits feststeht, daß auf der entsprechenden Ebene noch weitere Subfunktionen in das Modell einfließen werden.

Hinsichtlich der **Anzahl an Hierarchieebenen** ist festzuhalten, daß ca. fünf Ebenen (ohne die oberste Ebene) durchaus noch ein gutes "Handling" erlauben und somit vertretbar sind. Orientiert man sich an den zuvor gegebenen "Faustregeln", so können in einem Funktionsmodell maximal ca. $5^5 =$ 3125 Funktionseinheiten unterschieden werden. Dies ist eine Größenordnung, die selbst für umfangreiche Kontexte eine bei weitem ausreichende Detaillierung ermöglicht. Selbst bei einer Begrenzung auf vier Hierarchieebenen ergibt sich mit $5^4 = 625$ noch ein ausreichender Detaillierungsgrad. Allerdings ist bei großen Modellen zwecks einer besseren Orientierung darauf zu achten, daß die bereits erwähnten Ordnungsziffern vor den Funktionsbezeichnern auch benutzt werden (vgl. Abschnitt 5.2.2.2).

Zur Ausgewogenheit des Funktionsmodells trägt auch eine möglichst in allen Ästen identische Schachtelungstiefe der Funktionen in Subfunktionen bei. Hierbei handelt es sich eher um eine Idealvorstellung, die bei praktischen Analyseprojekten nicht immer erreichbar ist. Darüber hinaus resultiert aus einem zu starren Festhalten an dieser Maxime die Gefahr, daß die Modellierung erschwert anstatt die Qualität des Modells verbessert wird. Jedoch sollte man sich als Richtlinie das Ziel setzen, daß sich die Schachtelungstiefe in den einzelnen Ästen höchstens um zwei Ebenen unterscheidet.

Eine ausgewogene Schachtelungstiefe wird erreicht, wenn mit jeder Zerlegung in Subfunktionen in etwa dasselbe Maß an Komplexitätsreduktion einhergeht. Dies soll an einem kleinen Beispiel aus dem Vertriebsbereich verdeutlicht werden. Zerlegt man beispielsweise die Funktion "Kundenangebote und -aufträge bearbeiten" in die Subfunktionen "Kundenangebot bearbeiten", "Auftrag erfassen", "Auftrag prüfen", "Auftrag stornieren", "Auftrag verfolgen", "Auftrag ausliefern", erkennt man recht deutlich einen Unterschied bezüglich der Komplexität, die sich in den einzelnen Subfunktionen verbirgt. Die Komplexität wird bei der erstgenannten Subfunktion "Kundenangebot bearbeiten" höher sein als bei den weiteren. Diese Unausgewogenheit läßt sich z.B. dadurch korrigieren, daß man bei der ersten Zerlegung die Subfunktionen "Angebot bearbeiten", "Auftrag bearbeiten" und "Auftrag ausliefern" unterscheidet.

5.2.4   Weitere Methoden zur Funktionsmodellierung

Die folgende Übersicht (Bild 5.2.4/1) gibt einen Überblick über weitere wichtige Methoden zur Funktionsmodellierung [vgl. u.a. Schulz 88]. Jede Methode wird kurz erläutert und beurteilt.

	Erläuterung	Beurteilung
Petri-Netze	Mit Petri-Netzen lassen sich die AS beschreiben, analysieren und entwerfen. Ein Petri-Netz besteht aus Stellen, Transitionen und Relationen. Stellen (als Kreis dargestellt) verkörpern Zustände, sie sind die passiven Elemente eines Petri-Netzes. Transitionen (als Kästchen dargestellt) lassen sich als Ereignisse interpretieren. Sie sind die aktiven Elemente. Relationen (als Pfeil dargestellt) verbinden eine Stelle mit einer Transition (d.h. die Stelle/der Zustand ist Voraussetzung für die Transition/das Ergebnis) oder umgekehrt (d.h. die Stelle/der Zustand ist Ergebnis der Transition/des Ereignisses). Eine Transition kann mit mehreren Stellen und eine Stelle mit mehreren Transitionen verbunden sein. Petri-Netze lassen sich schrittweise verfeinern, indem eine einzelne Stelle oder Transition durch ein Netz dargestellt wird. Mit Petri-Netzen lassen sich AS nicht nur beschreiben, sondern ihren Verarbeitungsablauf kann man auch simulieren. Petri-Netze sind mehrfach erweitert worden, so daß z.B. auch folgende Situationen abbildbar sind: - ein Ereignis soll eintreten, wenn bereits eine von mehreren Bedingungen erfüllt ist, - die Ereignisdauer ist zu berücksichtigen. Beispiel für ein Petri-Netz Maschine bereit Bereitschaft herstellen Produkt erzeugen Maschine nicht bereit	- Durch die Simulationen kann man Fehler in der Konzeption leichter erkennen. - Auch komplexe AS können dargestellt werden. Sie lassen sich schrittweise detaillieren. - Parallel ablaufende Prozesse lassen sich abbilden. - Vorteilhaft ist, daß Daten (Zustände) und Funktionen (Aktivitäten) unterschieden, aber gleichberechtigt im Netz modelliert werden. - Die Methode ist aufwendig. - Es besteht die Gefahr, daß die schrittweise Verfeinerung schnell zu unübersichtlichen Darstellungen führt.

	Erläuterung	Beurteilung
SADT (Struc- tured Analysis and Design Tech- nique)	SADT ist eine Entwurfsmethode, um - die Planung und das Gestalten von Anforde- rungen an ein AS, - die Dokumentation des AS und - die Detailspezifikation des AS zu unterstützen. Mit SADT bildet man Top down Modelle des AS. Dabei lassen sich Aktigramme und Datagramme unterscheiden. Mit Aktigrammen beschreibt man Tätigkeiten, wobei über Ein- und Ausgabeflüsse die Beziehungen zu Daten herausgestellt werden. Bei Datagrammen steht die Beschreibung der Daten im Mittelpunkt. Die Verbindung zu den Tätigkeiten wird über Herkunft und Verwendung der Daten sowie initiierende Tätigkeiten geschaffen.	- Durch eine einfache graphische Darstellungstechnik ist die Methode sehr übersichtlich. - SADT erzwingt das Festhalten der Analyseergebnisse und der Gestaltungsentscheidungen in schriftlicher Form. Damit wird eine gute Dokumentation er- reicht. - Nachteilig ist, daß sich zeitliche Beziehungen in SADT nicht ausdrücken lassen. - Es existieren keine Ausdrucks- mittel für Abläufe wie Sequen- zen, Wiederholungen oder Entscheidungen.

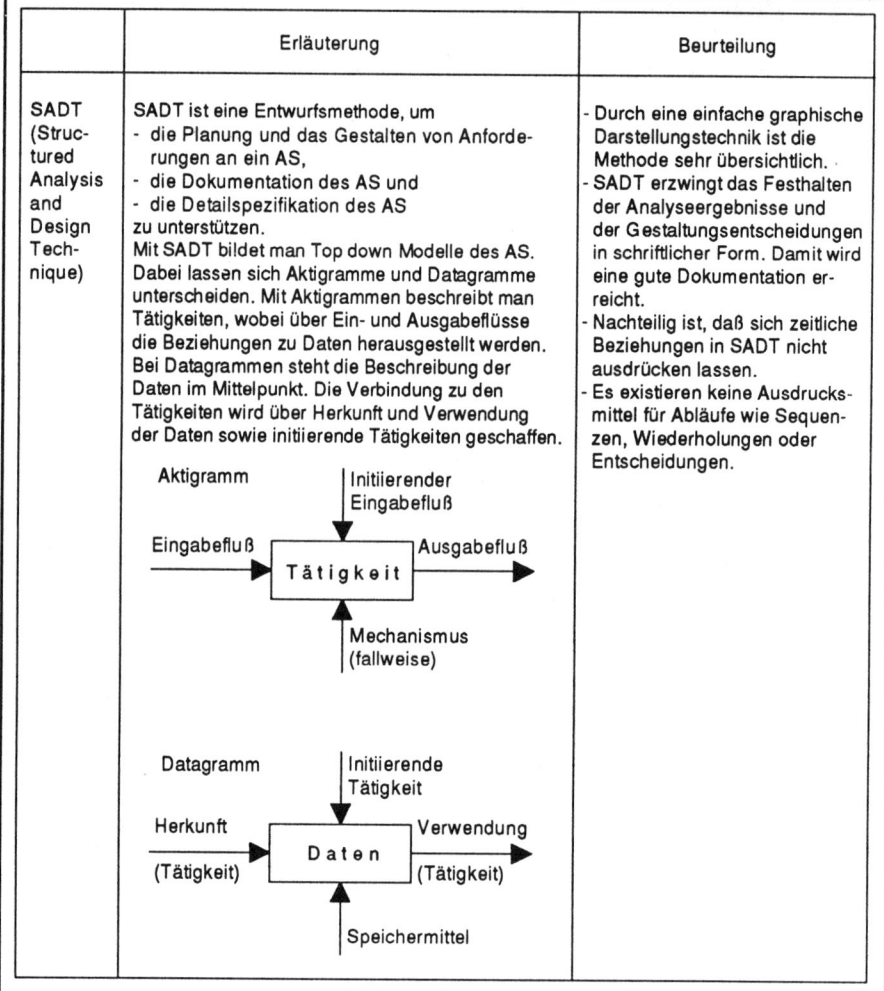

	Erläuterung	Beurteilung
HIPO (Hierarchy Input Process Output)	Bei HIPO wird die Struktur des zu entwickelnden Systems Top down hergeleitet (Strukturübersicht). Auf dieser Basis wird für jeden Verarbeitungsprozeß ein HIPO-Diagramm gebildet. Dieses enthält die Eingabe- und Ausgabedatenflüsse für den Prozeß sowie den Verarbeitungsablauf des Prozesses in einer Kurzbeschreibung. 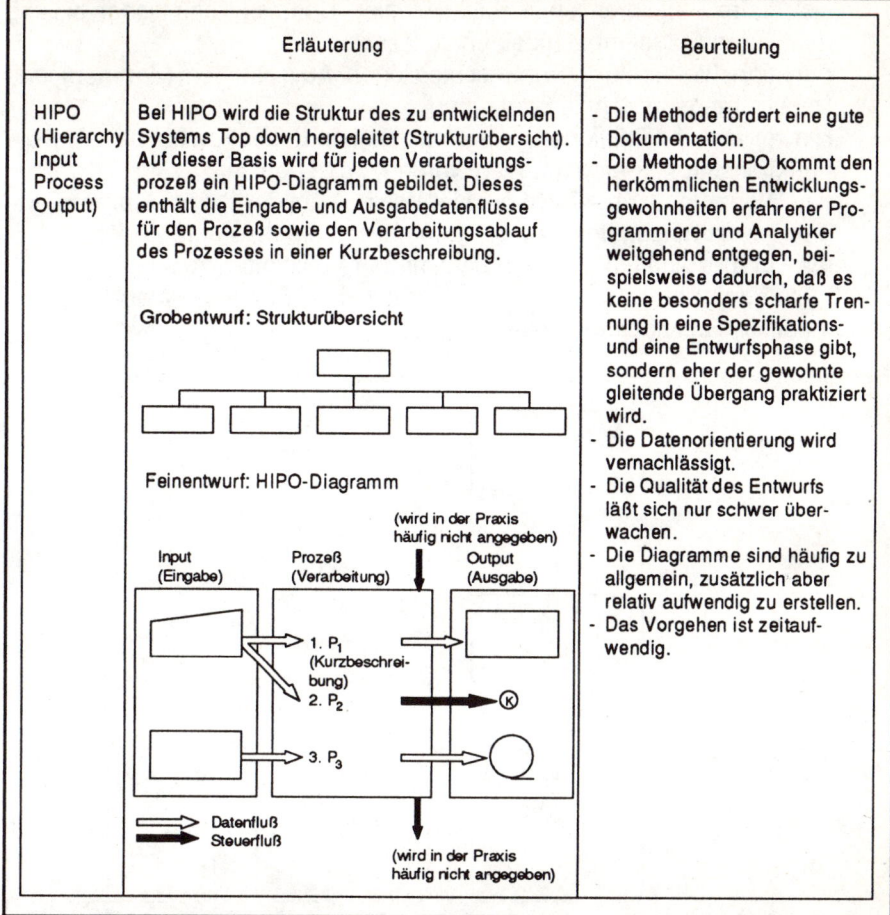	- Die Methode fördert eine gute Dokumentation. - Die Methode HIPO kommt den herkömmlichen Entwicklungsgewohnheiten erfahrener Programmierer und Analytiker weitgehend entgegen, beispielsweise dadurch, daß es keine besonders scharfe Trennung in eine Spezifikations- und eine Entwurfsphase gibt, sondern eher der gewohnte gleitende Übergang praktiziert wird. - Die Datenorientierung wird vernachlässigt. - Die Qualität des Entwurfs läßt sich nur schwer überwachen. - Die Diagramme sind häufig zu allgemein, zusätzlich aber relativ aufwendig zu erstellen. - Das Vorgehen ist zeitaufwendig.

Bild 5.2.4/1:   Weitere Methoden zur Funktionsmodellierung

5.2.5 Werkzeuge zur Funktionsmodellierung

Die Funktionsmodellierung wird in ADW im wesentlichen durch drei Werkzeuge bewerkstelligt: den *Decomposition Diagrammer,* den *Data Flow Diagrammer* sowie den *Minispec Action Diagrammer.*

Decomposition Diagrammer
Dieses Werkzeug wurde bereits im Rahmen der Planung von AS kurz vorgestellt. In der Analysephase verwendet man den *Decomposition Diagrammer* insbesondere zum Aufbau von Hierarchiebäumen für Funktionen. Das Werkzeug bietet dabei u.a. die Optionen,

- sich beim Definieren einer Funktion eine Übersicht sämtlicher bislang definierten Funktionen anzeigen zu lassen,
- Funktionshierarchien in unterschiedlichen Ausschnitten (Zoomen) und Detaillierungsgraden zu betrachten,
- Hinweise auf Funktionen, die zwar definiert, aber noch nicht in die Funktionsstruktur eingebunden wurden, zu geben,
- den Neuaufbau der Funktionshierarchie, nachdem eine Funktion gelöscht oder hinzugefügt wurde, automatisch durchzuführen oder
- mit Kurzbezeichnungen nach bestimmten Funktionen zu suchen.

Bild 5.2.5/1 zeigt einen Auszug aus einer mit dem *Decomposition Diagrammer* erstellten Funktionshierarchie.

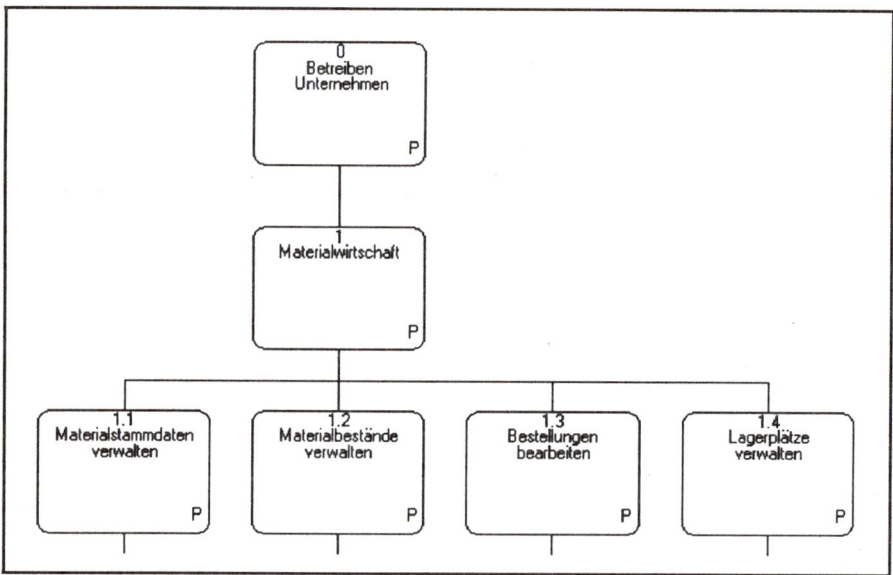

Bild 5.2.5/1:   Auszug aus einer Funktionshierarchie

Data Flow Diagrammer

Dieses Werkzeug unterstützt die Technik der Datenflußdiagramme. Ebenso wie die bisher vorgestellten Werkzeuge verfügt es z.B. über Zoom-Technik, die Option, sich sämtliche bislang angezeigten DFD-Elemente anzeigen zu lassen oder nur einen Teil davon mit Kurzbezeichnungen zu suchen.

Das DFD einer Funktion wird vom Werkzeug angelegt, sobald die Funktion definiert ist. Es enthält automatisch die entsprechenden Subfunktionen. Um das Kontextdiagramm, das hierarchisch höchste DFD, darstellen zu können, muß daher eine weitere, "fiktive" Funktion angelegt werden. Sie ist hierarchisch über der "Top"-Funktion anzusiedeln. Diese fiktive Funktion wird im weiteren als "Wurzelfunktion" bezeichnet. Sie erhält die allgemeingültige Bezeichnung "Unternehmen betreiben". Der Wurzelfunktion wird nur eine Funktion - die Topfunktion - untergeordnet. Erstellt man dann das DFD der Wurzelfunktion, so entspricht dies dem Kontextdiagramm.

Die Input- und Output-Datenflüsse einer Funktion werden in das diese Funktion verfeinernde DFD automatisch übernommen. Dies erspart das wiederholte Anlegen identischer Datenflüsse.

Die einzelnen Funktionen und Subfunktionen lassen sich wahlfrei entweder mit dem *Decomposition* oder dem *Data Flow Diagrammer* anlegen, ändern oder löschen. Bei einer Manipulation des Funktionsmodells mit einem der zwei Werkzeuge wird die Änderung automatisch auch in dem anderen Diagramm nachgezogen.

Ein Datenfluß wird definiert, indem man die Datenquelle mit der Datensenke verbindet und in einem Eingabefenster die gewünschte Datenflußbezeichnung angibt (vgl. Bild 5.2.5/2).

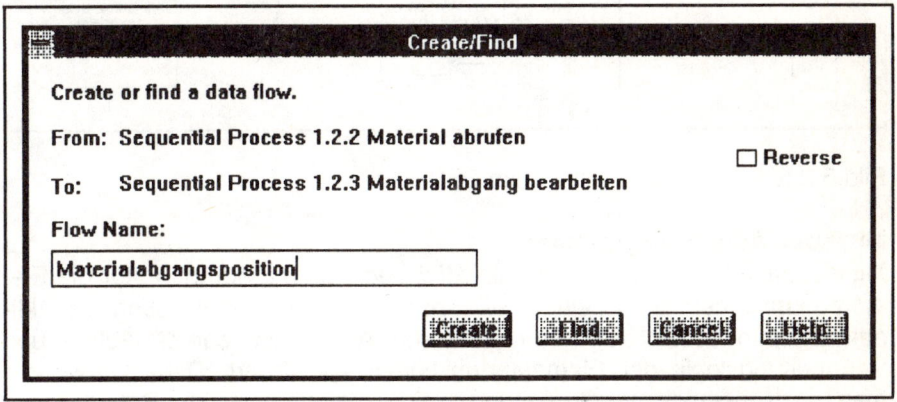

Bild 5.2.5/2:   Werkzeuggestütztes Anlegen eines Datenflusses

Über die bekannten Elemente eines DFD hinaus, kann man im *Data Flow Diagrammer* auch mit Verzweigungen, sogenannten *Junctions,* arbeiten. Damit läßt sich ein Datenfluß in mehrere Teilflüsse aufspalten oder mehrere Teilflüsse lassen sich zu einem umfangreicheren Datenfluß zusammenfassen.

Weitere Optionen, welche das werkzeuggestützte Anlegen von DFD bietet, sind u.a.

-    für ein DFD-Element können sämtliche mit ihm verbundenen Elemente angezeigt werden,
-    bestimmte Informationen im DFD, etwa die Datenflußbezeichnungen, lassen sich ein- oder ausblenden.

Bild 5.2.5/3 zeigt einen Auszug aus einem mit dem *Data Flow Diagrammer* erstellten DFD.

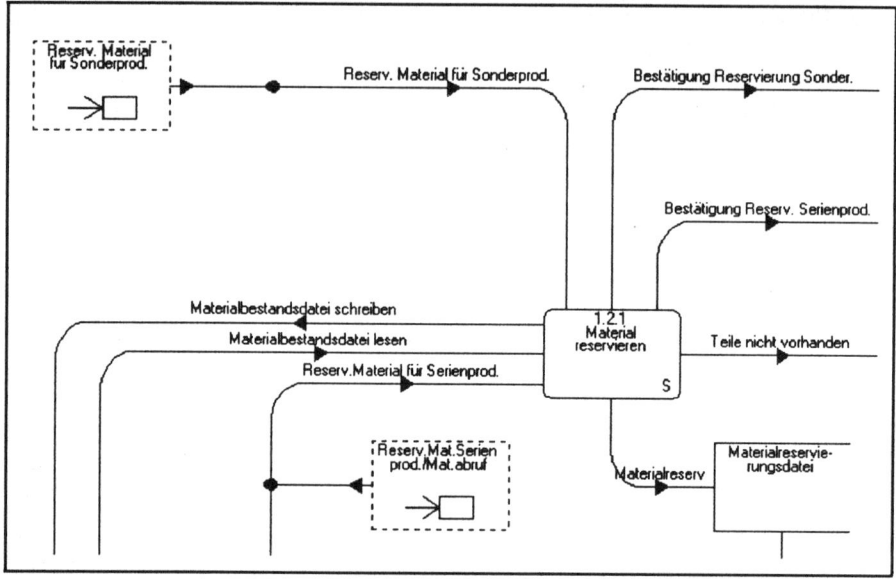

Bild 5.2.5/3:   Auszug aus einem DFD

Minispec Action Diagrammer

Mit diesem Werkzeug legt man die *Minispec Action* Diagramme für die Elementarfunktionen an. In einem *Minispec Action* Diagramm, auch als Aktionsdiagramm bezeichnet, wird mittels einer Art Pseudocode die Ablauf- und
Verarbeitungslogik der Elementarfunktionen spezifiziert. Dabei verwendet
man die Konstrukte der Strukturierten Programmierung - die Sequenz, die
Iteration und die Selektion -, die sich auch verschachteln lassen. Die graphische Wiedergabe dieser Konstrukte erfolgt mit verschiedenen "Klammern".
Aktionsdiagramme werden interaktiv erstellt. Dem Entwickler stehen die folgenden Optionen zur Verfügung:

- **Sequenzen** in einem Aktionsdiagramm realisiert man mit den Optionen
  Simple Action und *Block*. Die erste fügt eine weitere Zeile in ein Diagramm. Mittels der Option *Block* lassen sich mehrere Anweisungen mit
  einer einfachen Klammer zu einem Anweisungsblock bündeln.

- Für unterschiedliche Ausprägungen von **Iterationen** stehen die Optionen *Do while block, Do until block* sowie *For each block* bereit. Graphisch werden diese Schleifenkonstrukte durch eine doppelte Klammer
  repräsentiert.

- **Selektionen** realisiert man je nach Anzahl der zu treffenden Auswahl-
  entscheidungen mit den Optionen *If block, If else block* oder *Multiway
  block*.

- **Abbruchbedingungen** werden mittels der *Exit Statements* angegeben.

- **Zugriffe auf bestimmte Datenobjekte** innerhalb eines Aktionsdiagrammes lassen sich mit der Option *Entity Access* verdeutlichen. Dabei wird auch die Art des Zugriffes - Anlegen, Lesen, Ändern oder Löschen - spezifiziert.
- Mit der Option *Process* kann man komplette Elementarfunktionen als Bestandteil einer anderen Elementarfunktion definieren.

Wird eine Option ausgewählt, so fügt das Werkzeug das entsprechende graphische Symbol automatisch in das Aktionsdiagramm ein. Der Entwickler muß nur noch den entsprechenden Text eingeben.

Am "Kopf" und am "Fuß" eines Aktionsdiagrammes werden die jeweiligen Input- bzw. Output-Datenflüsse angezeigt, wie sie in dem entsprechenden DFD, welches die betrachtete Elementarfunktion als Funktionselement beinhaltet, definiert wurden. Darüber hinaus bietet der *Minispec Action Diagrammer* Optionen, über die Editoren gewöhnlich verfügen, z.B. Kopieren oder Verschieben von Blöcken. Bild 5.2.5/4 zeigt einen Auszug aus einem Aktionsdiagramm.

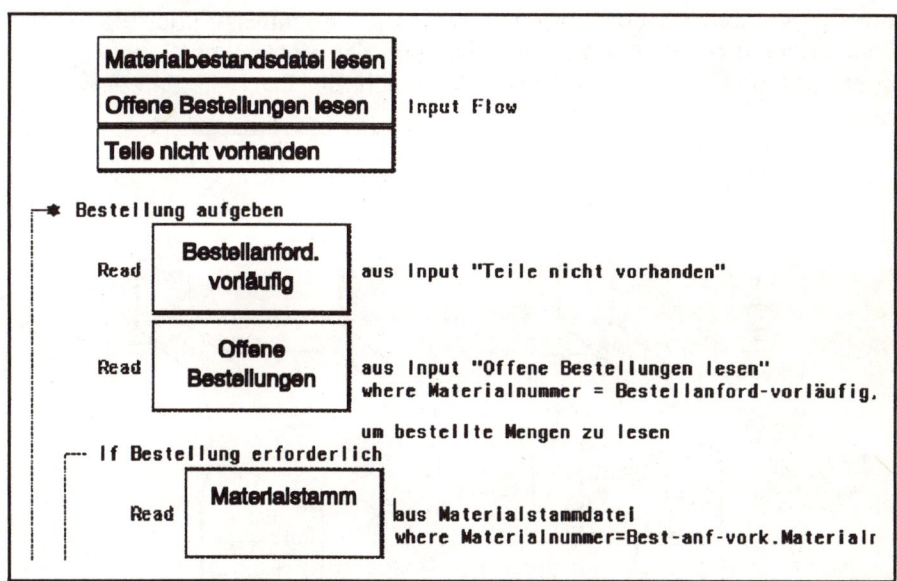

Bild 5.2.5/4:   Auszug aus einem Aktionsdiagramm

5.3   Integration der Daten- und Funktionsmodellierung

In diesem Kapitel soll zum einen vorgestellt werden, wie sich die bislang getrennt behandelten Vorgehensweisen der datenorientierten und der funktionsorientierten Analyse eines AS verknüpfen lassen, um so die mit den isoliert angewendeten Ansätzen verbundenen Schwächen zu mildern. Zum
anderen soll aufgezeigt werden, welche zusätzlichen Optionen sich aus einer derart engen Vermaschung für die funktionale Zerlegungsstrategie ergeben.

Dabei ist zu berücksichtigen, daß bereits die Strukturierte Analyse zu einem
gewissen Grad datenorientiert ist. Denn dort werden die einzelnen Elemente
mit den sogenannten Datenkatalogen inhaltlich näher spezifiziert. In dem
nachfolgend behandelten Ansatz erhält die Datenorientierung jedoch eine
höhere Bedeutung, als dies innerhalb der klassischen Strukturierten Analyse
der Fall ist. Anstatt der Datenkataloge werden Entity Relationship-Modelle
und Entitybeschreibungen eingesetzt. Peters [vgl. Peters 88] spricht bei
einem derartigen Vorgehen von einer "Advanced Structured Analysis".

Für das Verständnis der Vorgehensweise sind Kenntnisse über die inhaltlichen Zusammenhänge bzw. Verflechtungen der wichtigsten Werkzeuge zur
Funktions- und Datenmodellierung erforderlich. Bild 5.3/1 skizziert diese.

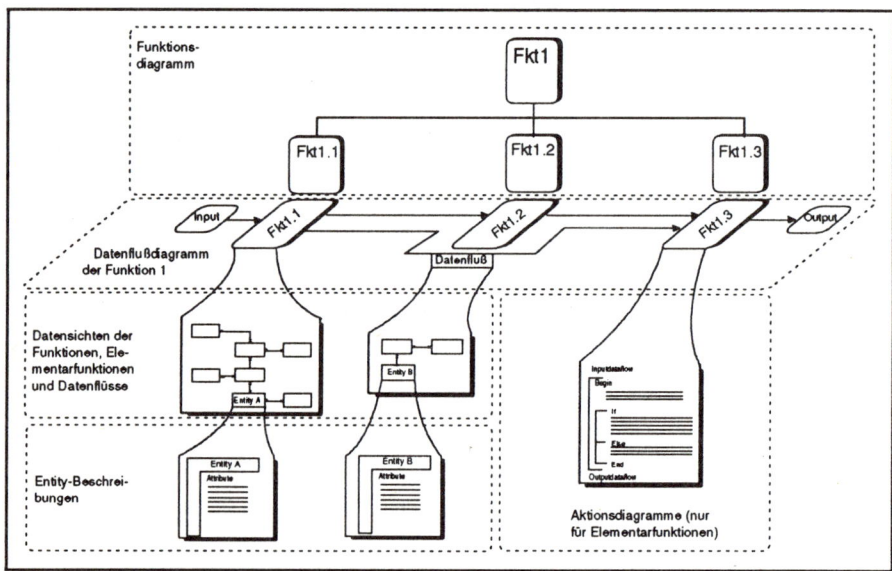

Bild 5.3/1:   Zusammenhänge zwischen verschiedenen Modellierungs-
                 werkzeugen

Man erkennt beispielsweise, wie die Teilfunktionen einer Funktionshierarchie in ein Datenflußdiagramm eingehen. Wichtig ist die Verknüpfung zwischen den funktionsorientierten und den datenorientierten Werkzeugen. Aus der Abbildung 5.3/1 geht hervor, daß für Funktionen, Datenflüsse und auch für Datenspeicher jeweils dedizierte Entity Relationship Modelle entwickelt werden können. Diese "kleinen" Datenmodelle sind als Teilmenge des gesamten Datenmodells anzusehen. Sie stellen einen kontextbezogenen Ausschnitt aus dem Gesamtmodell dar, der auch als Sicht bezeichnet wird. In der ADW-Terminologie benennt man diese Sichten als *Views*. Die Vereinigungsmenge aller Sichten bildet das Gesamtdatenmodell, ADW-spezifisch als *Entity Model* bezeichnet. Durch diese inhaltlichen Beziehungen zwischen den Werkzeugen zur Daten- und Funktionsmodellierung läßt sich eine entsprechend enge Verknüpfung dieser Ansätze beim Entwickeln von AS erzielen.

Die Abbildung 5.3/1 verdeutlicht auch die unterschiedlichen Detaillierungsgrade, die mit den verschiedenen Modellierungswerkzeugen abgebildet werden können. So detaillieren z.B.

- Datenflußdiagramme die Funktionen der verschiedenen Hierarchieebenen,
- die Entity-Beschreibungen die verschiedenen Datensichten oder
- Aktionsdiagramme die Elementarfunktionen.

5.3.1   Vorgehensweise

Das vorzustellende iterative Vorgehen mit den verschiedenen Modellierungshilfsmitteln verknüpft den "Top down"- mit dem "Bottom up"-Ansatz zur Systementwicklung [vgl. u.a. Schüle 94]. Dabei wird Top down der grobe "Modellrahmen" definiert, welcher dann Bottom up mit Feinstrukturen zu füllen ist. Die Vorgehensweise ist darauf abgestimmt, daß zu Beginn der Modellgestaltung beim Anwendungssystementwickler oftmals noch nicht alle Detailkenntnisse bezüglich der abzubildenden Sachverhalte vorliegen, sondern diese erst sukzessive erarbeitet werden. Die Daten- und Funktionsmodellierung werden bei den aufgezeigten Schritten nicht isoliert, sondern kombiniert und eng miteinander verzahnt durchgeführt [vgl. auch Napier 91, S. 96 ff.]. Die werkzeuggestützte Vorgehensweise besteht aus insgesamt acht Schritten:

1)   Initialisieren eines Modells für die fachliche Konzeption eines Anwendungssystems

Zum Initialisieren eines Modells wird, wenn dies nicht bereits in der Planungsphase erfolgte, eine Enzyklopädie eröffnet. Für das Funktionsmodell definiert man die Wurzelfunktion "0 Betreiben Unternehmen" und legt den Modellierungsbereich fest. Dazu wird eine den Bereich kennzeichnende

Funktion, die sogenannte Topfunktion, mit Ordnungsziffer und Bezeichnung, z.B. "1 Materialwirtschaft" angelegt und der Wurzelfunktion zugeordnet.

2)   Anlegen eines (groben) Bereichsdatenmodells

Als erste Modellierungsaktivität entwickelt man auf einem hohen Aggregationsgrad ein grobes Datenmodell, d.h. es sind die wichtigsten Entities sowie deren grundlegende Beziehungen und Attribute zu definieren. Damit wird u.a. das Ziel verfolgt, schon frühzeitig eine einheitliche Datenbasis zu schaffen, auf die in den Folgeschritten zurückgegriffen werden kann.

Gegebenenfalls wird ein derart grobes Datenmodell auch bereits in der Planungsphase entwickelt, so daß die Inhalte für diesen Schritt bereits vorliegen und zumindest teilweise aus der Planungsphase in die fachliche Konzeption des AS übernommen werden können.

3)   Hierarchieebenen definieren

Im Funktionsmodell zerlegt man nun die Topfunktion in Teilfunktionen und vergibt jeweils eine Funktionsbezeichnung. Dieser Schritt ist sehr eng mit dem nachfolgenden Schritt verknüpft. Es ist sinnvoll, nach jeder Funktionszerlegung den Schritt 4), d.h. eine grobe Datenanalyse der definierten Teilfunktionen, durchzuführen.

4)   Grobe Datenanalyse der Teilfunktionen durchführen

Dabei ist zunächst eine lose Zuordnung der Entities des Gesamtdatenmodells zu den Teilfunktionen vorzunehmen (Erzeugen der Sichten). Anschließend beschreibt man den Ablauf der Funktion, indem die Input- und Outputdatenflüsse abgebildet sowie die definierten Teilfunktionen durch Datenflüsse miteinander verbunden werden. Somit entsteht das Datenflußdiagramm für die Funktion.

Die Schritte 3) und 4) bilden eine "Schleife", die sich entsprechend der Anzahl der Hierarchieebenen des Funktionsmodells bzw. der Menge der Verzweigungen wiederholt (vgl. Bild 5.3.1/1). Vor dem ersten Schleifendurchlauf spezifiziert man das Kontextdiagramm. Die Schleife bricht ab, wenn in keiner Verzweigung der Funktionsstruktur das Anlegen einer weiteren Hierarchieebene sinnvoll ist und somit auf den unteren Hierarchieebenen ausschließlich Elementarfunktionen vorliegen.

5)   Aktionsdiagramme für die Elementarfunktionen festlegen

Die konkreten Verarbeitungsvorgänge bzw. Datenaktionen, z.B. das Lesen, Aktualisieren oder Löschen von Daten, erfolgen auf der Ebene der Elementarfunktionen. Zur Konzeption der entsprechenden Ablauf- und Verarbeitungslogiken im Aktionsdiagramm werden die Konstrukte zur Strukturierten Programmierung verwendet.

6)   Detaillierte Datenanalyse der Elementarfunktionen durchführen

Aus der Spezifikation der Ablauf- und Verarbeitungslogik in Schritt 5) geht im einzelnen hervor, welche Attribute der Entities in den einzelnen Elementarfunktionen tatsächlich bearbeitet werden. Für jeden Entitytyp ist nun eine Liste dieser Attribute anzulegen, um dadurch die Entity Relationship-Modelle der verschiedenen Elementarfunktionen zu vervollständigen. Ebenfalls sind die Sichten der Datenflüsse zu detaillieren.

7)   Detaillierte Datenanalyse aller Hierarchieebenen durchführen

Mit Abschluß des sechsten Schrittes liegen die genauen Spezifikationen der Elementarfunktionen (Ablauf- und Verarbeitungslogik sowie Sichten auf das Datenmodell) vor. Entsprechendes ist nun für sämtliche Hierarchieebenen bzw. die zugehörigen Funktionen des Modells durchzuführen. Hierfür sind Bottom up die Inhalte der Sichten von Datenflüssen und von übergeordneten Funktionen zu spezifizieren.

8)   Modellprüfungen durchführen

Selbst bei einer sorgfältigen Modellierung lassen sich Konsistenzverletzungen in den Modellen nicht vollständig vermeiden. Mit Hilfe spezieller Berichtsfunktionen kann man diese schnell lokalisieren und beseitigen. Das Werkzeug gibt Fehlerlisten aus, anhand derer vom Anwender entsprechende Korrekturen in den zugehörigen Diagrammen vorzunehmen sind.
Wesentliche Berichtsfunktionen sind insbesondere:
- Bei der Analyse der Gültigkeit von Datenflüssen wird überprüft, ob sämtliche Datenflüsse mit gültigen Datenquellen bzw. Datensenken in Verbindung stehen.
- In der Datenkonsistenzanalyse wird jeder Datenfluß daraufhin überprüft, ob die Elemente seiner Sicht auf das Gesamtdatenmodell auch in den Sichten der zugehörigen Datenquellen bzw. -senken enthalten sind. Die Funktionen werden unter dem Gesichtspunkt analysiert, ob die zugehörige Sicht alle Elemente der Sichten der Datenflüsse enthält, die in die Funktion eingehen oder sie wieder verlassen.
- Mit der Objektlistenfunktion kann der Benutzer unterschiedliche Analyseobjekte sowie Auswertungsoptionen spezifizieren, je nachdem, mit welchen Kriterien er die Objekte der Enzyklopädie zu untersuchen wünscht. Beispielsweise läßt sich feststellen, in welchen Aktionsdiagrammen welche Entities angelegt, gelesen, verändert oder gelöscht werden sowie welche Entities in welchen Datenflüssen auftreten.

Die eingesetzten Analyse- und Berichtsfunktionen, speziell die Datenkonsistenzanalyse sowie die Analyse der Gültigkeit von Datenflüssen ermöglichen es, konsistente Daten- und Funktionsmodelle zu entwickeln.

Die aufgezeigte Vorgehensweise beinhaltet Rücksprünge vom vierten zum dritten Schritt, deren Häufigkeit von der Anzahl an Hierarchieebenen und Verzweigungen der Funktionsstruktur abhängt. Wie Modellierungsprojekte gezeigt haben, sind darüber hinaus Rücksprünge in vorangegangene

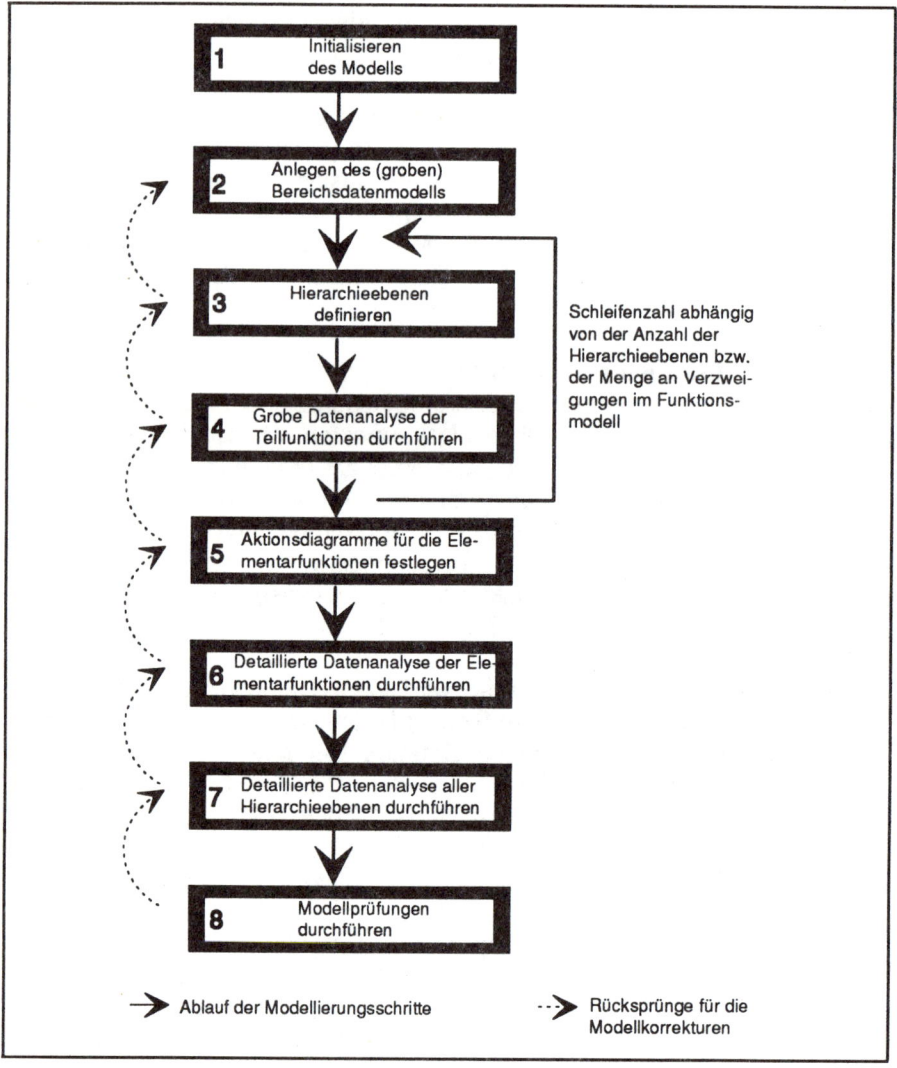

Bild 5.3.1/1:   Integration des Funktions- und Datenentwurfs

Schritte und Modifikationen bzw. Ergänzungen bereits ausgeführter Modellierungsarbeiten während des gesamten Erstellungszyklus eines Modells für AS notwendig. Beispielsweise ist die Verfeinerung des groben Datenmodells durch Hinzunahme weiterer Entitytypen ein permanenter Vorgang, der alle Modellierungsschritte begleiten sollte. Insbesondere während der Spezifikation der untersten Hierarchieebene sowie bei den Modellprüfungen können sich logische Brüche oder unvollständige Beschreibungen zeigen, die einen entsprechenden Änderungsaufwand notwendig machen. Dieser läßt sich bei konsequenter Integration der Funktions- und Datenmodellierung minimieren, wie es bei dem gezeigten Vorgehen der Fall ist. Bild 5.3.1/1 illustriert die verschiedenen Modellierungsschritte.

Zusätzlich zur Integration der Funktions- und Datenmodellierung ist ein eng gekoppelter Einsatz der Modellierungswerkzeuge erforderlich. Bild 5.3.1/2 zeigt, welche Werkzeuge bei Einsatz des CASE-Tools ADW in den einzelnen Modellierungsschritten verwendet werden.

Schritt	eingesetzte ADW-Werkzeuge
1) Initialisieren eines Modells für die fachliche Konzeption eines AS	Decomposition Diagrammer
2) Anlegen eines groben Bereichs-datenmodells	Property Matrix Diagrammer, Entity Relationship Diagrammer, Entity Type Description
3) Hierarchieebenen definieren	Decomposition Diagrammer
4) Grobe Datenanalyse der Teil-funktionen festlegen	Data Flow Diagrammer, Entity Relationship Diagrammer
5) Aktionsdiagramme für die Elementarfunktionen festlegen	Minispec Action Diagrammer
6) Detaillierte Datenanalyse der Elementarfunktionen durchführen	Entity Relationship Diagrammer, Entity Type Description
7) Detaillierte Datenanalyse aller Modellebenen durchführen	Entity Relationship Diagrammer, Entity Type Description
8) Modellprüfungen durchführen	Connectivity Analysis (Analyse der Datenflüsse auf Gültigkeit), Data Conservation Analysis (Datenkonsistenzanalyse), Object Summary Report (Objektlistenfunktion)

Bild 5.3.1/2:   Werkzeuge von ADW für die einzelnen Modellierungsschritte

5.3.2   Auswirkungen auf die Modellierung

Als Kriterium für die Qualität einer Funktionshierarchie gilt, daß die Schnittstellen zwischen den Funktionen minimal sein sollen [vgl. u.a. Schach 90, S. 219 ff.]. Demgemäß sind im Rahmen der Modellierung die Funktionen so zu strukturieren, daß mit den Datenflüssen, welche die Schnittstellen zwischen den Funktionen bilden, möglichst wenige Daten übergeben werden müssen. Dies bedeutet, etwas "modelltechnischer" ausgedrückt, daß die Sichten des Datenflusses eine möglichst geringe Schnittmenge der Sichten der entsprechenden Funktionen darstellen. Bild 5.3.2/1 skizziert diesen Sachverhalt schematisch.

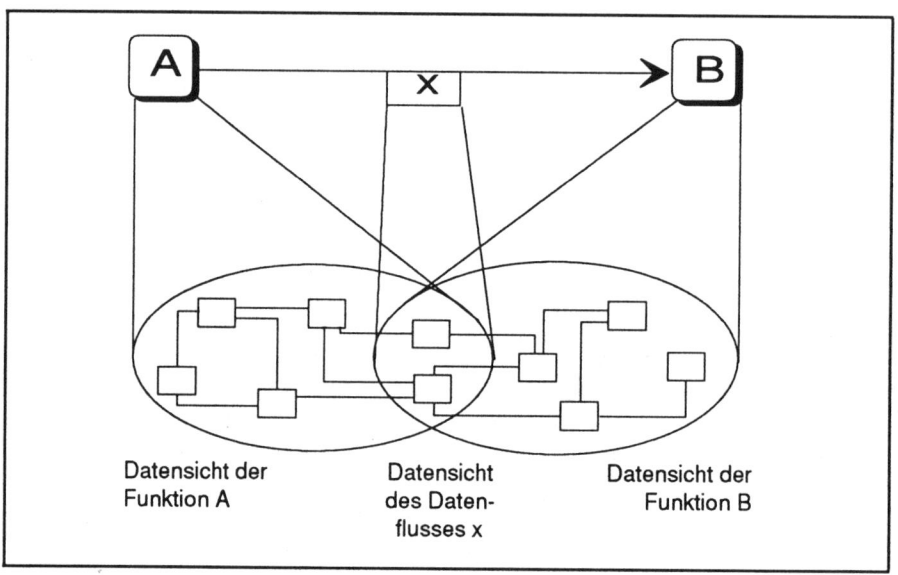

Datensicht der   Datensicht   Datensicht der
Funktion A   des Daten-   Funktion B
                            flusses x

Bild 5.3.2/1:   Sicht eines Datenflusses als Schnittmenge der Views zweier
                 Funktionen

Diese Zielsetzung ist dann zu erreichen, wenn man bei der Entwicklung der Funktionsstruktur die jeweils zu verarbeitenden Daten so berücksichtigt, daß die Zerlegung in die Funktionen möglichst überschneidungsarme Sichten der Teilfunktionen ergibt. Dieses Prinzip weist eine gewisse Analogie zu der Kopplung von Funktionen und Daten in einer Einheit auf, wie man es bei der Objektorientierten Programmierung verfolgt (vgl. Kapitel 9). Zum Identifizieren einer Elementarfunktion könnte man sich dann an dem Kriterium orientieren, daß in einem Aktionsdiagramm jeweils nur auf Attribute einer Entität wertverändernde Aktionen, d.h. Anlegen (*Create*), Ändern/Aktualisieren (*Update*) oder Löschen (*Delete*), auszuführen sind [vgl. Achatzi 91, S. 68]. Lesezugriffe (*Read*) auf Attributwerte von Entities sind von dieser Einschränkung nicht betroffen. Die Sichten des jeweiligen Aktionsdiagramms bestehen deshalb nicht nur aus einem einzigen Entity. An einem stark vereinfachten Beispiel aus der Arbeitsplanung eines Unternehmens wird dieser Sachverhalt näher erläutert.

Beim Erstellen der Arbeitspläne ist zwischen der Neuerstellung von Arbeitsplänen sowie der Anpassung von Arbeitsplänen zu differenzieren. Beide Funktionen führen Aktionen (festlegen bzw. anpassen) aus, die sich auf die gleichen Objekte, genauer Entitytypen (Rohmaterial, Betriebsmittel, Werkzeug), beziehen. Die Aktionen erfolgen in insgesamt sechs Elementarfunktionen bzw. den entsprechenden Aktionsdiagrammen. Beim Entwurf einer geeigneten Funktionsstruktur hat ein Modellierer grundsätzlich zwei Möglichkeiten, die in Bild 5.3.2/2 dargestellt sind. Orientiert er sich primär an dem Ablauf der Funktionen (Alternative a), so wird er auf der mittleren Hierarchiestufe zwischen "Arbeitsplan neuerstellen" und "Arbeitsplan anpassen" differenzieren und diesen Funktionen jeweils drei Elementarfunktionen zuordnen. Geht man objektbezogen vor (Alternative b), resultiert daraus eine Funktionsstruktur, welche auf der mittleren Hierarchieebene die drei Funktionen "Rohmaterial planen", "Betriebsmittel planen" und "Werkzeug planen" umfaßt, denen jeweils zwei Elementarfunktionen zugeordnet sind.

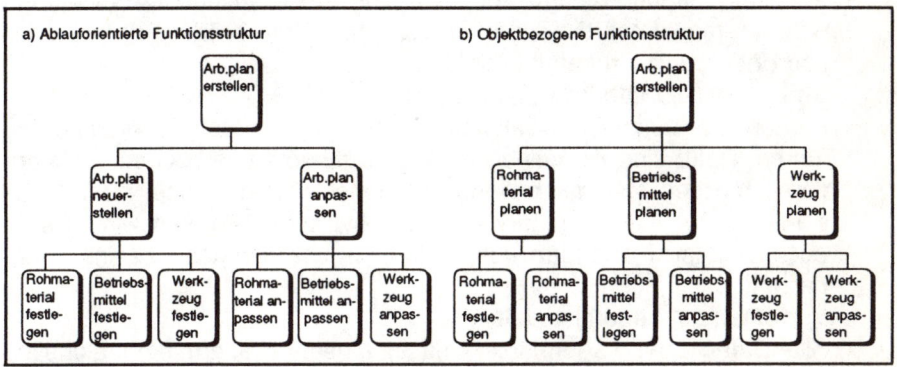

Bild 5.3.2/2:   Ablauf- und objektbezogene Funktionsstruktur

Abhängig von der Funktionsstruktur ergeben sich für die Funktionen auf der mittleren Hierarchieebene des dargestellten Beispiels unterschiedliche Sichten auf das Gesamtdatenmodell. Geht man nach Alternative a) vor, weisen beide Funktionen eine vergleichbare Sicht auf das Datenmodell auf. Diese müssen jeweils ähnliche bzw. identische Informationen, z.B. qualitative Anforderungen oder erfolgte Zuordnungen über die Entitytypen Rohmaterial, Betriebsmittel und Werkzeuge enthalten. Anders dagegen bei Alternative b). Dort separieren sich die entsprechenden Sichten und enthalten die notwendigen Informationen jeweils nur für einen der Entitytypen.

Für die Datenflüsse gilt, daß sie bei der objektbezogenen Struktur bereits im Datenflußdiagramm der Arbeitsplanerstellung nach Informationen über das Rohmaterial, die Betriebsmittel und die Werkzeuge aufgespalten werden, während diese Differenzierung bei der ablauforientierten Struktur erst in den Datenflußdiagrammen der nächst tieferliegenden Ebene erfolgt.

5.4 Entwicklung eines Funktions- und Datenmodells für die Fallstudie

Bei der Planung von AS für die Ladenbau GmbH wurde die IV-Unterstützung der Materialwirtschaft als grundlegend für die meisten Prozesse eingestuft. Sie ist damit ein Ausgangspunkt für die weitere Entwicklung und Einführung von AS. In der Materialwirtschaft soll das AS insbesondere die folgenden Aufgaben unterstützen:

- Verwalten der Materialstammdaten
  In der Materialwirtschaft sind alle Materialstammdaten auf dem aktuellen Stand zu halten und den übrigen Unternehmensbereichen, z.B. der Abteilung Planung/Design, zur Verfügung zu stellen sind. Dabei werden unter Materialdaten die Daten in bezug auf Rohmaterialien, Zwischen- und Endprodukte zusammengefaßt.
- Verwalten der Materialbestandsdaten
  Für jedes Material ist der aktuelle Bestand in der Materialwirtschaft zu führen. Dafür sind zum einen Materialzugänge zu verbuchen. Zum anderen müssen Materialabgänge bearbeitet werden, wobei man unterscheidet, ob Material reserviert oder physisch abgerufen wird. Es ist ebenfalls festzuhalten, an welchem Lagerplatz sich das einzelne Material befindet.
- Verwalten der Lagerplatzdaten
  Alle Daten über Lagerplätze sind in diesem AS auf dem aktuellen Stand zu halten und der Materialbestandsverwaltung zur Verfügung zu stellen.
- Verwalten der Bestellungen
  Ist nicht mehr genug Material vorhanden, soll eine Bestellanforderung ausgelöst werden, die an den Einkauf weiterzugeben ist. Für Material, das auf Lager gehalten wird, ist regelmäßig zu überprüfen, ob der Bestellbestand erreicht und eine Bestellanforderung auszulösen ist. Offene Bestellungen werden vom Einkauf zurückgegeben und in der Materialwirtschaft verwaltet, für Planungen berücksichtigt sowie mit eingehenden Lieferungen abgeglichen.

Die fachliche Konzeption eines AS, das diesen Anforderungen genügt, wird entsprechend der in Abschnitt 5.3.1 dargestellten Vorgehensweise werkzeuggestützt entwickelt.

Zunächst wird das Modell des AS initialisiert, indem eine Enzyklopädie "Materialwirtschaft" angelegt wird. Die Wurzelfunktion "0 Betreiben Unter-

nehmen" und die Topfunktion "1 Materialwirtschaft" werden im Funktionsmodell definiert und hierarchisch zugeordnet. Das Ergebnis dieses Schrittes
zeigt Bild 5.4/1.

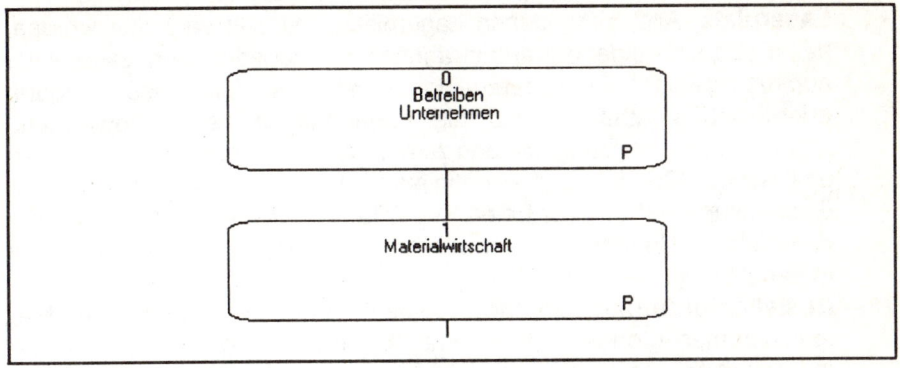

Bild 5.4/1:   Initialisieren eines Modells für die Materialwirtschaft

Im nächsten Schritt sind die für die Materialwirtschaft wichtigen Entitytypen
zu erfassen und mit ihren Attributen zu beschreiben. Für die Ladenbau
GmbH sind dies im wesentlichen:

- **Materialstamm**: Er beinhaltet die Materialstammdaten. Attribute sind
  die Materialnummer, die Materialbezeichnung, die Lieferantennummer,
  der Preis sowie Angaben dazu, ob das Material ein Rohstoff, Zwischen-
  oder Endprodukt ist, ob es eigen- oder fremdproduziert wird und ob es
  als A-, B-, oder C-Teil zu klassifizieren ist.
- **Materialbestand**: Er enthält den aktuellen Materialbestand und wird
  mit den Attributen Materialnummer, Ist-Bestand, davon reserviert, La-
  gerplatznummer(n) sowie dem erwarteten Materialzugang beschrieben.
- **Materialabgangsposition** und **Materialzugangsposition**: Sie erfassen die physischen Materialbewegungen und benötigen dafür die Attribute Materialnummer, Lagerplatznummer(n), Zugangs- bzw. Abgangshöhe sowie das geplante Zugangs- oder Abgangsdatum.
- **Materialanforderung**: Sie wird aus der Produktion oder der Arbeitsvorbereitung an die Materialwirtschaft geschickt, um Material zu reservieren oder physisch auszubuchen. Dafür benötigt dieser Entitytyp die
  Attribute Materialanforderungsnummer, Materialnummer, Menge,
  Reservierung, Materialabruf, geplanter Liefertermin und anfordernde
  Abteilung.
- **Materialreservierung**: Wird Material reserviert, so wird diese Information im Entitytyp Materialreservierung abgelegt. Attribute sind die Materialnummer, Materialanforderungsnummer, Menge, geplanter Liefertermin und anfordernde Abteilung.

- **Materialzuteilung**: Wird Material physisch zugeteilt, dann erhält die Produktion diese Information über den Entitytyp Materialzuteilung. Dafür sind die gleichen Attribute wie beim Entitytyp Materialreservierung sowie zusätzlich die Lagerplatznummer(n) erforderlich.
- **Lagerplatz**: Alle vorhandenen Lagerplätze müssen verwaltet werden, damit das vorhandene Material anhand der zugeordneten Lagerplatznummer(n) schnell wiederauffindbar ist. Die für diese Aufgabe erforderlichen Attribute sind die Lagerplatznummer(n) sowie eine Lagerplatzbeschreibung, die den zu der Lagerplatznummer gehörenden physischen Ort im Lager definiert. Zusätzlich sind Attribute zur Gesamtkapazität und zur freien Kapazität notwendig, um festzustellen, in welchem Umfang ein Lagerplatz zur Verfügung steht bzw. mit Material belegt ist.
- **Bestellanforderung vorläufig**: Dieser Entitytyp mit den Attributen Materialnummer, Menge, anfordernde Abteilung und geplanter Liefertermin resultiert aus einem bei einer Materialanforderung oder bei einer Kontrolle der Lagerbestände aufgetretenen Materialbedarf. Er beschreibt den einzelnen Materialbedarf.
- **Bestellanforderung**: Aus den vorläufigen Bestellanforderungen werden Bestellanforderungen gebildet. Dazu werden zum einen Attribute wie die Lieferantennummer ergänzt, zum anderen kann man auch mehrere vorläufige Bestellanforderungen zu einer Bestellanforderung aggregieren. Die Bestellanforderung spiegelt damit nicht mehr den einzelnen Materialbedarf, sondern die insgesamt zu bestellende Menge wider.
- **Offene Bestellungen vorläufig**: Mit diesem Entitytyp übergibt man im Einkauf abgewickelte Bestellungen an die Materialwirtschaft.
- **Offene Bestellungen**: Aus dem Entitytyp Offene Bestellungen vorläufig wird der Entitytyp Offene Bestellungen mit den Attributen Bestellauftragsnummer, Materialnummer, Menge, geplanter Liefertermin und Lieferantennummer. Die offenen Bestellungen werden in der Materialwirtschaft verwaltet.
- **Lieferschein**: Die Materialwirtschaft wird mit dem Lieferschein über Materialzugänge von außerhalb des Unternehmens informiert. Erforderliche Attribute sind die Bestellauftragsnummer (um die entsprechende offene Bestellung zu finden), die Materialnummer, die Lieferantennummer und die Liefermenge.
- **Produktionsinfo**: Dieser Entitytyp beinhaltet Materialzugänge aus der eigenen Produktion. Attribute sind die Materialnummer, die Menge sowie der geplante Fertigstellungstermin.
- **Anfrage**: Wünscht eine andere Abteilung Informationen über ein Material, so bedient sie sich einer Anfrage. Dieser Entitytyp hat die Attribute Anfragenummer, Materialnummer und anfordernde Abteilung.

- **Materialinfo**: Mit diesem Entitytyp übergibt man Informationen über neues oder geändertes Material entweder aus dem Einkauf oder der Produktion an die Materialwirtschaft, um dort die entsprechenden Materialstammdaten anzulegen oder zu ändern. Die Attribute entsprechen im wesentlichen denen des Materialstamms. Allerdings hat die Materialinfo noch keine Materialnummer. Mit einer Materialinfo kann der Materialstamm i.d.R. nicht vollständig beschrieben werden. Beispielsweise erfährt man den Preis eines Materials erst später.

Bild 5.4/2 zeigt die Definition eines Entitytyps am Beispiel des Materialstamms. Die Attribute sind die oben beschriebenen. Die Kardinalität <1-1> bedeutet, daß das Attribut für jedes Entity genau einen Wert hat. <0-1> sagt aus, daß das Attribut nicht für jedes Entity zwingend einen Wert haben muß, aber maximal einen Wert hat. Z.B. ist der Preis nicht immer bekannt, aber ein Material hat höchstens einen Preis. <0-M> bedeutet, daß das Attribut nicht für jedes Entity einen Wert haben muß, aber mehrere Werte haben kann. Beispielsweise ist es möglich, daß ein Material von keinem Lieferanten (wenn es selbst erstellt wird), von einem oder von mehreren Lieferanten bezogen wird. Id bedeutet, daß mit dem Attribut Materialnummer der Materialstamm eindeutig identifizierbar ist.

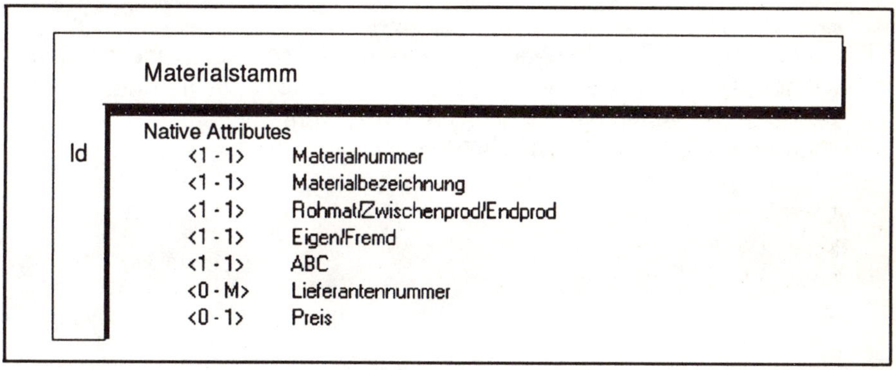

Bild 5.4/2:   Entitytyp Materialstamm mit Attributen

Im Anschluß an die Definition der Daten sind die Hierarchieebenen mit ihren Datenflußdiagrammen Top down zu entwickeln.
Die oberste Hierarchieebene "0 Betreiben Unternehmen" ist bereits definiert. Das entsprechende Datenflußdiagramm ist das Kontextdiagramm. Es beinhaltet die Schnittstellen der Materialwirtschaft nach außen. Die Materialwirtschaft steht mit den Bereichen Einkauf, Wareneingang, Kostenrechnung/Kalkulation, Planung/Design, Produktion und Arbeitsvorbereitung in Verbindung.

- Der Einkauf erhält die Bestellanforderungen und erzeugt offene Bestellungen. Er informiert über eventuell zu korrigierende offene Bestellungen sowie über neues Material.
- Der Wareneingang meldet der Materialwirtschaft eingegangene Lieferungen.
- Zur Kostenrechnung/Kalkulation bestehen zwei Verbindungen. Zum einen ist dieser Bereich auf Anfrage über die Materialstammdaten zu informieren. Zum anderen liefert er die ungefähren Kosten bzw. den Preis für eigenerstellte Neuartikel.
- Die Abteilung Planung/Design ist auf Anfrage über Standardteile zu informieren. Durch diese Information soll eine stärkere Standardisierung der Produkte erreicht werden.
- Die Produktion liefert zum einen die Information, welche Produkte in welcher Menge fertiggestellt worden sind. Zum anderen teilt diese Abteilung mit, welches Material für Serienprodukte zu reservieren bzw. für Serien- und Standardprodukte zuzuteilen ist. Die Materialwirtschaft informiert die Produktion entsprechend, ob Material reserviert bzw. zugeteilt wurde.
- Die Arbeitsvorbereitung läßt Material für Sonderprodukte reservieren. Sie informiert die Materialwirtschaft auch über selbst zu erstellende bzw. fremd zu beziehende Neuartikel.

Bild 5.4/3 faßt die Beziehungen der Materialwirtschaft zu anderen Unternehmensbereichen im Datenflußdiagramm der Wurzelfunktion zusammen. (Dieses und die folgenden Bilder sind direkt vom System übernommen. Daher ergibt sich der willkürliche Umbruch einzelner Wörter.)

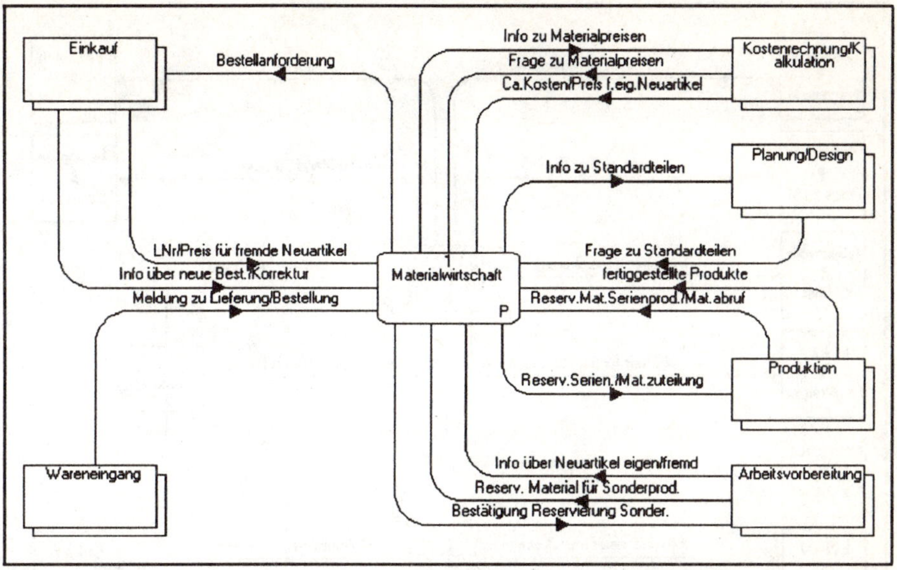

Einkauf

Bestellanforderung

Info zu Materialpreisen
Frage zu Materialpreisen
Ca.Kosten/Preis f.eig.Neuartikel

Kostenrechnung/Kalkulation

Info zu Standardteilen

Planung/Design

LNr/Preis für fremde Neuartikel
Info über neue Best./Korrektur
Meldung zu Lieferung/Bestellung

Materialwirtschaft

P

Frage zu Standardteilen
fertiggestellte Produkte
Reserv.Mat.Serienprod./Mat.abruf

Reserv.Serien./Mat.zuteilung

Produktion

Info über Neuartikel eigen/fremd
Reserv. Material für Sonderprod.
Bestätigung Reservierung Sonder.

Arbeitsvorbereitung

Wareneingang

Bild 5.4/3:   Datenflußdiagramm der Funktion "0 Betreiben Unternehmen"

Die zweite Hierarchieebene besteht aus der Topfunktion "1 Materialwirtschaft". Diese wird nun entsprechend der vier Aufgabenbereiche, die das Materialwirtschaftssystem abdecken soll, in vier Teilfunktionen zerlegt. Diese Teilfunktionen sind
-   1.1 Materialstammdaten verwalten,
-   1.2 Materialbestände verwalten,
-   1.3 Bestellungen bearbeiten und
-   1.4 Lagerplatzdaten verwalten.

Das Datenflußdiagramm der Topfunktion "1 Materialwirtschaft" (vgl. Bild 5.4/4) zeigt, wie die mit den anderen Unternehmensbereichen ausgetauschten Daten den vier Teilfunktionen zuzuordnen sind und welche Datenbeziehungen zwischen diesen Teilfunktionen bestehen.

Um ein anschauliches Modell zu entwickeln, das für alle Daten zeigt, wo sie herkommen und wo sie hinfließen, werden Datenspeicher zur Modellierung verwendet. Jeder Datenspeicher, z.B. die Materialstammdatendatei, soll nur einmal im Modell eingetragen werden. Entsprechend muß er in dem Datenflußdiagramm enthalten sein, das alle Funktionen beinhaltet, die auf diese Daten zugreifen. Materialstammdaten werden beispielsweise in den Funktionen "1.1 Materialstammdaten verwalten" und "1.3 Bestellungen bearbeiten" benötigt. Die entsprechende Datei ist daher im Datenflußdiagramm der Funktion "1 Materialwirtschaft" einzutragen.

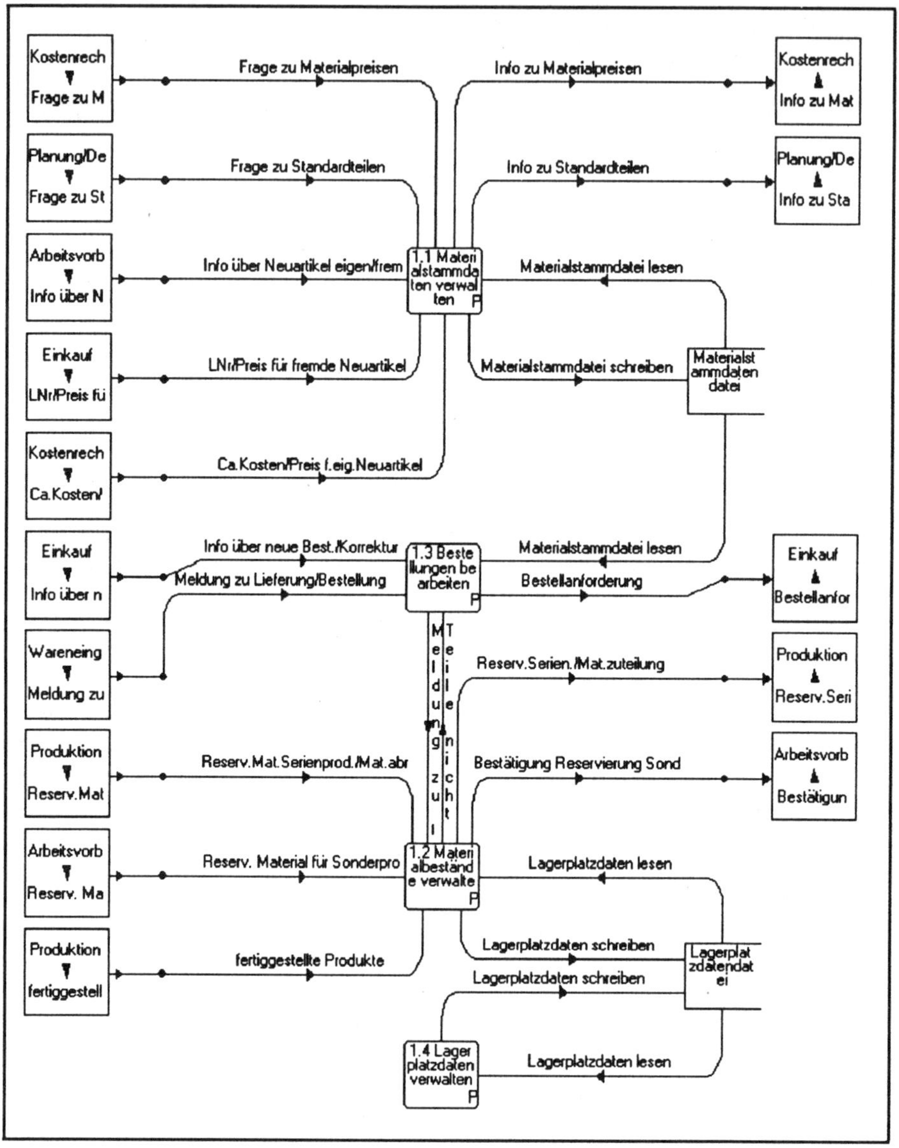

Bild 5.4/4:   Datenflußdiagramm der Funktion "1 Materialwirtschaft"

Die Funktionen der dritten Hierarchieebene sind wiederum in Teilfunktionen zu zerlegen. Die Funktion "1.1 Materialstammdaten verwalten" läßt sich in die vier Teilfunktionen
-    1.1.1 Materialstammdaten anlegen,
-    1.1.2 Materialstammdaten ändern,

- 1.1.3 Materialstammdaten löschen und
- 1.1.4 Materialstammdaten lesen

aufspalten. Da man diese Funktionen nicht sinnvoll weiter aufgliedern kann und sie einzelne Aktionen beinhalten, sind sie als Elementarfunktionen anzusehen. Die Datenflüsse zwischen diesen vier Elementarfunktionen und zu den übrigen Bereichen des Materialwirtschaftssystems zeigt das Datenflußdiagramm der Funktion "1.1 Materialstammdaten verwalten" (vgl. Bild 5.4/5).

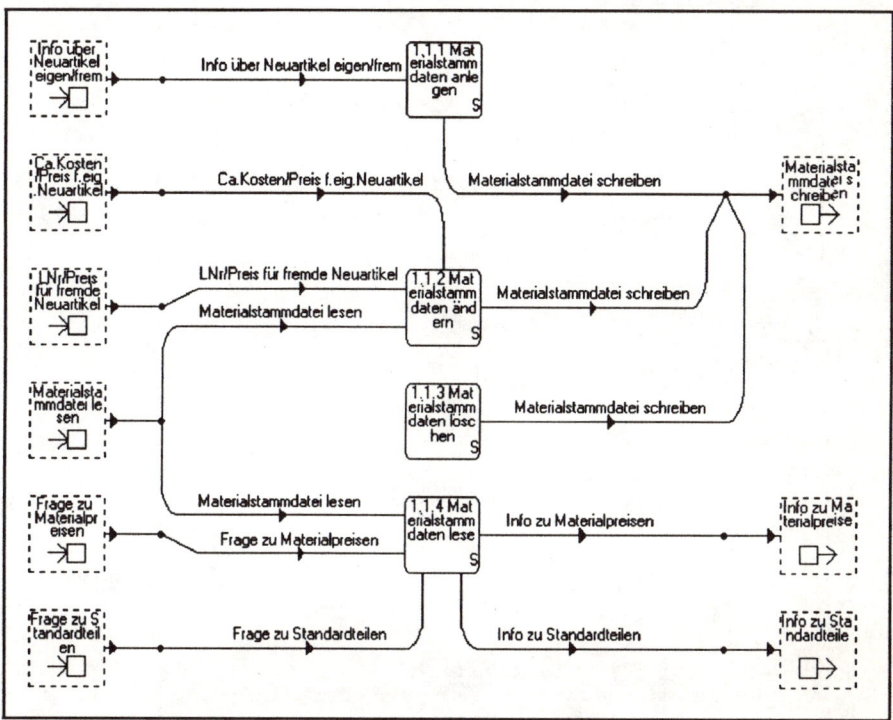

Bild 5.4/5:   Datenflußdiagramm der Funktion "1.1 Materialstammdaten verwalten"

Die Inhalte dieser Elementarfunktionen sind "normale" Datenverwaltungsaufgaben. Sie bedürfen daher keiner weiteren Erläuterung.

Die Funktion "1.2 Materialbestände verwalten" kann in die folgenden fünf Elementarfunktionen aufgegliedert werden:
- 1.2.1 Material reservieren. Hier werden die Reservierungswünsche aus der Produktion und der Arbeitsvorbereitung bearbeitet. Es ist zu überprüfen, ob genug Material im Lager ist. In Abhängigkeit vom bisher nicht reservierten Lagerbestand und den bis zum Bedarfszeitpunkt ein-

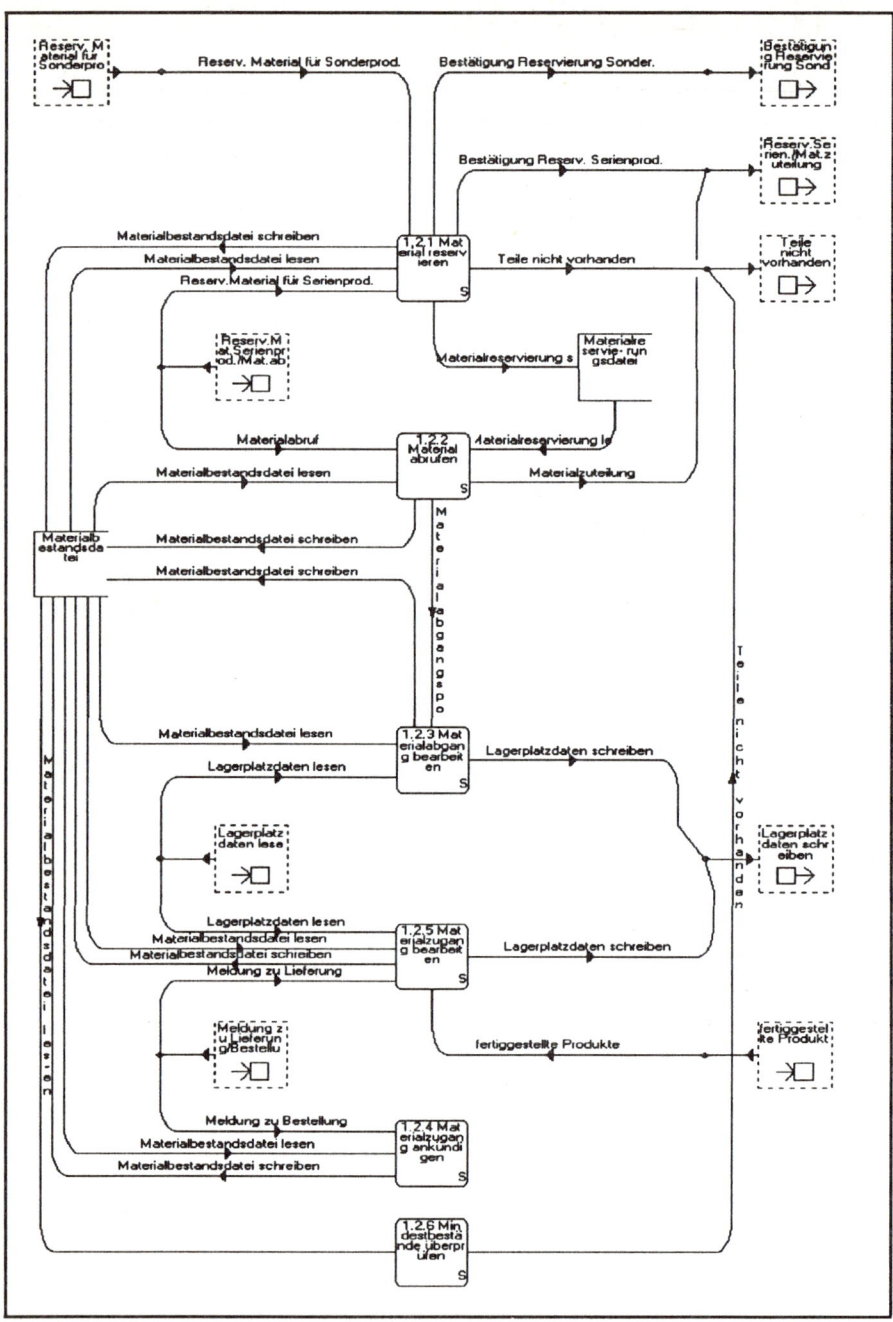

Bild 5.4/6:   Datenflußdiagramm der Funktion "1.2 Materialbestände verwalten"

gehenden Lieferungen sind das Material zu reservieren sowie gegebenenfalls eine Bestellanforderung zu initiieren.

- 1.2.2 Material abrufen. Konkret in der Produktion benötigtes Material wird mit dieser Elementarfunktion vom Materialbestand zugeteilt.
- 1.2.3 Materialabgang bearbeiten. Zugeteiltes Material wird hier physisch vom Materialbestand abgebucht. Eine entsprechende Reservierung aus der Elementarfunktion 1.2.1 wird gelöscht. Die mit dem Material belegten Lagerplatznummern werden freigegeben.
- 1.2.4 Materialzugang ankündigen. Bestelltes Material sowie die geplante Produktion werden mit dem voraussichtlichen Liefer- bzw. Fertigstellungstermin im Materialbestand vorgemerkt.
- 1.2.5 Materialzugang bearbeiten. Hier bucht man Materialzugänge sowohl aus der eigenen Produktion als auch vom Lieferanten auf den Materialbestand zu und weist ihnen einen Lagerplatz zu.
- 1.2.6 Mindestbestände überprüfen. Ist für ein Material ein Mindestlagerbestand vorgesehen, so ist regelmäßig zu prüfen, ob Material bestellt werden muß.

Das Datenflußdiagramm (vgl. Bild 5.4/6) der Funktion "1.2 Materialbestände verwalten" zeigt die Datenflüsse zwischen diesen Elementarfunktionen und die Verbindung zu den übrigen Bereichen des Materialwirtschaftssystems.

Die Funktion "1.3 Bestellungen bearbeiten" läßt sich in vier Elementarfunktionen zerlegen und zwar in

- 1.3.1 Bestellanforderungen auslösen. Dieser Elementarfunktion werden Materialbedarfe mitgeteilt. Daraus entstehen Bestellanforderungen, die an den Einkauf weitergegeben werden.
- 1.3.2 Offene Bestellungen anlegen. In das Materialwirtschaftssystem eingehende offene Bestellungen (aus dem Einkauf) werden hier abgelegt.
- 1.3.3 Offene Bestellungen ändern. Sind bestehende offene Bestellungen z.B. ohne eine erfolgte Lieferung in ihrer Höhe zu ändern oder zu löschen, wird diese Elementarfunktion benötigt.
- 1.3.4 Lieferung/Offene Bestellungen abgleichen. Geht eine Lieferung in das Unternehmen ein, so ist die Lieferung mit der entsprechenden offenen Bestellung abzugleichen. Dafür ist diese Funktion zuständig.

Die Datenflüsse zwischen diesen Funktionen und ihre datenmäßige Verbindung mit den anderen Bereichen des Materialwirtschaftssystems zeigt das Datenflußdiagramm der Funktion "1.3 Bestellungen bearbeiten" (vgl. Bild 5.4/7).

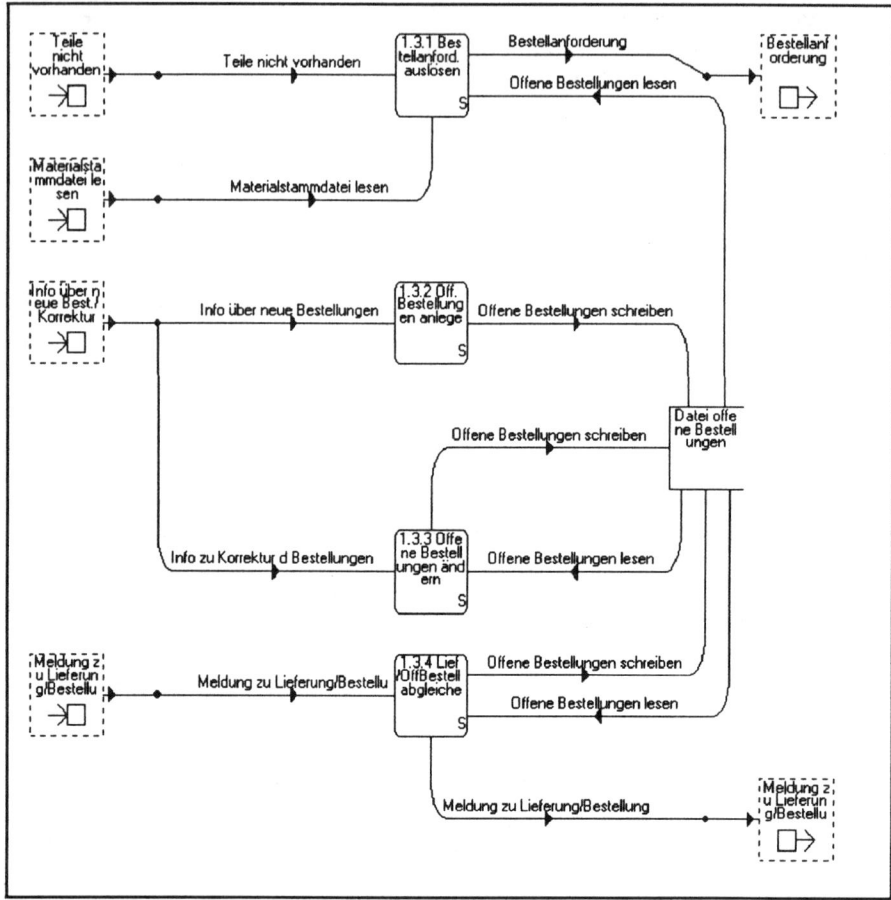

Bild 5.4/7:   Datenflußdiagramm der Funktion "1.3 Bestellungen
bearbeiten"

Die Funktion "1.4 Lagerplatzdaten verwalten" läßt sich in die vier Elementarfunktionen
-    1.4.1 Lagerplatzdaten anlegen,
-    1.4.2 Lagerplatzdaten ändern,
-    1.4.3 Lagerplatzdaten löschen und
-    1.4.4 Lagerplatzdaten lesen
aufspalten. Die Datenflüsse zwischen diesen vier Elementarfunktionen und
zu den übrigen Bereichen des Materialwirtschaftssystems stellt das Datenflußdiagramm der Funktion "1.4 Lagerplatzdaten verwalten" dar (vgl. Bild
5.4/8).

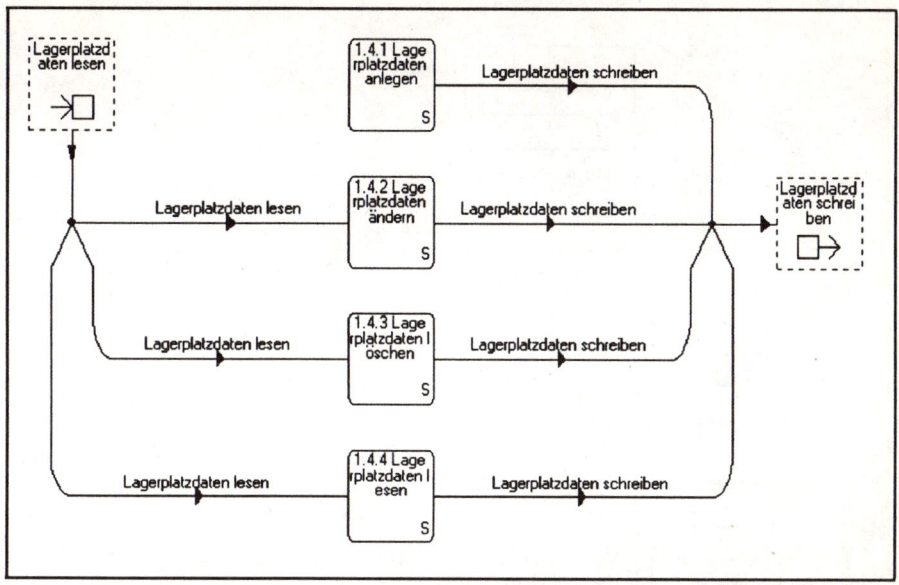

Bild 5.4/8:   Datenflußdiagramm der Funktion "1.4 Lagerplatzdaten ver-
                 walten"

Da nun alle Funktionen zu Elementarfunktionen zerlegt wurden, ist das
Funktionsmodell vollständig (vgl. Bild 5.4/9).

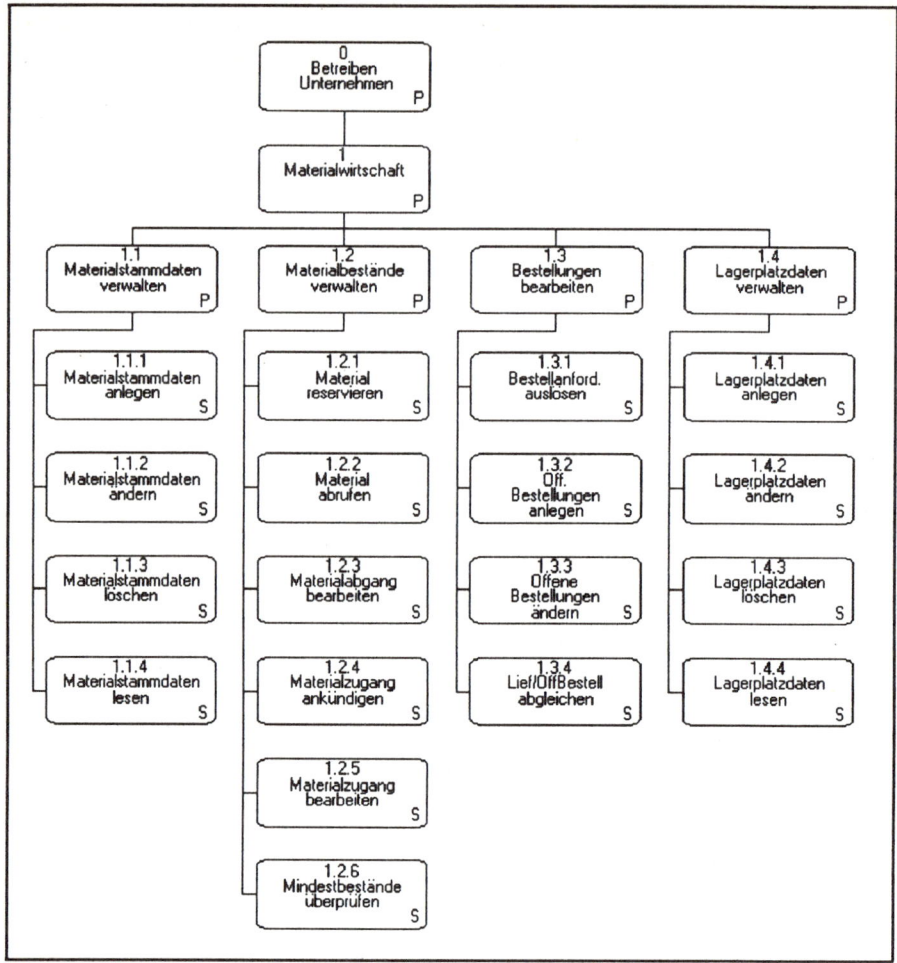

Bild 5.4/9:   Funktionsmodell

Die nächsten Schritte sind für jede Elementarfunktion durchzuführen. Hier werden sie am Beispiel einer Elementarfunktion vorgestellt, nämlich für "1.2.3 Materialabgang bearbeiten".

Zunächst ist für die Elementarfunktion eine grobe Datenanalyse durchzuführen, d.h. die erforderlichen Entitytypen sind zu identifizieren. Um einen Materialabgang zu bearbeiten, benötigt man den Materialbestand, eine Materialabgangsposition und den Lagerplatz. Die Beziehungen zwischen diesen Entitytypen bestehen darin, daß eine Materialabgangsposition genau einen Materialbestand vermindert und daß ein Materialbestand von keiner, einer oder vielen Materialabgangspositionen vermindert wird. Die Materialabgangsposition gibt einen oder mehrere Lagerplätze ganz oder teilweise frei, und ein Lagerplatz wird durch eine oder mehrere Materialabgangspositionen ganz oder teilweise frei. Ergebnis dieser Überlegungen ist das Entity Relationship-Modell der Elementarfunktion (vgl. Bild 5.4/10).

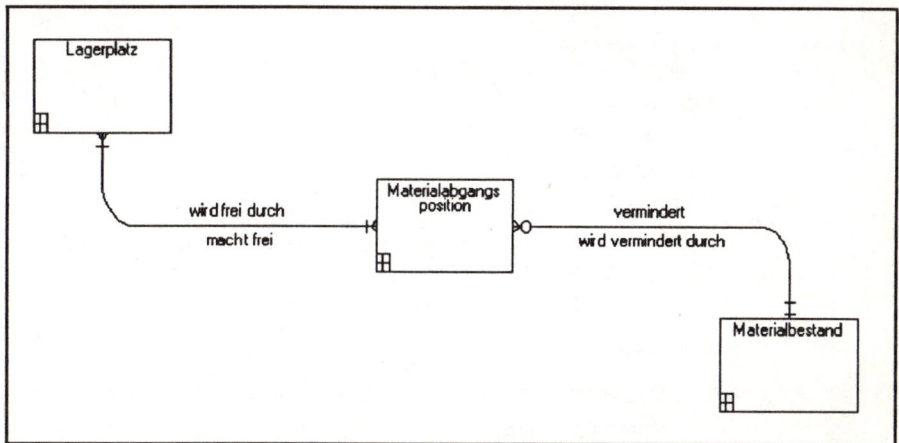

Bild 5.4/10:   Entity Relationship-Modell der Elementarfunktion
                "1.2.3 Materialabgang bearbeiten"

Im nächsten Schritt ist für die Elementarfunktion ein Aktionsdiagramm anzulegen, um den Bearbeitungsablauf festzuhalten. In der betrachteten Elementarfunktion ist zunächst für die Materialabgangsposition der entsprechende Materialbestand zu lesen. Danach ist die Materialabgangsposition aus dem Ist-Bestand, dem reservierten Bestand und den Lagerplatznummern auszubuchen. Anschließend muß die freie Kapazität des in der Materialabgangsposition angegebenen Lagerplatzes korrigiert werden. Sie wird um den Umfang der Materialabgangsposition erhöht. Zuletzt sind die Materialabgangsposition zu löschen und der Materialbestand sowie der Lagerplatz zu aktualisieren. Bild 5.4/11 zeigt das Aktionsdiagramm dieser Elementarfunktion.

Nachdem die Verarbeitungslogik definiert ist, können eine detaillierte Datenanalyse stattfinden und das Entity Relationship-Modell entsprechend ergänzt werden. Für jeden Entitytypen sind die erforderlichen Attribute zu bestimmen. In der betrachteten Elementarfunktion benötigt man für den Materialbestand die Attribute Materialnummer, Ist-Bestand, davon reserviert und Lagerplatznummer. Bei der Materialabgangsposition werden die Attribute Materialnummer, Abgangshöhe und Lagerplatznummer genutzt. Beim Lagerplatz sind die Lagerplatznummer und die freie Kapazität notwendig.

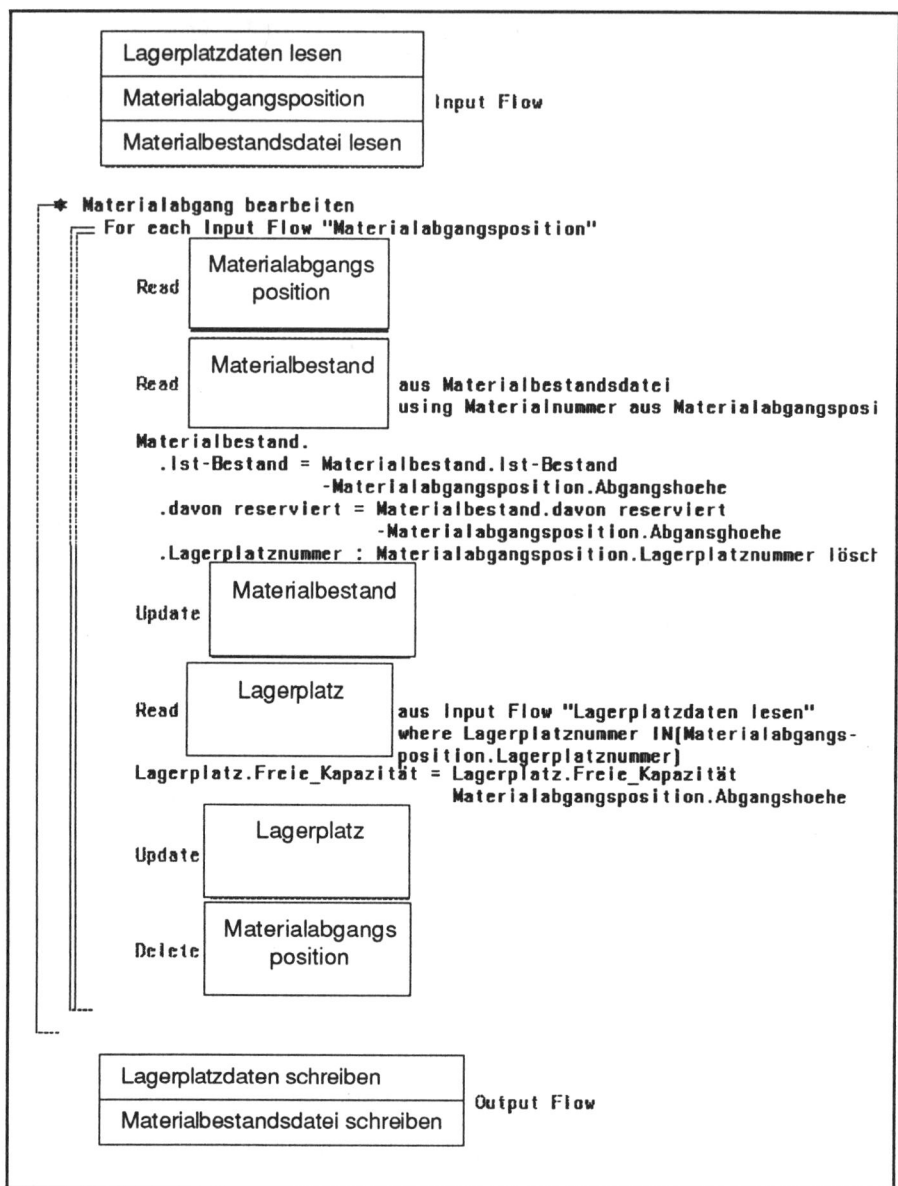

Bild 5.4/11:   Aktionsdiagramm der Elementarfunktion "1.2.3 Materialabgang bearbeiten"

Sobald für jede Elementarfunktion ein detailliertes Entity Relationship-Modell
und ein Aktionsdiagramm definiert sind, können die Datenmodelle der Funktionen durch Aggregation der Datenmodelle der entsprechenden Teil- bzw.

Elementarfunktionen entwickelt werden. Die Summe aller Entitytypen und Relationships zeigt das Datenmodell (vgl. Bild 5.4/12).

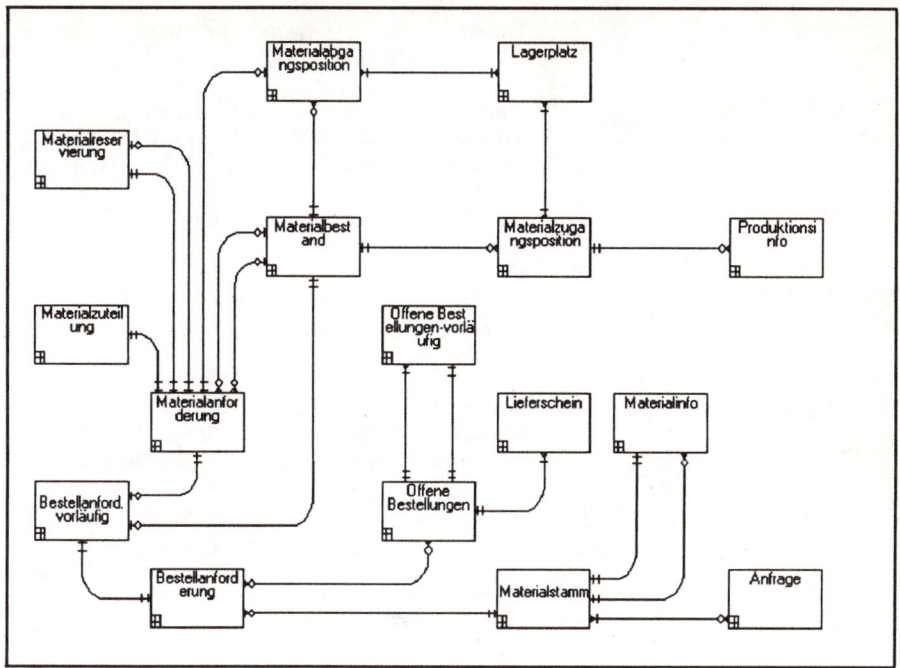

Bild 5.4/12:   Datenmodell der Materialwirtschaft

5.5   Literatur zu Kapitel 5

Achatzi 89	Achatzi, H. G., Datendesign im Rahmen der Information Engineering Workbench, in: Müller-Ettrich, G. (Hrsg.), Effektives Datendesign, Praxiserfahrungen, Köln 1989, S. 190 - 227.
Achatzi 91	Achatzi, H. G., Praxis der strukturierten Analyse: Eine objektorientierte Vorgehensweise, München u.a. 1991.
Balzert 91	Balzert, H., Ein Überblick über die Methoden- und Werkzeuglandschaft, in: Balzert, H., (Hrsg.), CASE - Systeme und Werkzeuge, Mannheim u.a. 1991.
Beetz et al. 92	Beetz, J. und Lambers, H., Eine Anwendungsentwicklungsmethodik für AD/Cycle, Bonn u.a. 1992.

Böhm et al. 93	Böhm, R., Fuchs, E. und Pacher, G., Systementwicklung in der Wirtschaftsinformatik, Zürich 1993.
Brenner 88	Brenner, W., Entwurf betrieblicher Datenelemente, Berlin u.a. 1988.
Chen 76	Chen, P., The Entity-Relationship Model: Towards a Unified View of Data, ACM Transactions on Database-Systems 1 (1976) 1, S. 9 - 36.
DeMarco 78	DeMarco, T., Structured Analysis and System Specification, New York 1978.
Derigs et al. 93	Derigs, U. und Grabenbauer, L., COLOWIN, Fallorientierte Einführung in die Systementwicklung, München u.a. 1993.
Glaser et al. 91	Glaser, H., Geiger, W. und Rohde, V., PPS-Produktionsplanung und -steuerung, Grundlagen - Konzepte - Anwendungen, Wiesbaden 1991.
Martin 90	Martin, J., Information Engineering, Book II: Planning and Analysis, Englewood Cliffs 1990.
Miller 56	Miller, G. A., The Magical Number Seven, Plus or Minus Two: Some Limits on our Capacity for Processing Information, in: The Psychological Review 63 (1956) 2, S. 81 - 97.
Napier 91	Napier, R., Information Engineering & Application Development Using, Knowledgeware´s Case Tool Set, Englewood Cliffs 1991.
Peters 88	Peters, L., Advanced Structured Analysis and Design, Englewood Cliffs 1988.
Raasch 92	Raasch, J., Systementwicklung mit Strukturierten Methoden, München u.a. 1992.
Schach 90	Schach, S. R., Software Engineering, Boston 1990.
Scheer 90	Scheer, A.-W., Wirtschaftsinformatik - Informationssysteme im Industriebetrieb, Berlin u.a. 1990.
Schüle 94	Schüle, H., DV-Unterstützung beim Planen und Einführen von CIM-Lösungen, Heidelberg 1994.
Schulz 88	Schulz, A., Software-Entwurf - Methoden und Werkzeuge, München u.a. 1988.

Sinz 87   Sinz, E. J., Datenmodellierung betrieblicher
                                           Probleme und ihre Unterstützung durch ein
                                           wissensbasiertes System, Habilitationssschrift,
                                           Regensburg 1987.

Sinz 89   Sinz, E. J., Konzeptionelle Datenmodellierung im
                                           Strukturierten Entity-Relationship-Modell (SER-
                                           Modell), in: Müller-Ettrich, G. (Hrsg.), Effektives
                                           Datendesign, Praxiserfahrungen, Köln 1989, S.
                                           76 - 108.

Vetter 88   Vetter, M., Strategie der Anwendungssoftware-
                                           Entwicklung, Stuttgart 1988.

Weinberg 80   Weinberg, V., Structured Analysis, Englewood
                                           Cliffs, 1980.

6 DV-technische Konzeption von Anwendungssystemen

In der fachlichen Konzeption wurde ein Modell des AS entwickelt, das unabhängig von Implementierungsaspekten eine logische Darstellung der für ein AS relevanten Daten und Funktionen beschreibt. Beim Übergang von der fachlichen Konzeption zur DV-technischen Konzeption eines AS fließen in die Anwendungssystementwicklung nun zunehmend Details ein, die sich an der physischen Implementierung, der Laufzeitumgebung des AS, orientieren. Das Ausarbeiten dieser Implementierungsdetails muß die in einem Unternehmen vorhandene oder zukünftig geplante Rechnerausstattung und Basissoftware für die lauffähigen Applikationen berücksichtigen.

Die in der fachlichen Konzeption erarbeiteten Ergebnisse, d.h. die Modelle des geplanten AS, dargestellt mit Datenflußdiagrammen, Dekompositionsdiagrammen, Entity Relationship-Diagrammen oder Aktionsdiagrammen, sind Grundlage für die DV-technische Konzeption. Die Methoden und Techniken zum Entwickeln des DV-Konzepts für ein AS überführen die Daten- und Funktionsmodelle in geeignete Beschreibungsformen, die näher an die physische Rechnerumgebung angelehnt sind bzw. eine unmittelbare Transformation in diese ermöglichen.

Wie bei der fachlichen Konzeption, so lassen sich auch bei der DV-technischen Konzeption daten- sowie funktionsorientierte Methoden und Techniken unterscheiden. Darüber hinaus sind in dieser Phase auch die Benutzungsoberflächen für die Anzeige von Ergebnissen oder die Entgegennahme von Benutzereingaben (bei Dialog-Anwendungen) sowie die auszugebenden Listen zu gestalten.

6.1 Datenorientierte Konzeption von Anwendungssystemen

Im Rahmen der datenorientierten Konzeption von AS ist im wesentlichen festzulegen, wie und in welchen Strukturen die Daten abzulegen sind, damit durch die Funktionen des AS in geeigneter Weise auf diese Daten zugegriffen werden kann. Außerdem sind die Daten im Anschluß an eine Verarbeitung in einen korrekten, konsistenten Zustand zu bringen. Besonders anspruchsvoll wird diese Aufgabe durch die unterschiedlichen Anforderungen, die man bei der datenorientierten Konzeption von AS zu beachten hat, wie z.B.:

-    Die Daten sollen möglichst sparsam mit physischem Speicherplatz umgehen (dieses Ziel verliert durch ein sich ständig verbesserndes Preis-/Leistungsverhältnis von Speichermedien immer mehr an Bedeutung).
-    Das DV-Konzept der Daten soll eine gute Performance des AS, gemessen z.B. in kurzen Antwortzeiten, gewährleisten.
-    Die Anforderungen hinsichtlich einer möglichst hohen Datensicherheit sind zu erfüllen.
-    Die Datenbestände eines Unternehmens sollen sehr flexibel auswertbar sein und von vielen Funktionen genutzt werden können.
-    Den Anforderungen hinsichtlich der Aktualität der gespeicherten Daten sowie deren Konsistenz muß man entsprechen.

Mit welchen methodischen und technischen Hilfsmitteln sich die datenorientierte DV-Konzeption des AS unterstützen läßt, ist Gegenstand der folgenden Abschnitte [vgl. u.a. Schlageter et al. 83; Martin 87; Stickel 91; Wedekind 93]. Dabei wird zunächst auf die prinzipiellen Möglichkeiten der Datenorganisation in Datei- oder Datenbanksystemen eingegangen.

6.1.1   Datei- und Datenbanksysteme

In der klassischen Datenverarbeitung ist die Datenorganisation bzw. Datenhaltung in sogenannten Dateisystemen realisiert. Unter einer Datei versteht man dabei eine Sammlung von gleichartigen Datensätzen. Ein Datensatz besteht aus inhaltlich zusammengehörenden Datenfeldern. Ein einfacher Datensatz für einen Artikel setzt sich beispielsweise aus den Feldern Artikelnummer, Artikelbezeichnung, Lieferantennummer sowie Artikelpreis zusammen. Eine zusammenhängende Struktur von sämtlichen Artikeldatensätzen bezeichnet man als Artikeldatei (vgl. Bild 6.1.1/1).

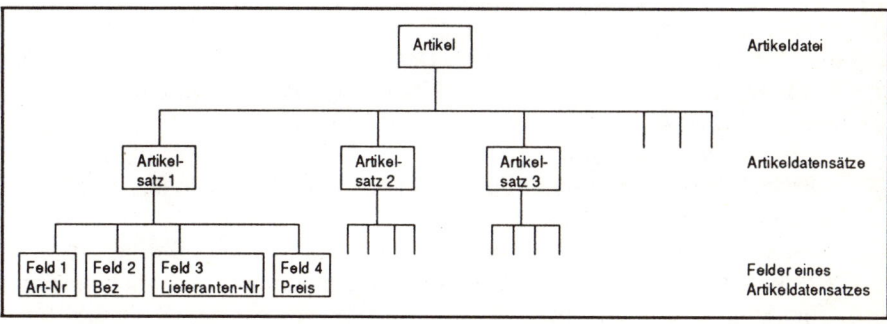

Bild 6.1.1/1:   Aufbau einer einfachen Artikeldatei

Ein einfaches Bestellsystem würde auf diese Datei zugreifen und für einen bestimmten Artikel den entsprechenden Lieferanten sowie den Bezugspreis ermitteln, d.h. die Daten würden programmbezogen verfügbar gemacht. Für andere AS werden ebenfalls eigene Dateien mit spezifischen Zugriffsmechanismen eingerichtet, welche die jeweils benötigten Daten bereitstellen. Der Dateiaufbau, d.h. die Struktur und/oder die Sortierung der enthaltenen Datensätze ist auf den speziellen Verwendungszweck ausgerichtet. Neu hinzukommende AS, die Daten verarbeiten, welche in bereits genutzten AS definiert und in den jeweils zugehörigen Dateien gespeichert sind, können i.d.R. nicht auf die vorhandenen Dateien zugreifen, weil beispielsweise einzelne Datenfelder fehlen oder eine andere Sortierung der Datensätze in der Datei erforderlich ist. Stattdessen müssen speziell für diese AS neue Dateien angelegt werden. So sollte beispielsweise ein Programm zur Materialwirtschaft ebenfalls auf die schon gespeicherten Artikeldaten zugreifen können. Weil aber weitere Datenfelder, etwa über einen Mindestbestand oder eine Bestellfrequenz, für die Verarbeitung benötigt werden, sind für das AS zur Materialwirtschaft neue Dateien anzulegen. Bild 6.1.1/2 skizziert die Dateihaltung schematisch.

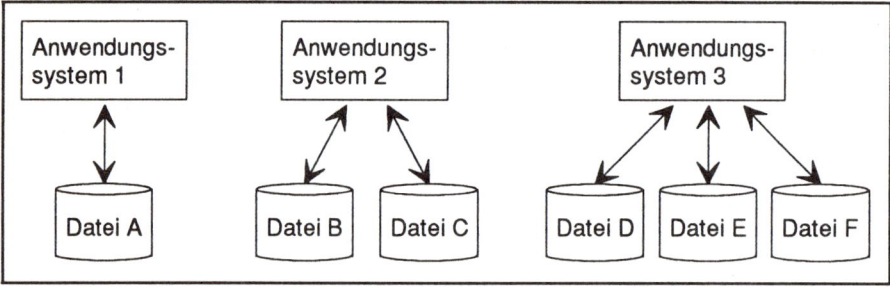

Bild 6.1.1/2:   Schema der Dateiorganisation

Durch die Datenhaltung in Dateien entsteht meist eine Datenredundanz, d.h. identische Daten werden in mehreren Dateien gespeichert. Eine unkontrollierte Datenredundanz ruft jedoch eine Reihe von Problemen bzw. Nachteilen hervor:
-     semantische Mehrdeutigkeiten, z.B. werden die - inhaltlich identischen - Produktnummern in einer Datei als Datenfeld "PNR", in einer anderen Datei als "Produkt-Nr" gespeichert,
-     Strukturprobleme, beispielsweise werden die gleichen Daten, z.B. die Produktbezeichnung, in verschiedenen Dateien mit unterschiedlicher Feldlänge abgespeichert,
-     höheren Dokumentationsaufwand,
-     Probleme bei der Pflege/Aktualisierung,

- Probleme bei der Sicherung sowie
- höhere Speicherkosten.

Insbesondere der hohe Pflegeaufwand kann bei großen Systemen zu inkonsistenten oder widersprüchlichen Datenbeständen führen. Ein inkonsistenter Datenbestand entsteht z.B. durch die Hinzunahme oder Änderung eines Datensatzes in einer Datei, z.B. in der dem Bestellprogramm zugeordneten Artikeldatei, ohne daß dieser Datensatz auch in der Artikeldatei, auf die z.B. das Materialwirtschaftsprogramm zugreift, aufgenommen bzw. geändert wird.

Bei einer Organisation der Daten in einer Datenbank können sämtliche AS mit einem gemeinsamen Datenbestand arbeiten. Die Datenhaltung hat sich gewissermaßen "verselbständigt". Sie ist losgelöst von den Programmen, welche die Daten verarbeiten. Die AS greifen nicht mehr unmittelbar auf die physisch nach wie vor in Dateien gespeicherten Daten zu. Der Zugriff wird nun durch das Datenbankverwaltungssystem gesteuert, das jedem Programm eine sogenannte logische Datei mit genau den Daten, die es jeweils benötigt, zur Verfügung stellt. Diese logische Datei repräsentiert einen Auszug bzw. eine Sicht auf die gesamten Daten. Das Bereitstellen der logischen Datei erfolgt durch das Datenbankmanagementsystem. Dieses stellt auch sicher, daß Zugriffskonflikte vermieden werden. Zugriffskonflikte könnten z.B. dann entstehen, wenn dieselben physischen Daten gleichzeitig in mehreren logischen Dateien den AS zur Verfügung zu stellen sind. Desweiteren übernimmt das Datenbankmanagementsystem auch die Synchronisation der Datenzugriffe im Mehrbenutzerbetrieb. Insbesondere ist dabei die Koordination von parallelen Schreib- und Lesezugriffen auf identische Datenbestände zu gewährleisten. Bild 6.1.1/3 illustriert den Aufbau einer solchen Datenbankorganisation.

Die Organisationsform der Datenhaltung in Datenbanksystemen ermöglicht es, Daten zentral zu verwalten sowie zu pflegen und bietet somit eine bessere Voraussetzung für redundanzfreie und konsistente Datenbestände. Darüber hinaus lassen sich auch Anforderungen hinsichtlich der Datensicherheit, z.B. Sicherheit vor unerwünschtem Zugriff auf die Daten oder Sicherheit vor Datenverlust, besser umsetzen. Den Sicherheitsanforderungen kann insbesondere durch ein umfangreiches Bündel an Sicherungsmechanismen, über das moderne Datenbanksysteme gewöhnlich verfügen, entsprochen werden. Dazu gehören etwa die Vergabe von Zugriffsrechten nur für bestimmte Benutzer oder Benutzergruppen, das Festlegen von Paßwörtern oder regelmäßige, automatische Sicherungskopien (Backups) der gespeicherten Daten. Die Betreuung der Datenbestände und die Verantwortung hinsichtlich Konsistenz und Sicherheit können zentral von einem sogenannten Datenbankadministrator wahrgenommen werden.

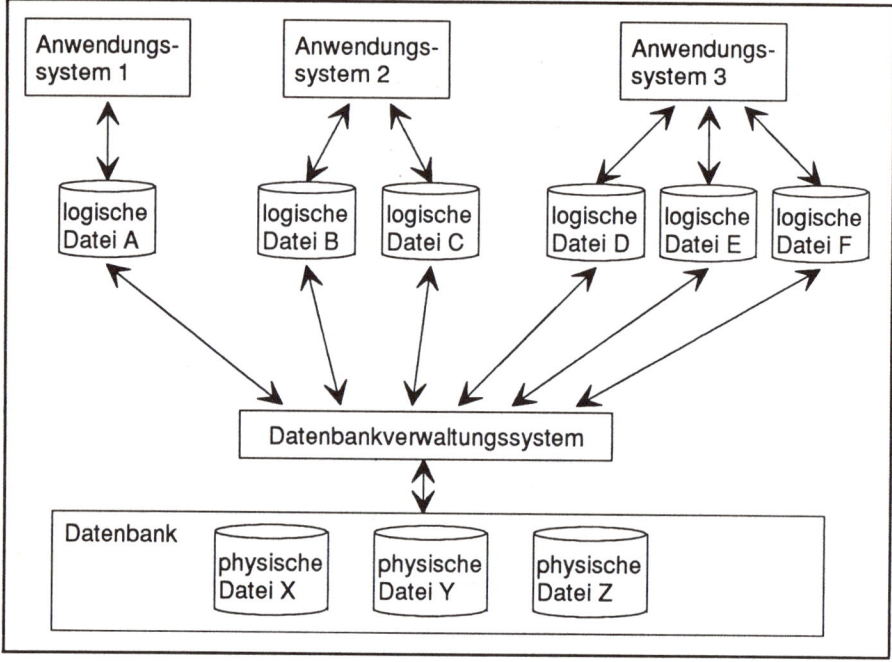

Bild 6.1.1/3:   Schema der Datenbankorganisation

Wenngleich Datenbanksysteme unbestrittene Vorteile aufweisen, sind in der Praxis trotzdem noch sehr viele AS im Einsatz, denen eine dateiorientierte Datenhaltung zugrundeliegt. Dies liegt u.a. darin begründet, daß sich viele DV-Verantwortliche (oftmals zurecht) aus Kosten- und Zeitgründen davor scheuen, eine bewährte, lauffähige Applikation abzulösen. Das Ablösen eines laufenden und von Anwendern akzeptierten Systems birgt immer ein gewisses Risiko. Allerdings ist zu berücksichtigen, daß sich eine unternehmensweite einheitliche Datenbasis bei einem Festhalten an solchen Systemen kaum realisieren läßt.

6.1.2   Aufbau von Datenbanksystemen

Im Aufbau eines Datenbanksystems lassen sich drei verschiedene Abstraktionsebenen unterscheiden: die konzeptionelle, die interne und die externe Ebene (vgl. Bild 6.1.2/1) [vgl. Mertens et al. 93].

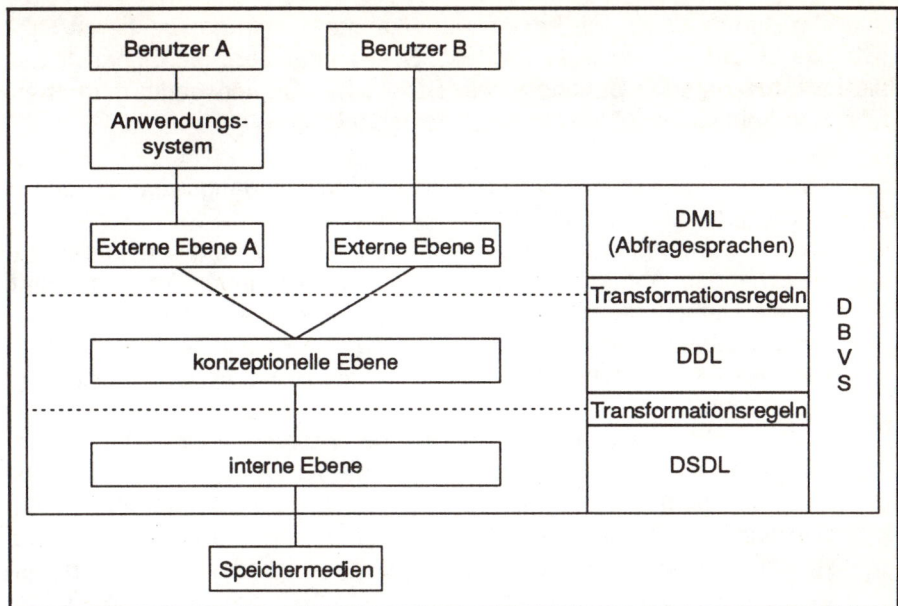

Bild 6.1.2/1:   Aufbau eines Datenbanksystems

In der **konzeptionellen Ebene** werden die in einem Datenbanksystem zu speichernden Daten kontextunabhängig, d.h. ohne Berücksichtigung, wie Benutzer des Datenbanksystems die Daten benötigen, dargestellt. Als Quasi-Standard-Entwurfssprache für die konzeptionelle Ebene (auch als konzeptionelles Modell oder konzeptionelles Schema bezeichnet) gilt das in Abschnitt 5.1.2 bereits behandelte Entity Relationship-Modell.
Mittels einer sogenannten Data Description Language (DDL), einer Daten-definitions- oder -beschreibungssprache, die integraler Bestandteil eines Datenbanksystems ist, kann das konzeptionelle Schema in Datensatzfor-mate (Vereinbarungen über Datenfelder, Feldtypen und Feldlängen) über-führt werden.
Die physische Organisation der Daten stellt im Aufbau eines Datenbanksy-stems die sogenannte **interne Ebene** dar. Dabei erfolgt mit Hilfe einer Spei-cherbeschreibungssprache (Data Storage Description Language - DSDL) ei-ne formale Charakterisierung, wie die Daten physisch gespeichert werden und wie der Zugriff auf sie erfolgen kann.
Die Verbindung zwischen einem Datenbanksystem und dem Benutzer er-folgt über die **externe Ebene**. Auf dieser Ebene werden die logischen Datei-en den Benutzern zur Verfügung gestellt. Diese stellen gewissermaßen eine Teilmenge des konzeptionellen Modells dar. Die Kopplung zwischen dem Benutzer und dem Datenbanksystem wird über sogenannte **Abfragespra-chen** (DML - Data Manipulation Language) unterstützt. Die bekannteste -

und inzwischen als Quasi-Standard anerkannte - Abfragesprache ist **SQL** (Structured Query Language) von IBM. SQL enthält über die Eigenschaften als DML hinaus auch Optionen einer DDL, d.h. SQL verwendet man ebenfalls zum Anlegen von Daten in einer Datenbank.

Im oberen Teil von Bild 6.1.2/1 erkennt man zwei Zugangswege zu den in einer Datenbank hinterlegten Daten.

1)   Benutzer A arbeitet mit einem AS. In diesem Falle sind die in der entsprechenden Abfragesprache verfaßten Anweisungen für den Zugriff auf die Datenbank integraler Bestandteil des AS. Für den Benutzer ist die Datenbank nicht sichtbar, er kommuniziert ausschließlich mit dem jeweiligen AS. Dieses "holt" sich dann die relevanten Daten aus der Datenbank.

2)   Benutzer B arbeitet unmittelbar mit der Abfragesprache des Datenbanksystems. Dabei gibt er beispielsweise SQL-Anweisungen interaktiv am Bildschirm ein und erhält dann die entsprechenden Ausgaben. Gewöhnlich wird diese Art der Informationsgewinnung für einfachere Ad hoc-Abfragen verwendet, z.B. um sich alle Kunden anzeigen zu lassen, die eine gewisse Umsatzgrenze überschritten haben. I.d.R. ist der zweite Zugangsweg nicht für die Arbeit mit operativen Datenbeständen zugelassen, um Probleme durch Fehleingaben zu vermeiden.

6.1.3   Datenbankmodelle

Bei der Vorstellung der Entity Relationship-Methode im Rahmen der fachlichen Konzeption wurde bereits das dreiteilige Schema für den Entwurf von Datenbanken skizziert (vgl. Bild 5.1.1/1). Der erste Schritt besteht darin, mittels der Entity Relationship-Methode ein konzeptionelles Schema der Daten eines Unternehmens bzw. eines Unternehmensbereichs zu entwickeln. Im zweiten Schritt ist dieses konzeptionelle Schema in ein logisches Datenmodell zu überführen. Im Bereich der kommerziellen AS unterscheidet man im wesentlichen drei verschiedene Datenbankmodelle: hierarchische, netzwerkartige und relationale. In jüngerer Zeit wird auch der Einsatz objektorientierter Datenbanken diskutiert (vgl. Kapitel 9).

Liegt ein konzeptionelles Datenmodell vor, hat man somit die Möglichkeit, dieses in eines der angesprochenen Datenbankmodelle zu überführen. Da eine Datenbank gewöhnlich auf einem einzigen Datenbankmodell basiert, legt man bei der Auswahl einer Datenbank automatisch auch das Datenbankmodell fest. Setzt ein Unternehmen bereits ein Datenbanksystem ein, das zukünftig weiter benutzt werden soll, so ist das zu verwendende Datenbankmodell bereits determiniert und man hat keinerlei Freiheitsgrade bei dessen Auswahl.

Im kommerziellen Anwendungsbereich wird die größte Bedeutung gegenwärtig den relationalen Datenbanksystemen beigemessen. Neuinstallationen basieren überwiegend auf dieser Technologie. Deshalb soll dieser Ansatz etwas ausführlicher diskutiert werden. Netzwerkartige und hierarchische Datenbanken werden dagegen nur kurz charakterisiert. Obwohl gegenwärtig die Datenbank-Neuinstallationen fast ausschließlich auf dem relationalen System beruhen, ist zu berücksichtigen, daß auch hierarchische und Netzwerkdatenbanken in der Praxis genutzt werden. Hier gilt - ähnlich wie bei der Diskussion von Datei- und Datenbanksystemen -, daß vorhandene, lauffähige Systeme, auch wenn sie auf einer etwas älteren Technologie basieren, "Investitionsschutz" genießen. Ist im Unternehmen noch eine ältere Technologie verbreitet, können daher auch neue AS z.T. noch mit anderen Datenbankmodellen, z.B. dem hierarchischen, realisiert werden.

6.1.3.1   Hierarchisches Datenbankmodell

Das hierarchische Datenbankmodell wurde eingeführt, um die vielen hierarchischen Beziehungen, wie sie im Unternehmen und in der Natur häufig vorkommen, elegant modellieren zu können. Wie noch gezeigt werden wird, hat dieses Modell jedoch Schwächen, wenn es um die Abbildung nicht hierarchischer Beziehungen geht.

Das hierarchische Modell enthält zwei Strukturmerkmale. Zum einen besteht die Möglichkeit, Recordtypen zu definieren. Die Recordtypen entsprechen den Entitytypen des Entity Relationship-Modells. Jeder Recordtyp hat einen bestimmten Namen und ist aus Feldern aufgebaut, in denen die Informationen gespeichert werden. Zum anderen kann man hierarchische Vorgänger-Nachfolger-Beziehungen zwischen den Recordtypen modellieren. Ein solcher Beziehungstyp entspricht einer 1:1 oder 1:n-Beziehung zwischen zwei verschiedenen Entitytypen. Eine Vorgänger-Nachfolger-Beziehung wird durch Angabe der beteiligten Recordtypen bezeichnet, also beispielsweise durch (PROJEKT, MITARBEITER), um die Zugehörigkeit von Mitarbeitern zu einem Projekt auszudrücken (vgl. Bild 6.1.3.1/1).

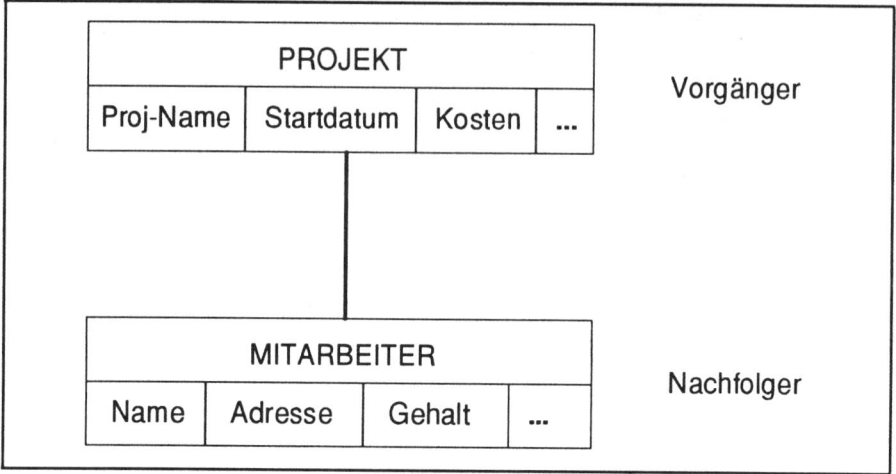

Bild 6.1.3.1/1:   Beispiel für eine Vorgänger-Nachfolger-Beziehung

Eine Ausprägung eines Vorgänger-Nachfolger-Beziehungstyps besteht aus einem Vorgänger-Record und einer Anzahl von Nachfolger-Records. Ein hierarchisches Datenbankschema besteht aus einer Vielzahl solcher Hierarchien. Man erhält eine umgekehrte Baumstruktur (Wurzelbaumstruktur).

Die Baumstruktur ist aber auch die Ursache für bestimmte Restriktionen des hierarchischen Datenbankmodells. Schwierigkeiten bereitet insbesondere die Realisierung von m:n-Beziehungen des ER-Modells. Als Beispiel sollen die Daten der Beziehung (PROJEKT, MITARBEITER) aus Bild 6.1.3.1/2 betrachtet werden.

PROJEKT	MITARBEITER
Büroautomation	Schmidt
	Müller
	Kunze
Lagerverwaltung	Schmidt
	Franke

Bild 6.1.3.1/2:   Beispiel für eine m:n-Beziehung (1)

Wählt man PROJEKT als Vorgänger-Recordtyp in einer hierarchischen Beziehung, so müßte der Record "Schmidt" als Nachfolger bezüglich der Vorgänger-Records "Büroautomation" und "Lagerverwaltung" auftreten (vgl. Bild 6.1.3.1/3). Wählt man umgekehrt MITARBEITER als Vorgänger-Recordtyp, so muß das Projekt "Büroautomation" als Nachfolger von "Schmidt", "Müller" und "Kunze" auftreten. Beide Möglichkeiten verstoßen gegen die Regel, daß ein Nachfolger-Record genau einen Vorgänger-Record besitzt. Das bedeutet, daß beim Realisieren von m:n-Beziehungen bewußt Datenredundanzen mit den damit verbundenen negativen Konsequenzen eingeführt werden. Zu beachten ist auch, daß u.U. in einigen Feldern eines duplizierten Nachfolger-Records unterschiedliche Werte stehen können. Im Beispiel wäre dies der Fall, wenn man die Arbeitszeit der Mitarbeiter an den jeweiligen Projekten abspeichern wollte (vgl. Bild 6.1.3.1/3).

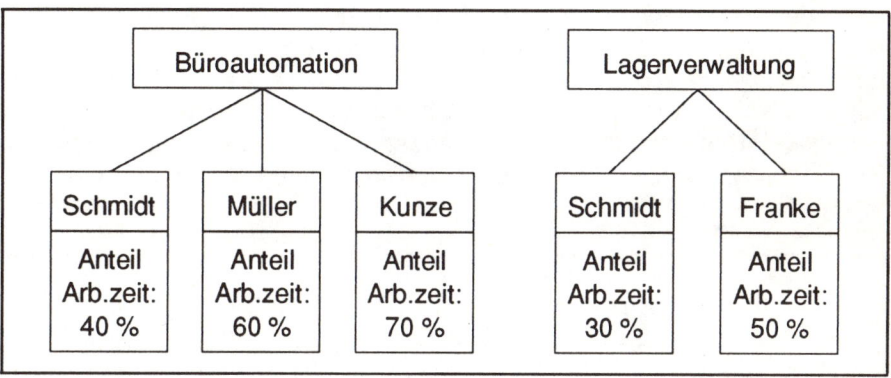

Bild 6.1.3.1/3:   Beispiel für eine m:n-Beziehung (2)

Bei der Manipulation von Daten in hierarchischen Datenbanken kommt der Suche nach einem bestimmten Record große Bedeutung zu. Dabei ist ein Zugriff auf gespeicherte Records grundsätzlich nur über die Wurzel möglich. Jeder Record der Wurzel erhält einen eindeutigen Schlüssel. Über den Schlüssel und den entsprechenden Pfad von der Wurzel zum gewünschten Record kann dieser eindeutig identifiziert werden. Der Benutzer muß auf dem Pfad entlang der Baumstruktur zu dem gewünschten Record navigieren, d.h. auch, er muß den jeweiligen Zugriffspfad kennen. Dabei ist immer ein Zugriff möglich
-    vom Vorgänger-Record auf den ersten Nachfolger-Record und
-    von einem Nachfolger-Record auf einen anderen Nachfolger-Record der gleichen Hierachieebene, wobei beide den gleichen Vorgänger-Record haben müssen.
In einigen hierarchischen Datenbanksystemen gibt es darüber hinaus die Möglichkeit, auf Hierachieebenen unterhalb der Wurzel "einzusteigen". Für diesen Einstiegspunkt werden eigene Schlüssel und Pfade definiert. Dieses

kann zu einer deutlichen Verkürzung der Pfadlänge, die bei einer Abfrage notwendig ist, und damit zu höherer Performance führen.

Vorteile gegenüber anderen Datenbankmodellen bietet die hierarchische Struktur immer dann, wenn sich die Realität einfach in dieser Struktur abbilden läßt (z.B. die Aufbauorganisation oder Stücklisten), denn dann zeigen hierarchische Datenbanken eine vergleichsweise gute Performance.

6.1.3.2   Netzwerk-Datenbankmodell

Zur Modellierung von m:n-Beziehungen sind im hierarchischen Datenbankmodell spezielle Techniken notwendig. Teilweise Abhilfe schaffen hier Datenbanken auf Basis des Netzwerk-Modells.

Netzwerk-Datenbankmodelle verfügen über zwei Strukturelemente, die Recordtypen (entsprechen den Entitytypen) und Settypen (entsprechen den Beziehungstypen) genannt werden. Ein Settyp beschreibt eine 1:n-Beziehung zwischen Recordtypen und wird üblicherweise als bezeichneter Pfeil mit jeweils einem Recordtyp am Kopf und am Ausgangspunkt des Pfeils dargestellt. Der Recordtyp am Ausgangspunkt des Pfeils heißt Ownertyp. Der Recordtyp an der Pfeilspitze ist der sogenannte Membertyp (vgl. Bild 6.1.3.2/1).

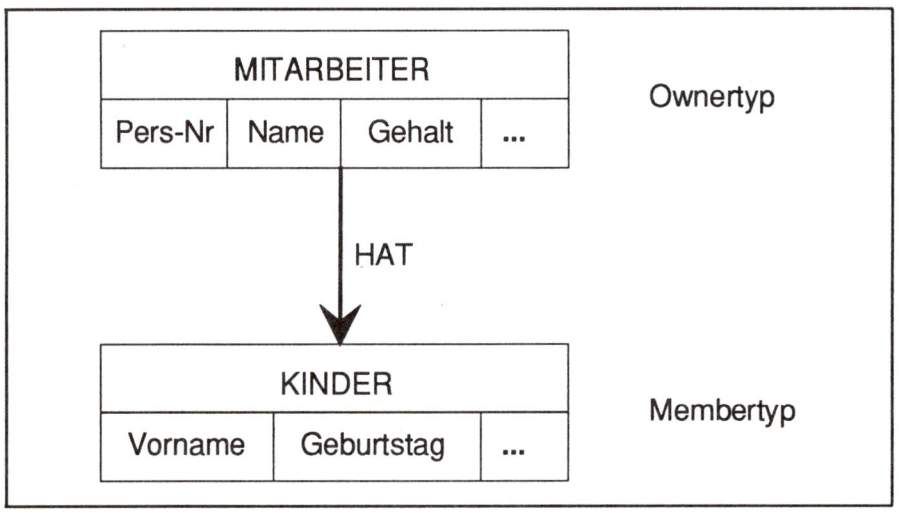

Bild 6.1.3.2/1:   Settyp

Ein wesentlicher Unterschied zum hierarchischen Modell besteht darin, daß ein Recordtyp bezüglich mehrerer Settypen Membertyp beziehungsweise Ownertyp sein kann. Beispielsweise lassen sich zwischen den Recordtypen "Mitarbeiter" und "Projekt" sowohl der Settyp "Mitarbeiter *leitet* Projekt" als

auch der Settyp "Mitarbeiter *arbeitet in* Projekt" darstellen. In einem hierarchischen Datenbankmodell können dagegen nicht beide Beziehungen
gleichzeitig abgebildet werden.

Auch im Netzwerk-Datenbankmodell können eigentlich nur 1:n-Beziehungen
nachgebildet werden. Um m:n-Beziehungen zu modellieren, führt man sogenannte Kett-Records (Kett-Entities) als Verbindung zwischen Recordtypen
ein. Bild 6.1.3.2/2 zeigt die Vorgehensweise anhand der m:n-Beziehung
(PROJEKT, MITARBEITER) aus Abschnitt 6.1.3.1. Es entstehen zwei Settypen, wobei der eingeführte Kett-Recordtyp in beiden Settypen als Membertyp auftritt. Der Primärschlüssel des Members setzt sich aus der Kombination der Schlüssel beider Owner zusammen. Durch diesen Trick wird die
m:n-Beziehung in zwei 1:n-Beziehungen zerlegt. Neben den Schlüsseln
beider Ownertypen kann der neue Kett-Recordtyp auch eigene Attribute erhalten. So kann im Beispiel die Arbeitszeit eines Mitarbeiters in einem Projekt im Kett-Record gespeichert werden.

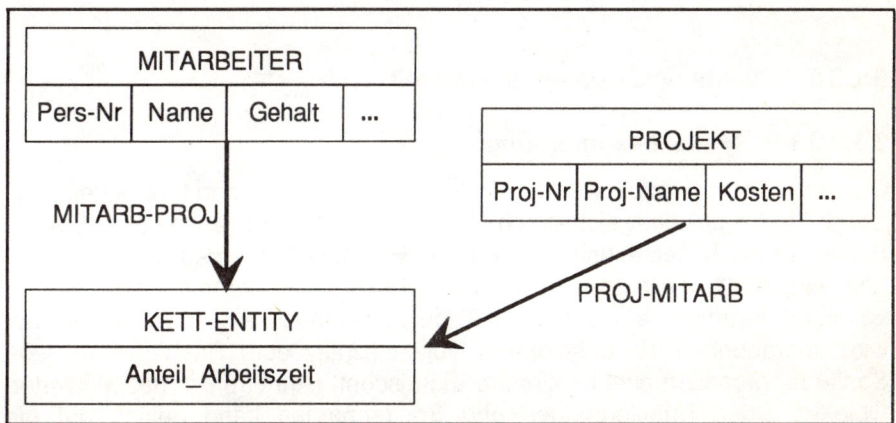

Bild 6.1.3.2/2:   Kett-Recordtyp

Zum Aufsuchen der Daten in einer Netzwerk-Datenbank bieten sich folgen-
de Zugriffsmöglichkeiten an:
-    Direktzugriff über die Schlüssel als Einstiegspunkte (bei Sets, die kei-
     nen Owner haben, sog. singuläre Sets), z.B. über die Abteilungsnum-
     mer auf eine Abteilung.
-    Zugriff über die Owner-Beziehung eines Membertyps innerhalb eines
     Settyps, z.B. im Settyp "Abteilung *hat* Mitarbeiter" über den Mitarbeiter
     (Member) auf seine Abteilung (Owner). Die Owner-Beziehung ist immer
     eindeutig.
-    Zugriff über die Member-Beziehung eines Ownertyps innerhalb eines
     Settyps unter Beachtung der Anordnung, z.B. im Settyp "Abteilung *hat*

Mitarbeiter" auf den als vierten gespeicherten Mitarbeiter (Member) einer bestimmten Abteilung (Owner). Die Anordnung der Member ist zu
beachten, da die Member-Beziehung nicht eindeutig sein muß. Im genannten Beispiel kann eine Abteilung mehrere Mitarbeiter als Member
haben.

Das bedeutet, daß der Benutzer den Zugriffspfad in Form einer Sequenz
von Sets festlegen muß. Man spricht daher auch vom Navigieren im Netz.

Zusammenfassend kann man festhalten, daß einige Schwächen des hierarchischen Modells im Netzwerk-Modell abgemildert werden. Vor allem lassen
sich m:n-Beziehungen einfacher realisieren. Allerdings bietet ein Netzwerk-
Datenbankmodell keine Vorteile gegenüber einem hierarchischen Datenbankmodell, wenn darin rein hierarchische Strukturen, wie z.B. Stücklisten-
auflösungen, abgebildet werden.

Außerdem muß der Anwender immer noch eine genaue Vorstellung der
Strukturen des Netzwerkschemas haben, um effizient mit den gespeicherten
Informationen umgehen zu können.

6.1.3.3   Relationales Datenbankmodell

6.1.3.3.1   Modellbeschreibung

Das relationale Modell wurde 1968-1973 von E.F. Codd entwickelt [vgl.
Codd 72]. Es zeichnet sich durch eine einfache Strukturierung aus. Sowohl
Entity- als auch Relationship-Typen des ER-Modells werden durch Relationen dargestellt, die man sich anschaulich als nicht hierarchische Tabellen
vorstellen kann. Jede Zeile einer Tabelle, die auch als Tupel bezeichnet
wird, repräsentiert ein bestimmtes Objekt (Entity oder Relationship), jede
Spalte repräsentiert eine bestimmte Eigenschaft (Attribut) der gespeicherten
Objekte. Über Tabellennamen und Spaltennamen kann gezielt auf die
entsprechenden Werte zugegriffen werden. Jede Relation hat dazu einen
identifizierenden Namen und einen Primärschlüssel, der aus einem oder
mehreren Attributen gebildet wird. Im folgenden sind die Attribute einer Tabelle, die den Primärschlüssel bilden, unterstrichen. Eine bestimmte
Ausprägung eines Primärschlüssels kommt in einer Tabelle jeweils höchstens einmal vor. Beispielsweise kann in der Tabelle PROJEKT jedes Projekt durch eine eindeutige Projektnummer identifiziert werden (vgl. Bild
6.1.3.3.1/1).

PROJEKT			
Proj-Nr	**Proj-Name**	**Startdatum**	**Kosten**
1072	Büroautomation	11.03.94	120.000,-
1093	Lagerverwaltung	03.05.94	300.000,-
1097	Personalinformation	17.05.94	240.000,-
1313	Literaturdatenbank	22.05.94	150.000,-
2200	Vertriebsunterstützung	07.08.94	260.000,-

Bild 6.1.3.3.1/1: Relation PROJEKT

Der Zugriff auf einzelne Tupel einer relationalen Datenbank erfolgt durch Angabe des Namens der gewünschten Tabelle und der zu selektierenden Attribute. Im Beispiel liefert die SQL-Abfrage

Select Proj-Nr , Proj-Name from PROJEKT

where   Kosten > 200000

als Ergebnis die Projektnummer und den Projektnamen aus der Tabelle PROJEKT, deren Kosten höher als 200.000 DM sind, also:

Proj-Nr	Proj-Name
1093	Lagerverwaltung
1097	Personalinformation
2200	Vertriebsunterstützung

Im Gegensatz zu hierarchischen oder Netzwerk-Datenbanken erhält man als Ergebnis keine Datensätze, sondern wieder eine Relation. Abfragen in relationalen Datenbanken lassen sich mit dem Bilden von Schnitt- und Vereinigungsmengen verschiedener Ausgangsmengen, die den Tabellen entsprechen, vergleichen. Die Arbeit mit relationalen Datenbanken ist also mengenorientiert.

Um die Integrität einer relationalen Datenbank sicherzustellen, müssen zwei Integritätsbedingungen eingehalten werden:

- Die auf ein Entity bezogene Integritätsbedingung (entity integrity constraint):
  Sie besagt, daß jedem Tupel ein Schlüsselattribut zugewiesen werden muß. Wenn das Schlüsselattribut eines Tupels vom Benutzer keinen Wert zugewiesen bekommt, erhält es daher automatisch einen sogenannten Null-Wert (Null-Value). Dieser ist von der Zahl "0" zu unterscheiden.
- Die referentielle Integritätsbedingung (referential integrity constraint):
  Sie sichert die Konsistenz von Datenwerten der in Beziehung stehenden Relationen. Formal bedeutet dies, daß bei Beziehungen zwischen zwei Relationen ein Fremdschlüssel nur dann in einer (Kind-)Tabelle (abhängigen Tabelle) auftreten kann, wenn in der zugeordneten (Eltern-)Tabelle (unabhängigen Tabelle) ein Objekt existiert, das diesen Fremdschlüssel als Primärschlüssel hat. Beispielsweise dürfen in der abhängigen Kindtabelle PROJ-MITARB nur Personalnummern auftreten, die auch in der Elterntabelle MITARBEITER zu finden sind. Außerdem müssen die Projektnummern aus der (Kind-)Tabelle PROJ-MITARB auch in der (Eltern-)Tabelle PROJEKT vorhanden sein.

Die kommerziell verfügbaren Produkte gewährleisten die Einhaltung der Integrität häufig nur eingeschränkt. Einige Datenbanksprachen, wie z.B. SQL, unterstützen das Einhalten der Integritätsregeln wie folgt:
- Beim Löschen (delete) eines Tupels mit einem bestimmten Primärschlüssel in einer Elterntabelle kann man zwischen drei Optionen wählen:
  - Die Option "Cascade" sorgt dafür, daß beim Löschen automatisch die abhängigen Tupel in den Kindtabellen mit demselben Fremdschlüssel ebenfalls gelöscht werden.
  - Die Option "Set Null" initialisiert die Fremdschlüssel der abhängigen Tupel in den Kindtabellen mit dem Null-Wert.
  - Die Option "Restrict" verhindert das Löschen der Zeile in der Elterntabelle, solange noch korrespondierende Tupel in der abhängigen Kindtabelle existieren. Zunächst muß der Benutzer also alle abhängigen Tupel löschen.
- Beim Einfügen (insert) von Tupeln in einer abhängigen Tabelle ist gewährleistet, daß ein Tupel mit demselben Primärschlüssel in der dazugehörigen unabhängigen Tabelle existieren muß. Ansonsten wird das Einfügen blockiert.
- Beim Ändern (update) eines Fremdschlüssels in einer abhängigen Tabelle wird überprüft, ob ein korrespondierender Primärschlüssel in einer übergeordneten Tabelle vorhanden ist. Außerdem läßt sich ein Primärschlüssel einer Elterntabelle nicht verändern, solange noch entsprechende Tupel in abhängigen Tabellen existieren.

6.1.3.3.2   Ableiten der relationalen Datenbankstrukturen aus dem Entity Relationship-Modell

Beim Ableiten der relationalen Datenbankstrukturen aus dem Entity Relationship-Modell hat man große Freiheiten in der Wahl der Relationen und ihrer Spalten. Wichtigste Anforderungen an das Gestalten einer Datenbank sind (weitgehende) Redundanzfreiheit, Datenintegrität und Datenkonsistenz bei sinnvoller Abbildung der Realität. Als zweckmäßig hat sich erwiesen, zwei Entitytypen und deren Beziehung entweder in eine oder in drei Tabellen einer relationalen Datenbankstruktur zu übertragen. Welches Vorgehen im jeweiligen Fall sinnvoll erscheint, ist abhängig vom Typ der Beziehung (1:1-, 1:n- oder m:n-Beziehung) und den identifizierenden Attributen im Entity Relationship-Modell. Die folgenden Beispiele zeigen das genaue Vorgehen für jeden Beziehungstyp.

Umsetzen von 1:1-Beziehungen
Als Beispiel soll die 1:1-Beziehung zwischen Abteilung und Abteilungsleiter dienen (vgl. Bild 6.1.3.3.2/1, eine Abteilung hat genau einen Abteilungsleiter).

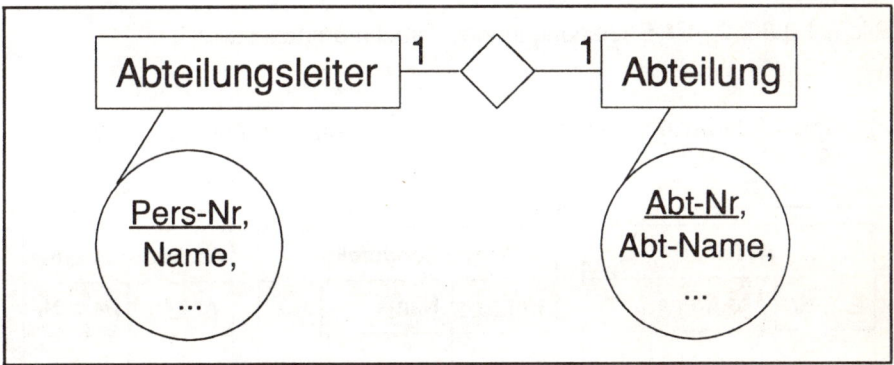

Bild 6.1.3.3.2/1: 1:1-Beziehung im Entity Relationship-Modell

1)   Die 1:1-Beziehung wird in eine Tabelle umgesetzt (vgl. Bild 6.1.3.3.2/2).
     In diesem Fall reicht es aus, als Primärschlüssel der Tabelle ABTEILUNG die Abteilungsnummer zu verwenden. Da jeder Abteilungsleiter eindeutig einer bestimmten Abteilung zugeordnet ist, kann auf das Abspeichern seiner Personalnummer verzichtet werden. Auch im Entity Relationship-Modell könnte man als identifizierendes Attribut für einen bestimmten Abteilungsleiter die Abteilungsnummer benutzen. Statt des Primärschlüssels Abteilungsnummer wäre in diesem Beispiel auch als Primärschlüssel die Personalnummer zu verwenden. Dann könnte man auf die Abteilungsnummer verzichten.

Der Vorteil dieses Verfahrens liegt darin, daß alle Informationen bereits aus einer Tabelle abgelesen werden können. Die Datenbank erreicht daher eine hohe Performance.

Sinnvoll erscheint die Darstellung in einer Tabelle besonders dann, wenn die darin gespeicherten Informationen relativ stabil sind, sich also im Zeitablauf nur selten ändern, wie im Beispiel die Informationen über Abteilungen und Abteilungsleiter.

Abteilung				
Abt-Nr	**Abt-Name**	...	**Abt.leiter-Name**	...

Bild 6.1.3.3.2/2: 1:1-Beziehung in eine Tabelle umgesetzt

2) Die 1:1-Beziehung wird in drei Tabellen umgesetzt (vgl. Bild 6.1.3.3.2/3).

Abteilung			Abteilungsleiter			Abt.leiter-Abteilung	
Abt-Nr	**Abt-Name**	...	**Pers-Nr**	**Name**	...	**Abt-Nr**	**Pers-Nr**

Bild 6.1.3.3.2/3: 1:1-Beziehung in drei Tabellen umgesetzt

In dieser Struktur werden für beide Entitytypen des Entity Relationship-Modells unterschiedliche Tabellen mit eigenen Primärschlüsseln angelegt. Der Vorteil liegt darin, daß man damit sogenannte transitive Abhängigkeiten vermeidet (vgl. Abschnitt 6.1.3.3.3) und so den Änderungsaufwand verringert. Im Beispiel bedeutet das, daß die Informationen über einen Abteilungsleiter nicht automatisch gelöscht werden, wenn eine Abteilung gelöscht wird, da die Informationen in separaten Tabellen gespeichert sind.

Ob der Vorteil der besseren Performance einer Tabelle den Vorteil des geringeren Änderungsaufwands bei drei Tabellen überwiegt, hängt vom Einzelfall ab.

Umsetzen von 1:n-Beziehungen
Als Beispiel soll die 1:n-Beziehung zwischen Mitarbeiter und Abteilung dienen (vgl. Bild 6.1.3.3.2/4, eine Abteilung hat mehrere Mitarbeiter).

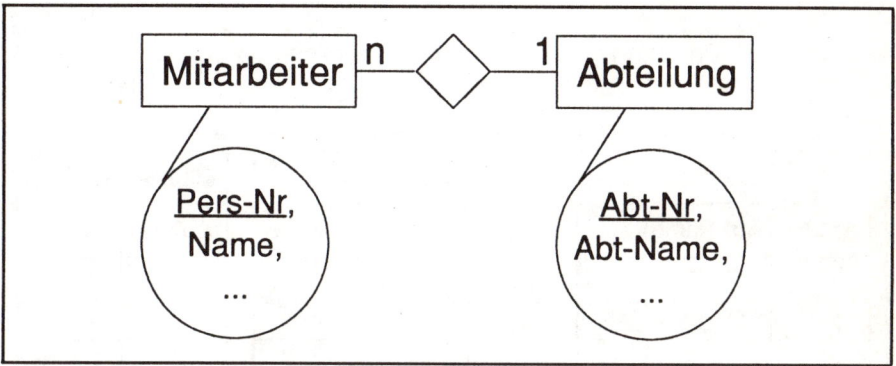

Bild 6.1.3.3.2/4: 1:n-Beziehung im Entity Relationship-Modell

1)   Die 1:n-Beziehung wird als eine Tabelle umgesetzt (vgl. Bild 6.1.3.3.2/5).

Abteilung						
Abt-Nr	**Abt-Name**	**...**	**Pers-Nr**	**Name**	**...**
1	F&E	...	0815	A	...
1	F&E	...	4711	B	...
2	Prod	...	1704	C	...
2	Prod	...	2222	D	...

Bild 6.1.3.3.2/5: 1:n-Beziehung in eine Tabelle umgesetzt

In diesem Fall nimmt man als Primärschlüssel der Tabelle das identifizierende Attribut desjenigen Entitytyps, der in der 1:n-Beziehung an der Seite des "n" steht, im Beispiel also die Personalnummer. Unterstellt man, daß jeder Mitarbeiter maximal in einer Abteilung beschäftigt ist, kann auf eine Abteilung eindeutig über die Personalnummer geschlossen werden.

Dem Vorteil der Darstellung in einer Tabelle steht der Nachteil gegenüber, daß bestimmte Nutzinformationen (im Beispiel die Informationen über die Abteilungen) redundant gespeichert werden. Dieser Nachteil wirkt sich um so gravierender aus, je mehr Mitarbeiter pro Abteilung auftreten.

2) Die 1:n-Beziehung wird in drei Tabellen umgesetzt (vgl. Bild 6.1.3.3.2/6).

Abteilung				Mitarbeiter				Mitarb-Abteilung	
Abt-Nr	Abt-Name	...		Pers-Nr	Name	...		Abt-Nr	Pers-Nr
1	F&E			0815	A			1	0815
2	Prod			4711	B			1	4711
				1704	C			2	1704
				2222	D			2	2222

Bild 6.1.3.3.2/6: 1:n-Beziehung in drei Tabellen umgesetzt

In dieser Struktur kann man auf die Abteilungsinformationen über einen eigenen Primärschlüssel der Tabelle ABTEILUNG zugreifen. Die Informationen über eine Abteilung brauchen nur einmal für jede Abteilung gespeichert werden. Stattdessen enthält jetzt die Verknüpfungstabelle Redundanzen in den Schlüsselinformationen. So kommt in der Spalte "Abt-Nr" jede Abteilungsnummer entsprechend häufig der Anzahl der Mitarbeiter der Abteilung vor.

Umsetzen von m:n-Beziehungen

Als Beispiel soll die m:n-Beziehung zwischen Auftrag und Produkt dienen (vgl. Bild 6.1.3.3.2/7, mehrere Aufträge beziehen sich jeweils auf mehrere Produkte).

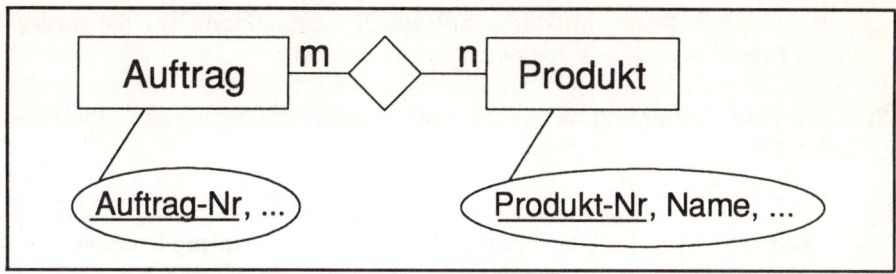

Bild 6.1.3.3.2/7: M:n-Beziehung im Entity Relationship-Modell

1)   Die m:n-Beziehung wird als eine Tabelle umgesetzt (vgl. Bild
     6.1.3.3.2/8).

Auftrag				
Auftrag-Nr	**...**	**Produkt-Nr**	**Name**	**...**
1		1000	W	
1		2000	X	
1		3000	Y	
2		1000	W	
2		4000	Z	

Bild 6.1.3.3.2/8: M:n-Beziehung in eine Tabelle umgesetzt

Für diese Tabelle ist ein zusammengesetzter Primärschlüssel notwendig, da sich sowohl ein Auftrag auf mehrere Produkte beziehen kann
als auch ein Produkt durch mehrere Aufträge bestellt werden kann.
Deshalb sind in der Tabelle sowohl Redundanzen bei den gespeicherten Aufträgen (nämlich für jedes Produkt) als auch bei Produkten
(nämlich für jeden Auftrag) vorhanden. In Bild 6.1.3.3.2/8 ist beispielsweise der Auftrag mit der Auftrag-Nr "1" dreimal zu finden, weil durch
ihn drei Produkte bestellt werden. Außerdem tritt das Produkt mit der
Produkt-Nr "1000" doppelt auf, da es in den beiden Aufträgen mit den
Auftragnummern "1" und "2" enthalten ist.
Anhand des o.g. Beispiels wird deutlich, daß beim Umsetzen einer m:n-
Beziehung in eine Tabelle sehr viele Redundanzen in den gespeicherten Nutzinformationen auftreten können. Trifft ein neuer Auftrag ein,

müssen bei dieser Struktur alle Produktinformationen über die bestellten Produkte jedesmal mit eingegeben werden.

2)   Die m:n-Beziehung wird in drei Tabellen umgesetzt (vgl. Bild 6.1.3.3.2/9).

Auftrag		Produkt			Auftrag-Produkt	
Auftrag-Nr	...	**Produkt-Nr**	Name	...	**Auftrag-Nr**	**Produkt-Nr**
1		1000	W		1	1000
2		2000	X		1	2000
		3000	Y		1	3000
		4000	Z		2	1000
					2	4000

Bild 6.1.3.3.2/9: M:n-Beziehung in drei Tabellen umgesetzt

Die Tabellen, die einen Entitytyp darstellen, erhalten als Primärschlüssel das identifizierende Attribut, welches der Entitytyp im Entity Relationship-Modell hat. In dieser Darstellung ist es möglich, alle Nutzinformationen über die Aufträge und Produkte in den entsprechenden Tabellen nur einmal zu speichern. Dafür enthält die Verknüpfungstabelle AUFTRAG-PRODUKT einen aus beiden Primärschlüsseln zusammengesetzten Primärschlüssel und speichert so die Beziehungen zwischen Aufträgen und Produkten. Dadurch treten die Redundanzen bei dieser Struktur in den Primärschlüsseln der Verknüpfungstabelle auf.

Die Darstellung einer m:n-Beziehung in drei Tabellen erweist sich oftmals gegenüber der Umsetzung in eine Tabelle als überlegen, weil z.B. beim Eintreffen eines neuen Auftrags nicht jedesmal alle Informationen über die bestellten Produkte neu eingegeben werden müssen, sondern lediglich in der Verknüpfungstabelle der Verweis auf die Produktnummern erfolgt.

6.1.3.3.3   Normalisierung von Relationen

Beim Übertragen des Entity Relationship-Modells in ein relationales Datenbankmodell hat man, wie in Abschnitt 6.1.3.3.2 dargestellt, große Freiheiten in der Wahl der Relationen und ihrer Attribute. Alternativ zum Beispiel aus Abschnitt 6.1.3.3.1 ist es durchaus möglich, eine Relation PROJ(Proj-Nr, Proj-Name, Startdatum, Kosten, Pers-Nr, Name, Arb-Zeit) zu definieren. Für diese Definition spricht zunächst, daß die Informationen über die an einem Projekt beteiligten Mitarbeiter unmittelbar in der Tabelle PROJ gespeichert sind (vgl. Bild 6.1.3.3.3/1). Dadurch ist ein schneller Zugriff auf benötigte Informationen gewährleistet.

PROJ						
Proj-Nr	**Proj-Name**	**Startdatum**	**Kosten**	**Pers-Nr**	**Name**	**Arb-zeit**
1072	Büroautomation	11.03.94	120.000,-	071067	Schmidt	40 %
1072	Büroautomation	11.03.94	120.000,-	736512	Müller	60 %
1072	Büroautomation	11.03.94	120.000,-	438927	Kunze	70 %
1093	Lagerverwaltung	03.05.94	300.000,-	071067	Schmidt	30 %
1093	Lagerverwaltung	03.05.94	300.000,-	120370	Franke	50 %

Bild 6.1.3.3.3/1: Tabelle PROJ

Es stellt sich die Frage, wann es sinnvoll ist, Informationen in einer Tabelle zu aggregieren bzw. Informationen auf mehrere Tabellen zu verteilen (wie im Beispiel auf die Tabellen MITARBEITER, PROJEKT und PROJ-MIT-ARB). Wichtigste Anforderungen an die Gestaltung einer Datenbank sind (weitgehende) Redundanzfreiheit, Datenintegrität und Datenkonsistenz bei sinnvoller Abbildung der Realität. Damit diese Ziele erreicht werden können, muß das Bilden von Datenstrukturen gewissen Gesetzmäßigkeiten unterliegen. Diese Regeln hat man unter dem Begriff Normalisierung zusammengefaßt. Der von E. F. Codd entwickelte Normalisierungsprozeß beinhaltet drei Stufen.

Die erste Normalform

Bei der oben definierten Relation PROJ liegt Datenredundanz bei Nutzinformationen vor, weil für jeden Mitarbeiter eines Projekts der Projektname, das Startdatum und die Kosten gespeichert werden. Wollte man jedes Projekt nur einmal abspeichern, müßten sich die Felder mit den Mitarbeiterdaten (Pers-Nr, Name, Arb-Zeit) für jedes Projekt wiederholen, damit sich mehrere Mitarbeiter einem Projekt zuordnen lassen. Da dies in einer relationalen Datenbank nicht möglich ist, wird die sogenannte Wiederholungsgruppe mit den Mitarbeiterdaten von der ursprünglichen Relation PROJ abgespalten und mit dem Primärschlüssel der Ausgangsrelation in einer eigenen Relation

MITARB(Proj-Nr, Pers-Nr, Name, Arb-Zeit) gespeichert. Damit befinden sich beide Relationen in der ersten Normalform (vgl. Bild 6.1.3.3.3/2).
Außerdem dürfen bei Relationen in erster Normalform keine Attribute auftreten, die sich, genauer betrachtet, aus mehreren Attributen zusammensetzen. Ein Beispiel dafür ist das Attribut "Adresse", das sich aus den Attributen "Postleitzahl", "Wohnort", "Straße" und "Hausnummer" zusammensetzt.

Eine Relation ist in der ersten Normalform, wenn alle Attribute durch einfache Attributwerte beschrieben werden. Insbesondere treten keine zusammengesetzten Attribute oder Wiederholungsgruppen auf.

PROJ'			
Proj-Nr	**Proj-Name**	**Startdatum**	**Kosten**
1072	Büroautomation	11.03.94	120.000,-
1093	Lagerverwaltung	03.05.94	300.000,-

MITARB			
Proj-Nr	**Pers-Nr**	**Name**	**Arb-zeit**
1072	071067	Schmidt	40 %
1072	736512	Müller	60 %
1072	438927	Kunze	70 %
1093	071067	Schmidt	30 %
1093	120370	Franke	50 %

Bild 6.1.3.3.3/2: Relationen PROJ' und MITARB in erster Normalform

Auch nach dem Entfernen der Wiederholungsgruppen können die Relationen in der ersten Normalform noch Attribute besitzen, die man als einen eigenständigen Entitytyp auffassen kann. Durch diese Attribute ergeben sich sogenannte Speicheranomalien, welche die Konsistenz und Widerspruchsfreiheit der gespeicherten Daten bei Änderungen gefährden. Drei Arten von Speicheranomalien werden unterschieden:
- Einfügeanomalie (insert anomaly/dependency),

- Pflege-/Änderungsanomalie (update anomaly/dependency) sowie
- Löschanomalie (delete anomaly/dependency).

Zur Verdeutlichung soll die Relation MITARB dienen. Will man einen neuen
Mitarbeiter einfügen, so ist dies nur möglich, wenn er sofort einem Projekt
zugeordnet wird. Dieses ist notwendig, weil keinem Attribut, das zum Primärschlüssel gehört, ein Nullwert zugewiesen werden darf. Damit ergibt sich
eine Einfügeanomalie.
Verändert man den Namen eines Mitarbeiters, so muß dieser mehrfach,
entsprechend der Anzahl der Projekte, an denen er beteiligt ist, modifiziert
werden. Dies ist eine typische Pflege-Anomalie.
Schließlich können Löschanomalien beim Beenden von Projekten auftreten.
Wird das Projekt "Lagerverwaltung" beendet und der Mitarbeiter "Franke" ist
in keinem weiteren Projekt tätig, so gehen die Mitarbeiterinformationen beim
Löschen des Projektes verloren.
Bei Relationen in erster Normalform können, wie gezeigt, alle drei Arten von
Anomalien auftreten und damit zu inkonsistenten Datenbeständen führen.
Durch Überführen der Relationen in die zweite Normalform läßt sich das
Auftreten von Anomalien vermindern.

Die zweite Normalform

Eine Relation ist in zweiter Normalform, wenn sie sich in der ersten Normalform befindet und jedes Nichtschlüsselattribut voll funktional vom Primärschlüssel abhängig ist.
Voll funktionale Abhängigkeit bedeutet, daß jedes Nichtschlüsselattribut nur
durch den gesamten Primärschlüssel identifiziert werden kann. Ein Teil des
Primärschlüssels reicht also nicht aus, um ein Nichtschlüsselattribut zu
identifizieren.
Im Beispiel ist das Attribut "Arb-Zeit" der Relation MITARB voll funktional
vom Primärschlüssel (Proj-Nr, Pers-Nr) abhängig. Allerdings gilt das nicht für
den Namen eines Mitarbeiters. Zur Ermittlung des Namens eines Mitarbeiters benötigt man lediglich dessen Personalnummer, nicht aber die Nummern der Projekte, an denen er beteiligt ist. Diese Relation liegt folglich nicht
in zweiter Normalform vor.

Beim Überführen einer Relation in die zweite Normalform wird die gegebene
Relation in mehrere Relationen zerlegt. Hängen einzelne Attribute schon von
einem Teilschlüssel funktional ab, so werden sie mit dem entsprechenden
Teilschlüssel in einer neuen Relation zusammengefaßt. Dies geschieht solange, bis alle entstehenden Relationen in zweiter Normalform sind.
In unserem Beispiel erhält man bei der Zerlegung eine neue Relation, also
insgesamt drei Relationen (vgl. Bild 6.1.3.3.3/3).

PROJ'			
__Proj-Nr__	Proj-Name	Startdatum	Kosten
1072	Büroautomation	11.03.94	120.000,-
1093	Lagerverwaltung	03.05.94	300.000,-

PROJ-MITARB'		
__Proj-Nr__	__Pers-Nr__	Arb-zeit
1072	071067	40 %
1072	736512	60 %
1072	438927	70 %
1093	071067	30 %
1093	120370	50 %

MITARB'	
__Pers-Nr__	Name
071067	Schmidt
120370	Franke
438927	Kunze
736512	Müller

Bild 6.1.3.3.3/3: Relationen PROJ', PROJ-MITARB' und MITARB' in zweiter Normalform

Die Relationen PROJ´, PROJ-MITARB´ und MITARB´ liegen jetzt in zweiter Normalform vor.

Die dritte Normalform

Um den Unterschied zwischen zweiter und dritter Normalform zu verdeutlichen, muß das Beispiel etwas erweitert werden, da anderenfalls die Relationen bereits dritte Normalform aufweisen. Zu diesem Zweck soll die Relation MITARB2(Pers-Nr, Name, Abt-Name, Abt-Sitz) betrachtet werden. Die Relation befindet sich in zweiter Normalform und soll die in Bild 6.1.3.3.3/4 dargestellten Tupel beinhalten.

MITARB2			
Pers-Nr	**Name**	**Abt-Name**	**Abt-Sitz**
071067	Schmidt	Verwaltung	Göttingen
120370	Franke	Entwicklung	Braunschweig
438927	Kunze	Entwicklung	Braunschweig
736512	Müller	Verwaltung	Göttingen
998877	Hinz	Vertrieb	Hannover

Bild 6.1.3.3.3/4: Relation MITARB2

Jede Abteilung ist an einem ganz bestimmten Ort angesiedelt. Ändert sich der Sitz einer Abteilung, so sind mehrere Tupel dieser Relation zu ändern. Folglich kann eine Pflege-Anomalie auftreten.
Scheidet der Vertriebsmitarbeiter "Hinz" aus, so geht beim Löschen die Information über den Sitz der Abteilung "Vertrieb" verloren (Löschanomalie). Eine Abteilung kann nur gegründet werden, wenn ihr sofort ein Mitarbeiter zugeordnet wird. Dieses ist im Prinzip eine Einfügeanomalie (die u.U. in der Praxis erwünscht sein kann). Als Fazit bleibt festzuhalten, daß alle drei Arten von Speicheranomalien auftreten, obwohl die Relation MITARB2 in zweiter Normalform vorliegt. Um diese Anomalien zu beseitigen, sind weitere Normalisierungen notwendig.

Die Ursache für die Anomalien liegt darin, daß ein Nichtschlüsselattribut funktional von einem anderen Nichtschlüsselattribut abhängt. Das Attribut "Abt-Sitz" ist funktional abhängig von dem Attribut "Abt-Name". Der "Abt-Name" ist von der "Pers-Nr" funktional abhängig. Es liegt aber keine funktionale Abhängigkeit zwischen "Pers-Nr" und "Abt-Sitz" vor. In diesem Fall spricht man von einer transitiven funktionalen Abhängigkeit zwischen dem Primärschlüssel "Pers-Nr" und dem Attribut "Abt-Sitz". Zum Überführen der Relation in die dritte Normalform sind die Relationen so zu zerlegen, daß die transitiven Abhängigkeiten beseitigt werden. Aus der Relation MITARB2 entstehen die Relationen MA(Pers-Nr, Name, Abt-Name) und ABTEILUNG(Abt-Name, Abt-Sitz) (vgl. Bild 6.1.3.3.3/5).

MA				ABTEILUNG	
Pers-Nr	**Name**	**Abt-Name**		**Abt-Name**	**Abt-Sitz**
071067	Schmidt	Verwaltung		Verwaltung	Göttingen
120370	Franke	Entwicklung		Entwicklung	Braunschweig
438927	Kunze	Entwicklung		Vertrieb	Hannover
736512	Müller	Verwaltung			
998877	Hinz	Vertrieb			

Bild 6.1.3.3.3/5: Relationen MA und ABTEILUNG in dritter Normalform

Eine Relation ist in dritter Normalform, wenn sie in zweiter Normalform ist und keine transitiven Abhängigkeiten zwischen Primärschlüsselattributen und Nichtschlüsselattributen vorliegen.

In der Praxis ist der Prozeß der Normalisierung üblicherweise mit der dritten Normalform abgeschlossen. Häufig beläßt man die Relationen aus Performancegründen auch in der zweiten Normalform, weil bei der dritten Normalform oft eine hohe Schlüsselredundanz auftritt.
Es existieren darüber hinaus weitere Normalformen (Boyce-Codd-Normalform, vierte und fünfte Normalform), welche die Gefahr von gelegentlich immer noch möglichen Speicheranomalien weiter vermindern.

6.1.4 Werkzeuge zur Konzeption von Datei- und Datenbankstrukturen

Datei- und Datenbankschemata werden in ADW im wesentlichen mit den folgenden Werkzeugen erstellt: dem *Data Translator*, dem *Hierarchical Schema Diagrammer*, dem *Relational Schema Diagrammer*, dem *File Schema Diagrammer*, dem *Data Structure Diagrammer* sowie dem *Data Type Diagrammer*.

Data Translator
Der *Data Translator* leitet aus einem Entity Relationship-Diagramm des fachlichen Konzepts entweder ein relationales Datenbankschema oder einen Datenkatalog ab. Für ein relationales Datenbankschema entwickelt der *Data Translator* aus den Entitytypen und ihren Relationships die entsprechenden Relationen sowie die Fremdschlüsselbeziehungen. Für die Primärschlüssel

können zum einen die Schlüsselattribute des Entity Relationship-Diagramms gewählt werden, zum anderen ist die Vergabe "neutraler" Primärschlüssel möglich. "Neutral" bedeutet dabei, daß der Primärschlüssel nicht aus einem im fachlichen Konzept definierten Attribut resultiert, sondern vom *Data Translator* hinzugefügt wird, um einen eindeutig identifizierenden Schlüssel zu erhalten. Der *Data Translator* erstellt ein relationales Datenbankschema, das sich in der ersten Normalform befindet.

In einen Datenkatalog werden alle Entitytypen mit ihren Attributen sowie die Relationships des fachlichen Konzepts eingetragen, um für die DV-technische Konzeption verfügbar zu sein. Der Datenkatalog kann mit den Werkzeugen zur DV-technischen Konzeption nur gelesen werden. Er dient ausschließlich als Informationsgrundlage, um die Datenstrukturen des DV-technischen Konzepts zu entwerfen.

Hierarchical Schema Diagrammer
Mit diesem Hilfsmittel konstruiert man hierarchische Datenbankstrukturen. Dafür stehen im wesentlichen zwei Elemente zur Verfügung: *Segments* (Recordtypen) und *Relationships* (Vorgänger-Nachfolger-Beziehungen). Aus diesen Elementen läßt sich das hierarchische Datenbankschema werkzeuggestützt entwerfen, wobei der Datenkatalog als Informationsgrundlage genutzt werden kann. Mit dem *Hierarchical Schema Diagrammer* lassen sich verschiedene Zugriffsmöglichkeiten auf die gespeicherten Recordtypen festlegen. Der Zugriff ist sowohl über den höchsten Recordtyp in der Hierarchie als auch über weitere Recordtypen definierbar.

Relational Schema Diagrammer
Der *Relational Schema Diagrammer* dient zum Erstellen von relationalen Datenbankstrukturen. Dabei kann man sowohl ein mit dem *Data Translator* erstelltes Datenbankschema ändern als auch ein neues Schema anlegen. Die wesentlichen Elemente sind *Tables* (Relationen) und *References* (Fremdschlüsselbeziehungen).

Das Werkzeug unterstützt alle Regeln zur referentiellen Integrität (vgl. Abschnitt 6.1.3.3.1).

File Schema Diagrammer
Mit dieser Komponente lassen sich Dateisysteme entwickeln. Dafür stehen *Files* (Dateien), *Records* (Datensatzstrukturen) und *References* (Beziehungen) als Elemente zur Verfügung. Beispielsweise kann als Datensatzstruktur ein Lieferantendatensatz definiert werden, der aus den Feldern Lieferantennummer, Name, Adresse und Lieferqualität aufgebaut ist. Die Datensatzstruktur wird einer Datei zugeordnet, eine Datei kann mehrere Datensatzstrukturen enthalten. Beziehungen lassen sich zwischen zwei Datensatzstrukturen definieren. Beispielsweise können die Datensatzstrukturen

Projekt und Mitarbeiter durch die Beziehung "beschäftigt maximal 15" verknüpft werden.

Auch für den Entwurf eines Dateisystems kann der Datenkatalog als Informationsgrundlage herangezogen werden.

Data Structure Diagrammer

Mit dem *Data Structure Diagrammer* legt man zum einen für die Relationen, Recordtypen und Datensatzstrukturen der Datenbank- bzw. Dateischemata die Datenstrukturen fest. Zum anderen sind auch für die Benutzungsoberflächen und Listen Datenstrukturen zu definieren. Jedes der angegebenen Elemente des DV-technischen Konzepts wird durch seine Datenstruktur beschrieben. Das graphische Hilfsmittel für diese Aufgabe ist eine Matrix. In die Zeilen werden die einzelnen Daten des jeweiligen Elements eingetragen. Beispielsweise sind bei einer Relation dort die einzelnen Spaltennamen aufgelistet. Die Spalten der Matrix beinhalten die Aspekte, mit denen das einzelne Datum zu konkretisieren ist. Bei einer Relation stehen dort z.B. die folgenden Punkte:

- *Data Type*: Hier ist der ggf. für ein Datum selbstdefinierte Datentyp anzugeben. Beispielsweise kann man für alle im DV-technischen Konzept verwendeten Adressen einen eigenen Datentyp "Adresse" definieren. Greift man nicht auf einen selbstdefinierten Datentyp zurück, wird für den Data Type "Local" eingetragen. Der lokale Datentyp besitzt nur für diese spezielle Definition Gültigkeit.

- *Technology/Language Format*: Mit dieser Angabe wird das Format des Datums in der Notation der Zielumgebung dargestellt. Für einen Namen, der bis zu 30 Buchstaben lang sein darf, steht hier beispielsweise X(30), wenn die Zielumgebung COBOL ist. Verwendet man einen selbstdefinierten Datentyp, wird dessen Format automatisch in dieser Spalte eingetragen.

- *Primary Identifier*: Hier wird festgehalten, ob die entsprechende Spalte der Relation als Primärschlüssel dient.

- *Foreign Key*: Diese Angabe informiert darüber, ob das betrachtete Datum in der Relation ein Fremdschlüssel ist.

Bild 6.1.4/1 zeigt ein Beispiel für die Datenstruktur einer relationalen Datenbank.

RELATIONAL TABLE	Data Type	Tech/Lang Format	Primary Identifier	LNr Foreign Key
:Materialstamm				
Materialstamm.Materialnummer	LOCAL	DECIMAL(8,0) / 9(8) COMP-3	■	
Materialstamm.Materialbezeichnung	LOCAL	VARCHAR(30) / X(30)		
Materialstamm.Rohmat/Zwischenprod/Endprod	LOCAL	CHAR(1) / X(1)		
Materialstamm.Eigen/Fremd	LOCAL	CHAR(1) / X(1)		
Materialstamm.ABC	LOCAL	CHAR(1) / X(1)		
Materialstamm.Lieferantennummer	LOCAL	DECIMAL(8,0) / 9(8) COMP-3		■
Materialstamm.Preis	LOCAL	DECIMAL(9,2) / 9(7)V9(2) COMP-3		

Bild 6.1.4/1:   Beispielhafte Datenstruktur

Data Type Diagrammer
Mit diesem Werkzeug kann man Datentypen selbst definieren. Beispielsweise verwendet man im DV-technischen Konzept unterschiedliche Adreß-
typen (z.B. Lieferadresse, Kundenadresse). Anstatt jedesmal, wenn eine
Adresse verwendet wird, das Format (z.B. X(30) in COBOL) "von Hand" zu
definieren, wird einmalig der Datentyp "Adresse" angelegt. Muß man nun die
Datenstruktur einer konkreten Adresse beschreiben, verweist man auf den
selbstdefinierten Datentyp, anstatt das Format nochmals festzulegen. Mit
selbstdefinierten Datentypen kann eine angestrebte Standardisierung der
Datenformate in einem Unternehmen vereinfacht werden. So ist durch den
Datentyp "Adresse", wenn er allen Adressen im DV-technischen Konzept
zugewiesen wird, sichergestellt, daß alle verwendeten Adressen das gleiche
Format und eine identische inhaltliche Struktur haben. Würde bei jeder
Adresse der Datentyp "von Hand" angegeben, könnten z.B. Lieferanten-
adressen das Format X(30), Kundenadressen das Format X(25) haben.
Bild 6.1.4/2 beinhaltet den beispielhaften selbstdefinierten Datentyp "Name"
mit seiner Beschreibung. Dieser Datentyp ist alphanumerisch. Seine Länge
ist variabel und beträgt maximal 30 Zeichen.

FORMAT PICTURE	Name: DT001 Role: Display/Storage Default: Display/Storage ● **Char** ○ **Num**
Category: CHARACTER	ALPHANUM
Character Set	Single Byte
Variable Length	✓
Right Justified	
Minimum Length	
Maximum Length	30
Convert to Uppercase	
Completely Fill Field	

Bild 6.1.4/2:   Beispielhafter selbstdefinierter Datentyp

6.2 Funktionsorientierte Konzeption von Anwendungssystemen

Die DV-technische funktionsorientierte Konzeption von AS basiert auf dem funktionsorientierten Fachkonzept. Während in der fachlichen Konzeption die Beschreibung der relevanten Funktionseinheiten aus fachlicher, d.h. logischer Sicht, im Vordergrund stand, sind in der DV-technischen Konzeption primär die anwendungssystemtechnischen Gesichtspunkte zu berücksichtigen. Beschäftigt man sich in der fachlichen Konzeption im wesentlichen mit den für das Abwickeln eines Geschäftsprozesses notwendigen Funktionseinheiten, setzt man sich in der DV-Konzeption vor allem damit auseinander, wie die identifizierten Funktionseinheiten am besten in einem benutzergerechten AS zu implementieren sind. Dabei geht es insbesondere darum, abgeschlossene Programmbausteine, sogenannte Module, zu bilden.

6.2.1 Gruppierung der Funktionen in Module

Zentrale Aufgabe der funktionsorientierten DV-technischen Konzeption ist es, die Funktionalität eines AS in Module zu fassen. Module sind in sich abgeschlossene Programmbausteine, gewissermaßen "Programme im Programm", die unabhängig voneinander implementiert werden und Daten mit-

einander austauschen können [vgl. Suhr et al. 93, S. 227 ff.]. Mit den Modulen realisiert man die Arbeitsteilung in einem AS und verteilt so die Komplexität des Gesamtanwendungssystems auf mehrere Einheiten.

Im Rahmen der Modularisierung gilt es, die Verarbeitungslogik innerhalb der
Module explizit zu spezifizieren, die Module sauber und eindeutig gegenein-
ander abzugrenzen sowie die Schnittstellen zwischen den einzelnen Modu-
len präzise zu definieren. Prinzipiell besteht eine gewisse Analogie zwischen
den Modulen im DV-Konzept und den Funktionen aus dem Fachkonzept:
- Die Spezifikation der Verarbeitungslogik eines Moduls weist eine enge
  Beziehung zum Pseudocode einer Elementarfunktion im Aktionsdia-
  gramm auf.
- Module stehen ebenso wie auch Funktionen in einer hierarchischen
  Beziehung zueinander.
- Zwischen Modulen findet auch ein Datenaustausch statt.

Trotz dieser zweifelsohne vorhandenen Beziehungen zwischen funktionsorientierter fachlicher Konzeption und funktionsorientierter DV-technischer
Konzeption ist es nicht immer möglich oder sinnvoll, die Funktionsstruktur
aus dem Fachkonzept 1:1 als Modulstruktur ins DV-technische Konzept zu
übernehmen, da hierbei u.a. folgendes zu beachten ist:
- Die Hierarchisierung der Module resultiert weniger aus der funktionalen
  Zerlegung, als vielmehr aus dem Anwenden einer Unterprogramm-
  technik. Bei dieser charakterisiert die Hierarchie der Module, welche
  Module sich von anderen aufrufen lassen. Einzelne Module können
  mehrfach - auch aus unterschiedlichen Modulen heraus - aufgerufen
  werden. Damit lassen sich häufig auftretende Aufgaben, z.B. Dateizu-
  griffe oder Buchungen, mehrfach nutzen, müssen aber nur einmal programmiert werden.
- Ebenso kommt den Schnittstellen zwischen den Modulen eine andere,
  erweiterte Bedeutung zu als den Datenflüssen zwischen den Funktionseinheiten. Die Modulschnittstellen spezifizieren nicht nur den Datenfluß, sondern ebenso den Kontrollfluß eines AS. Der Kontrollfluß steu-
  ert die Reihenfolge, in der die einzelnen Module aufgerufen werden,
  und damit den Ablauf der Bearbeitung. Dieser Aspekt konnte in den
  Datenflußdiagrammen noch völlig vernachlässigt werden.
- Darüber hinaus müssen im funktionsorientierten DV-technischen Konzept auch diejenigen Funktionalitäten durch entsprechende Module abgedeckt werden, die in der fachlichen Konzeption noch vernachlässigbar waren. Dies sind beispielsweise
  - der Zugriff auf Datenbanken,
  - der Zugriff auf externe Ressourcen, wie z.B. Drucker, Netzwerke,
    Kommunikationseinrichtungen oder
  - die Fehlerbehandlung.

Die letztgenannten Module können oftmals ohne bzw. mit geringen Anpassungen in verschiedenen AS verwendet werden. Um den Entwicklungsaufwand für neu zu erstellende AS zu reduzieren, werden derartige Module i.d.R. in sogenannten **Modulbibliotheken (Libraries)** abgelegt. Über einfache Kopiervorgänge lassen sie sich flexibel in die Modulstruktur eines AS einbinden. Neben den geschilderten Fehlerbehandlungs- und Zugriffsroutinen können solche wiederverwendbaren Module auch standardisierte Verarbeitungslogiken enthalten, die in verschiedenen AS in gleicher bzw. ähnlicher Form eingesetzt werden.

Aus den Überlegungen zur Modularisierung und den Abgrenzungen zur funktionsorientierten fachlichen Konzeption darf jedoch nicht der Schluß gezogen werden, daß eine funktionsorientierte fachliche Konzeption im Grunde überflüssig ist, da man das gesamte Funktionsmodell ohnehin "wegwerfen" kann und in der DV-technischen Konzeption die Struktur des AS noch mal "von vorn" entworfen werden muß. Im Gegenteil läßt sich aus einem guten Funktionsmodell die geeignete Modulstruktur i.d.R. bedeutend einfacher ableiten, als wenn keine ausgeprägte funktionsorientierte fachliche Konzeption stattgefunden hat. Häufig ist es wegen der hohen Komplexität eines AS überhaupt nicht möglich, den Daten- und den Kontrollfluß in einer einzigen Phase zu spezifizieren.

6.2.2   Methodische Hilfsmittel zur Modularisierung

Als methodisches Hilfsmittel zur Modulbildung lassen sich sogenannte **Strukturdiagramme (Structure Charts)** nutzen [vgl. Raasch 92, S. 339 ff.]. Ein Strukturdiagramm enthält sämtliche Module eines AS. Es zeigt ihre Position in einer Hierarchie rufender und aufgerufener Module und es skizziert den Kontrollfluß, d.h. die Reihenfolge des Aufrufs der Module sowie die Daten, die beim Aufruf zwischen den entsprechenden Modulen ausgetauscht werden.

Strukturdiagramme bestehen im wesentlichen aus den Komponenten **Modul, Aufruf (Call) und Parameter**. Graphisch stellt man die Module durch ein mit dem Modulnamen bezeichnetes Rechteck dar. Als Symbole für die Aufrufmöglichkeiten verwendet man Pfeile. Die Parameter repräsentieren die Schnittstellendaten zwischen den Modulen. Bild 6.2.2/1 skizziert die graphischen Symbole.

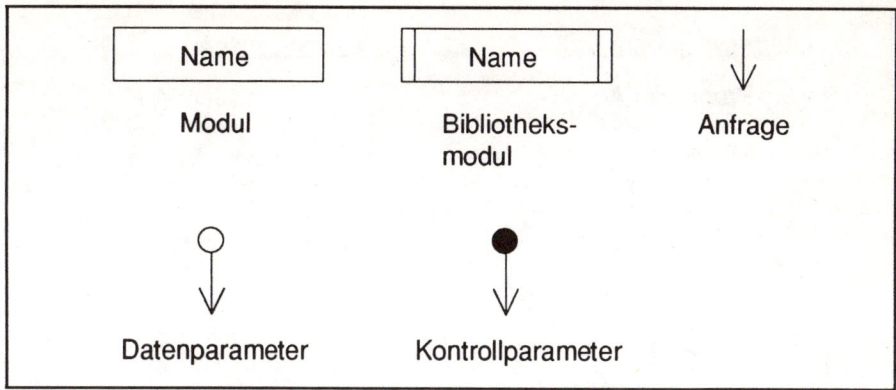

Bild 6.2.2/1: Graphische Symbole eines Strukturdiagramms

Ein Strukturdiagramm zeigt nur die äußere Sicht der Modulstruktur. Die interne Verarbeitungslogik wird nicht sichtbar. Diese spezifiziert man - ähnlich der Spezifikation von Elementarfunktionen - mit Hilfe von Pseudocode. Für Module, die aus einer Modulbibliothek eingebunden werden, liegt die Spezifikation bereits vor. Sie muß allenfalls anwendungssystemindividuell modifiziert werden. Auf die Spezifikation des Modulinneren wird in Abschnitt 6.2.4 noch näher eingegangen.

Bei den Aufrufmöglichkeiten sind intern-synchrone, extern-synchrone und asynchrone Calls zu unterscheiden:
- Intern-synchrone Calls (vgl. Bild 6.2.2/2) finden zwischen Modulen des gleichen Programms statt. Der Begriff Programm ist in diesem Zusammenhang softwaretechnisch zu interpretieren. Dabei handelt es sich um eine Folge von Programmteilen, die zusammen compiliert, d.h. in eine maschinennahe Sprache übersetzt werden. Ein AS besteht gewöhnlich aus mehreren Programmen mit jeweils mehreren Modulen. Bei einem intern-synchronen Aufruf geht die Steuerung der Verarbeitungslogik vom rufenden an das aufgerufene Modul über und kehrt nach dem Durchlauf zum rufenden Modul zurück. (Hinweis: In einem COBOL-Programm entspricht dies einer "PERFORM"-Anweisung).
- Bei einem extern-synchronen Call (vgl. Bild 6.2.2/2) wird ein Modul in einem anderen Programm aufgerufen (in COBOL entspricht dies dem CALL-Statement).
- Bei einem asynchronen Call kehrt die Ablaufsteuerung nicht mehr zum aufrufenden Modul zurück. Die Applikation bricht ab, nachdem das aufgerufene Modul bearbeitet ist.

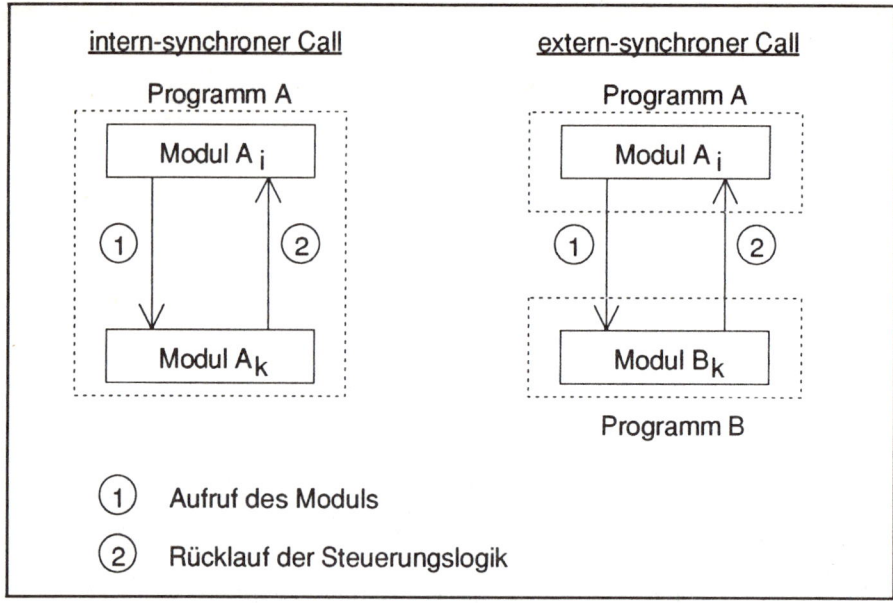

Bild 6.2.2/2: Intern- und extern-synchrone Calls

Mittels der Parameter definiert man die Informationen, die zwischen den Modulen ausgetauscht werden. Die Richtung der Parameter zeigt auch die Richtung des Datenaustausches an. Prinzipiell unterscheidet man bei den Parametern zwei Typen: Daten- und Kontrollparameter.

Mit Datenparametern übergibt man einem Modul Daten, die dort bearbeitet werden. Diese Daten entsprechen inhaltlich den in der fachlichen Konzeption definierten Entities. Beispielsweise beinhaltet ein Datenparameter Lieferantendaten, die im aufrufenden Modul ermittelt wurden und im aufgerufenen Modul weiterzubearbeiten sind. Mit Kontrollparametern hingegen steuert/beeinflußt man den Verarbeitungsablauf in dem Modul, das den Kontrollparameter erhält. Dabei lassen sich zwei Varianten unterscheiden: Zum einen kann mit dem Kontrollparameter die auszuführende Aufgabe festgelegt werden. Beispielsweise sind in einem aufgerufenen Modul vier alternative Bearbeitungsmöglichkeiten verfügbar. Die aus Sicht des aufrufenden Moduls relevante Alternative wird in diesem Fall über einen Kontrollparameter, der einen Wert zwischen eins und vier annehmen kann, angesteuert. Zum anderen läßt sich mit einem Kontrollparameter übermitteln, ob eine bestimmte Bedingung erfüllt ist. Der Kontrollparameter hat dann z.B. den Wert null, wenn die Bedingung erfüllt ist, ansonsten erhält er den Wert eins.

Das Strukturdiagramm zeigt bei den Parametern wiederum nur den Namen, d.h. die äußere Sicht. Der Aufbau, z.B. eines Datenparameters, wird separat festgelegt (z.B. mit Hilfe eines Datenkataloges). Bild 6.2.2/3 zeigt an einem einfachen Beispiel Daten- und Kontrollparameter. Das Modul "Lieferantendaten ermitteln" ruft das Modul "Lieferantenanschrift bereitstellen" und übergibt dabei den Datenparameter Lieferanten_Nr. Nach Durchlauf des aufgerufenen Moduls erhält das rufende Modul den Datenparameter Lieferantenanschrift zurück. Ebenfalls wird ein Kontrollparameter zurückgegeben, der die Korrektheit der übertragenen Lieferanten_Nr bestätigt.

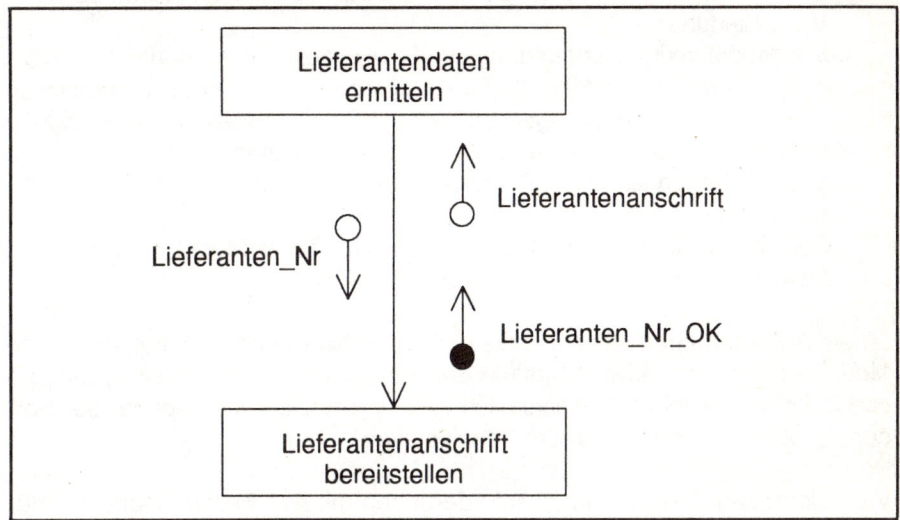

Bild 6.2.2/3: Module und Parameter

6.2.3   Qualitätskriterien zur Modularisierung

Die Qualität eines AS spiegelt sich im wesentlichen in der Korrektheit des AS, der Sicherheit gegenüber Fehleingaben, der Zuverlässigkeit, der Flexibilität, der Verständlichkeit, der Änderbarkeit sowie der Wiederverwendbarkeit wider. Die Modularität des Gesamtsystems wirkt auf alle diese Kriterien, insbesondere auf die vier zuletzt genannten. Dementsprechend wird die Qualität eines AS wesentlich durch den modularen Aufbau determiniert.

Aus den Qualitätskriterien lassen sich verschiedene Anforderungen an die Modularisierung ableiten, welche nachfolgend kurz charakterisiert werden [vgl. u.a. Suhr 93 et al., S. 228 ff.; Schach 90, S. 215 ff.]:
- Minimalität der Schnittstellen
  Jedes AS sollte so modularisiert werden, daß zwischen den Modulen so wenig Schnittstellen wie möglich auftreten und diese für jedes Modul explizit darstellbar sind. Die zwischen einzelnen Modulen zu übergebenden Daten sollten in ihrer Struktur möglichst einfach sein.

- Testbarkeit
  Ein einzelnes Modul sollte so beschaffen sein, daß es für sich selbst getestet werden kann, ohne daß man beim Testen den Kontext seiner Verwendung in der Gesamtapplikation explizit kennt. Dies bedeutet, daß sich aus den Übergabeparametern, der Verarbeitungslogik und den Ausgaben die Korrektheit eines Moduls überprüfen lassen sollte.
- Modulbindung
  Die Modulbindung charakterisiert die Art des Zusammenhalts für die Anweisungen eines Moduls. Zur Modularisierung sind im wesentlichen zwei Arten von Bindungen zulässig. Bei einer funktionalen Bindung enthält ein Modul nur Anweisungen zum Bearbeiten genau einer in sich geschlossenen Aufgabe. Diese Aufgabe ist von dem Modul vollständig zu erfüllen.
  Bei einem datenorientiert zusammenhängenden Modul operieren die Anweisungen auf genau einer Datenstruktur.

Diese Anforderungen können miteinander konkurrieren. So hat eine gute Modulbindung viele kleine Module zur Folge. Daraus kann eine entsprechend hohe Anzahl an Schnittstellen resultieren. Dies widerspricht der Forderung nach der Minimalität der Schnittstellen.

Vergleicht man die genannten Anforderungen mit den Entwurfsrichtlinien für (Elementar)Funktionen, so erkennt man eine gewisse inhaltliche Übereinstimmung. Da sich die Modulstruktur zumindest mittelbar aus der Funktionsstruktur einer Applikation ableiten läßt, ist es wenig verwunderlich, daß sich Richtlinien zur Modularisierung auch auf den Funktionsentwurf anwenden lassen und vice versa.

In der Literatur findet man häufig noch weitere Anforderungen bzw. Richtlinien zur Modularisierung, die sich jedoch oftmals in ihrem Kern kaum von den hier angeführten unterscheiden bzw. sich auf diese zurückführen lassen.

6.2.4   Werkzeuge zur Konzeption der Module

Die Modularisierung eines AS wird in der DV-technischen Konzeption von ADW im wesentlichen durch zwei Werkzeuge unterstützt, den *Structure Chart Diagrammer* sowie den *Module Action Diagrammer*. Damit in der Praxis mit diesen Werkzeugen sinnvoll und effizient gearbeitet werden kann, sollte man über ausgeprägtes Wissen zu den Zielumgebungen (Hard- und Softwareplattform, auf denen das AS eingesetzt werden soll) verfügen, für die man mit ADW entwickelt. So sind beispielsweise detaillierte Kenntnisse der Programmiersprache COBOL unerläßlich.

Structure Chart Diagrammer

Mit diesem Werkzeug lassen sich Strukturdiagramme anfertigen, welche die Module und ihre Beziehungen zeigen, die in ihrer Gesamtheit den modularen Aufbau eines AS wiedergeben. Das Werkzeug trennt dabei zwei Arten von Strukturdiagrammen: *Application Structure Charts* und *Module Structure Charts*. Diese beiden unterscheiden sich in ihrer Sicht auf das AS.

- Mit dem *Application Structure Diagrammer* verdeutlicht man alle Module eines gesamten AS. Dieses Werkzeug faßt die Module zu Programmen zusammen. Die Summe der Programme bildet dann das AS.
- Der *Module Structure Diagrammer* zeigt immer einen bestimmten Ausschnitt, d.h. alle Module eines AS, die hierarchisch unter einem vom Anwender festgelegten Modul liegen.

Der Entwurf der Modulstruktur läßt sich durch die werkzeuggestützte Übernahme der Funktionsstruktur in die DV-technische Konzeption vereinfachen. Aus dem durch die Funktionsstruktur gegebenen Grundgerüst läßt sich dann unter Berücksichtigung der entsprechenden Qualitätskriterien (vgl. Abschnitt 6.2.3) die Modulstruktur des AS ableiten.

Ähnlich wie bei der fachlichen Konzeption wird der Entwickler auch beim Definieren der verschiedenen Module sowie bei der Spezifikation des Kontrollflusses und der Übergabeparameter durch die graphische Benutzungsoberfläche mit Maus- und Fenstertechniken unterstützt. Beispiele hierfür sind

- das Bereitstellen von genormten Symbolen für verschiedene Elemente eines Strukturdiagramms,
- der Zugriff auf sämtliche bereits definierten Elemente oder
- der Zugriff auf eine Modulbibliothek (*Library List*), um Module einfacher wiederverwenden zu können.

Implementierungsspezifische Details der späteren Laufzeitumgebung des AS werden durch die Angabe von bestimmten Eigenschaften für die einzelnen Komponenten in einem Strukturdiagramm berücksichtigt. Soll das AS beispielsweise später einmal auf Datenbanken zugreifen, ist dies durch entsprechende Angaben, etwa bei den Eigenschaften für Aufrufe, festzulegen.

Bild 6.2.4/1 zeigt das Strukturdiagramm des Moduls "Lagerplätze verwalten". In diesem Modul muß der Anwender entscheiden, ob er sich die Informationen zu einem Lagerplatz anzeigen lassen will oder ob er Lagerplatzdaten löschen, ändern oder anlegen möchte. In Abhängigkeit von dieser Entscheidung wird das entsprechende untergeordnete Modul aufgerufen. Alle vier Module sind intern-synchrone Calls, d.h. die Steuerung wird wieder an das Modul "Lagerplätze verwalten" zurückgegeben, sobald das aufgerufene Modul bearbeitet worden ist.

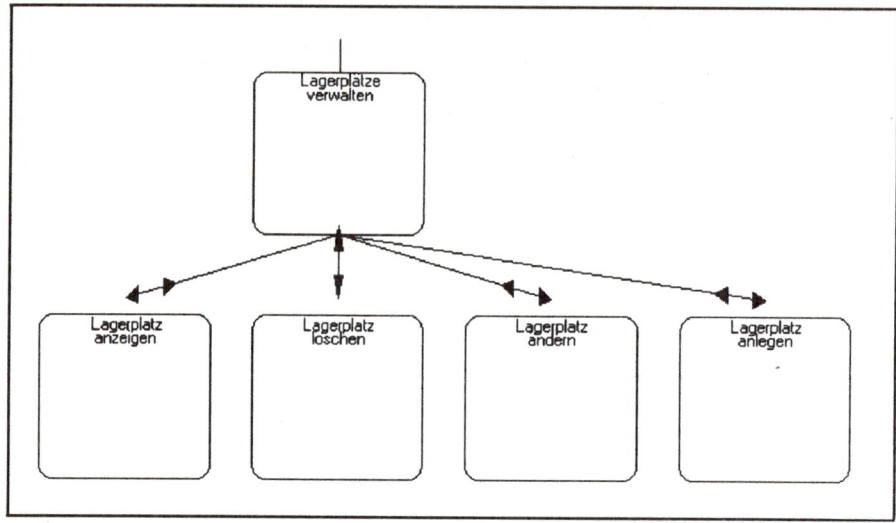

Bild 6.2.4/1: Beispiel eines Strukturdiagramms

Module Action Diagrammer

Mit dem *Module Action Diagrammer* entwirft man die Ablauf- und Verarbeitungslogik der einzelnen Module. Dabei lassen sich die mit dem *Minispec Action Diagrammer* in der fachlichen Konzeption erarbeiteten Ergebnisse werkzeuggestützt in die DV-technische Konzeption übernehmen. Dies vermeidet ein redundantes Ausarbeiten und Dokumentieren von Ablauf- und Verarbeitungslogiken.

Das Arbeiten mit dem *Module Action Diagrammer* gestaltet sich prinzipiell ähnlich wie das Nutzen des *Minispec Action Diagrammers*. Es wird ebenfalls ein Mix aus textuellen und graphischen Beschreibungsmitteln verwendet. Unterschiedlich sind jedoch zum einen die genutzten Elemente und zum anderen die Anforderungen an die formale Präzision.

So unterscheidet man beispielsweise in einem Modul-Aktionsdiagramm - vergleichbar der Trennung in Data und Procedure Division eines COBOL-Programms - zwischen der sogenannten *Data Declaration Area* und der *Logic Area*. In ersterer werden die in dem Modul zu nutzenden Daten deklariert. In der *Logic Area* wird dann die eigentliche Modullogik spezifiziert. Dabei definiert man z.B.

-        Zugriffe auf Datenbanken, etwa in Form von SQL-Statements,
-        wann welche Bildschirminhalte angezeigt werden und entsprechende Benutzereingaben entgegenzunehmen sind,
-        die Ausgabe von Ergebnissen auf Listen oder
-        die genaue Position, an der Modulaufrufe abgesetzt werden.

Will man die Inhalte der mit dem *Modul Action Diagrammer* erzeugten Spezifikationen als Input für den ADW-Anwendungsgenerator nutzen, werden
bei freier Texteingabe hohe Anforderungen hinsichtlich der formalen Präzision gestellt. Der Entwickler hat beim Anlegen der Modul-Aktionsdiagramme
die Syntaxregeln des sogenannten "Enriched COBOL" einzuhalten. Beim
Enriched COBOL handelt es sich um eine generische, pseudocodeähnliche
und durch graphische Elemente angereicherte Sprache, die vom ADW-Anwendungsgenerator gelesen und im Rahmen der Realisierung des AS (vgl.
Kapitel 7) in lauffähigen COBOL-Programmcode transformiert werden kann.

Bild 6.2.4/2 zeigt beispielhaft die Verarbeitungslogik des Moduls "Lagerplatz
anzeigen". Im oberen Bereich, der *Data Declaration Area*, werden die Daten
definiert, auf die man in diesem Modul zugreift. Das sind zum einem die Benutzungsoberflächen (Frage Lagerplatz, Lagerplatzanzeige), zum anderen
die Tabellen der relationalen Datenbank (Lagerplatz). Im unteren Bereich,
der *Logic Area*, wird die Verarbeitungslogik definiert. In dem dargestellten
Modul wird zunächst eine Benutzungsoberfläche angezeigt ("Put"), in die der

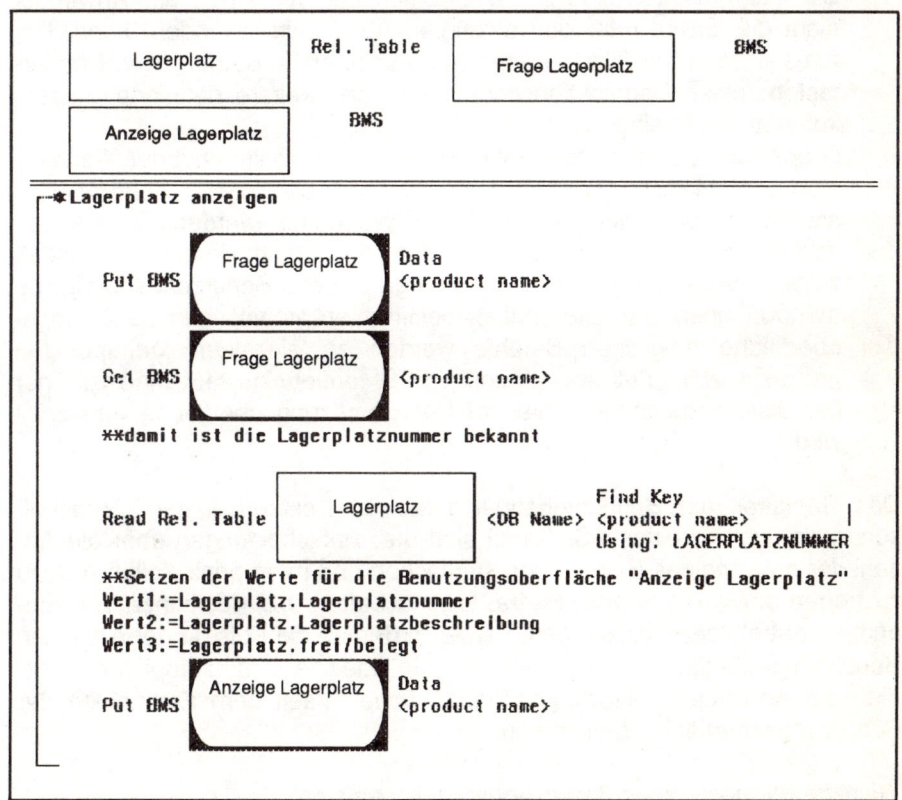

Bild 6.2.4/2: Beispiel eines Modul-Aktionsdiagramms

Benutzer eine Lagerplatznummer angeben kann. Anschließend wird die Benutzungsoberfläche mit der Benutzereingabe gelesen ("Get"). Mit der Lagerplatznummer kann nun gearbeitet werden. Über sie werden aus der Relation "Lagerplatz" alle Daten zu diesem Lagerplatz gelesen, für die Benutzungsoberfläche "Lagerplatzanzeige" verfügbar gemacht und auf ihr angezeigt.

6.3   Konzeption von Benutzungsoberflächen

In den typischen Einsatzbereichen der AS findet zumeist eine Interaktion
zwischen dem Benutzer und dem AS statt [vgl. Zeidler et al. 92, S. 9 ff.]. In
solchen Fällen spricht man von dialogorientierten AS. Die Interaktion erfolgt
i.d.R. über eine Benutzungsoberfläche. Über diese werden u.a. Eingaben
angefordert, Ergebnisse angezeigt sowie Bedienungshilfen für den Umgang
mit dem System präsentiert. Bei Benutzungsoberflächen lassen sich Bildschirmmasken und graphische Benutzungsoberflächen unterscheiden.

- Bildschirmmasken sind starre Oberflächen, bei denen der Anwender
  nicht die Größe oder den gezeigten Ausschnitt verändern kann. Befehle werden bei Bildschirmmasken nur über Funktions- bzw. Sonder-
  tasten, einen Transaktionscode oder über weitere definierte Tasten-
  kombinationen eingegeben.
- Graphische Benutzungsoberflächen dagegen arbeiten mit der "Fenstertechnik". Mit dieser können dem Anwender gleichzeitig mehrere Fenster auf einer Benutzungsoberfläche präsentiert werden. Die Fenster
  lassen sich in ihrer Größe und in dem Ausschnitt, den sie vom Inhalt
  zeigen, variieren. Außerdem ist eine graphische Benutzungsoberfläche
  menüorientiert, d.h. alle in einer bestimmten graphischen Benutzungsoberfläche möglichen Befehle werden zu einzelnen Menüpunkten
  gruppiert (z.B. "Pull down-Menü"). Die Menüpunkte faßt man zu einer
  Menüleiste zusammen, die auf der Benutzungsoberfläche angezeigt
  wird.

Das Gestalten der Benutzungsoberflächen ist Bestandteil der DV-technischen Konzeption eines AS. Dabei sind u.a. Entscheidungen über die Anzahl der notwendigen Benutzungsoberflächen und ihren prinzipiellen Aufbau
zu treffen sowie die Größe, Farbe, Eigenschaften und Positionen von Ein-
und Ausgabefeldern festzulegen. Ferner muß man die Abfolge der einzelnen
Benutzungsoberflächen definieren und für jede die Benutzeroptionen, d.h.
die vom Anwender vorzunehmenden Aktionen nach dem Erscheinen der
Benutzungsoberfläche, bestimmen.

Wichtige Elemente einer Benutzungsoberfläche sind:
- Menüleisten,

- Pull down Menüs,
- Dialogfenster mit Checkboxes und/oder Radiobuttons sowie
- Blätterleisten (Scroll-Leisten).

Bei Dialoganwendungen hängt die Qualität und die Leistungsfähigkeit eines AS sehr stark von der Gestaltung der Benutzungsoberfläche ab, denn im wesentlichen beeinflußt diese, wie schnell und einfach sich ein Benutzer mit dem AS zurechtfindet und das System effizient bei der Unterstützung seiner Aufgaben einsetzt.

6.3.1 Kriterien zur ergonomischen Gestaltung von Benutzungs- oberflächen

Um Benutzungsoberflächen anwenderfreundlich zu gestalten, sind neben den funktionalen Anforderungen auch psychologische und arbeitswissen- schaftliche Aspekte zu berücksichtigen. Unter dem Stichwort "Software-Er- gonomie" haben sich - sowohl national als auch international - eigenstän- dige, interdisziplinär ausgerichtete Gruppen von Wissenschaftlern und Prak- tikern etabliert, die sich u.a. mit der Normierung des Aufbaus von Benut- zungsschnittstellen beschäftigen. Die erarbeiteten Ergebnisse spiegeln sich z.B. in fünf Kriterien wider, an denen man sich beim Entwurf von benut- zerfreundlichen, ergonomischen Dialogsystemen orientieren kann [vgl. u.a. Suhr et al., S. 57 ff.; Ziegler et al. 93]:
- Aufgabenangemessenheit,
- Selbstbeschreibungsfähigkeit,
- Steuerbarkeit,
- Erwartungskonformität und
- Fehlerrobustheit.

Ein Dialog ist **aufgabenangemessen**, wenn das AS genau die Funktionen unterstützt, die vom Anwender bei der Spezifikation der Anforderungen vor- gegeben wurden. Eingaben sollten nur dann notwendig sein, wenn sie in unmittelbarem Zusammenhang mit der Aufgabe stehen, und nicht z.B. sy- stemtechnisch bedingt sind. Darüber hinaus sollte das System möglichst formatfreie Dateneingaben erlauben und selbständig Plausibilitätskontrollen durchführen, um Fehleingaben zu vermeiden.
Gleichfalls sind auch die vom System angezeigten Ergebnisse auf das wirk- lich Notwendige zu reduzieren. Sie sollten übersichtlich sowie gut interpre- tierbar ausgegeben werden. Ggf. ist es wichtig, Freiheitsgrade bei der De- taillierung der angezeigten Ergebnisse zu erlauben.

Als **selbstbeschreibungsfähig** kann ein Dialogsystem dann bezeichnet werden, wenn es einem Anwender ohne permanenten Rückgriff auf Hand- bücher möglich ist, das System anzuwenden und er in jeder denkbaren Situation online kontextabhängige Hilfe anfordern kann, die ihm die zur Weiterarbeit notwendigen Informationen präsentiert. Eine gute Selbstbeschreibung eines AS wirkt sich auch positiv auf die **Erlernbarkeit** der Applikation aus, da sich der Lernende bei Schwierigkeiten in der Anfangsphase besser selbst helfen kann.

Hat der Benutzer Möglichkeiten, abhängig von seiner Qualifikation und der Erfahrung im Umgang mit dem System, die Geschwindigkeit des Dialogablaufs zu beeinflussen, ist der Dialog **steuerbar**. Dieses läßt sich z.B. dadurch erreichen, daß alternativ die Maus oder Tastatur zum Abruf von Befehlen einsetzbar ist, für häufig notwendige Eingaben Kurzschreibweisen ermöglicht werden oder man Zwischenschritte, z.B. das Bestätigen von Zwischenergebnissen, übergehen kann. Hierdurch lassen sich unterschiedliche Vorkenntnisse und Erfahrungen von Anwendern im Umgang mit einem AS angemessen berücksichtigen.

Erwartungskonformität äußert sich darin, daß der vom Anwender erwartete Arbeitsablauf mit dem tatsächlichen Ablauf übereinstimmt. Gegen die Erwartungskonformität wird beispielsweise verstoßen, wenn von Benutzungsoberfläche zu Benutzungsoberfläche identische Funktionen auf unterschiedliche Funktionstasten gelegt sind oder Eingabefelder, die sich sonst immer im linken oberen Bildschirm befinden, plötzlich in der Mitte und rechts positioniert werden. Ein wesentlicher Bestandteil der Erwartungskonformität ist die Einheitlichkeit bzw. Standardisierung der Darstellungsweisen. Darauf wird im folgenden Abschnitt noch detaillierter eingegangen.

Ein Dialog zeichnet sich durch **Fehlerrobustheit** aus, wenn es auch bei Fehleingaben ohne allzu lange Verzögerungen durch die Korrektur von Eingaben möglich ist, zu einem gewünschten Ergebnis zu gelangen. Dazu muß der Anwender zum einen über die Art des gemachten Fehlers informiert werden. Zum anderen sind ihm notwendige Hilfestellungen zur Fehlerkorrektur anzubieten.

6.3.2   Beispielhafte Standardisierung von Benutzungsoberflächen

Beispielhaft für Standards von Benutzungsoberflächen wird hier der Common User Access (CUA) der Firma IBM vorgestellt. Im März 1987 hat IBM die erste Auflage ihrer "Style Guides" zum Gestalten von Benutzungsoberflächen veröffentlicht. Sie verfolgt damit das Ziel, Anwendungssystementwicklern Handlungsanweisungen für konsistent und ergonomisch gestaltete Benutzungsoberflächen an die Hand zu geben [vgl. Mainka 90]. Der CUA ist selbst Bestandteil der SAA (Systems Application Architecture), einem Rahmenwerk, welches es gestatten soll, AS so zu entwickeln, daß sie auf unterschiedlichen Hardware-Architekturen eingesetzt werden können. Die Elemente einer CUA-Bedieneroberfläche zeigt Bild 6.3.2/1.

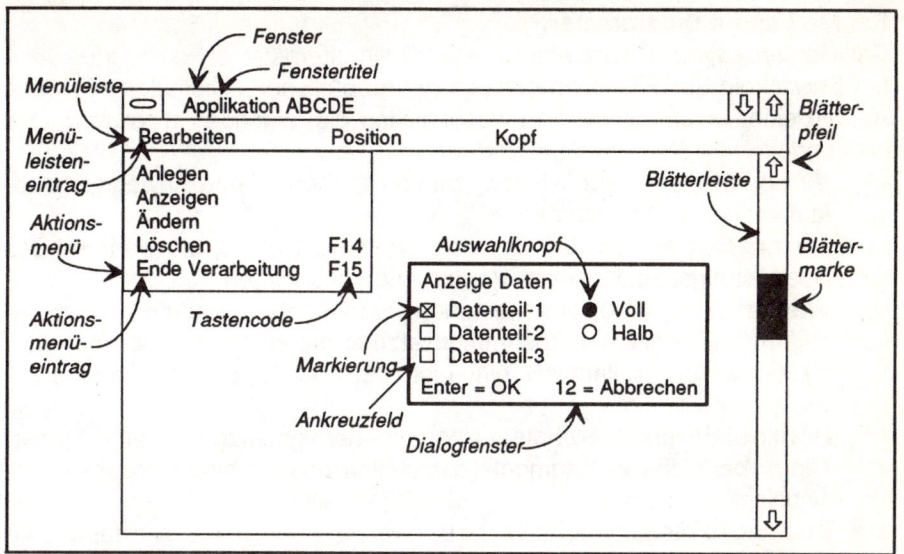

Bild 6.3.2/1:   CUA-Oberflächenelemente

Die CUA-Regeln umfassen im wesentlichen
- allgemein psychologisch-ergonomische Prinzipien, die dem CUA zugrundeliegen,
- eine allgemeine Beschreibung der CUA-Benutzungsoberfläche und wie sie mit entsprechenden Werkzeugen erstellt werden kann,
- detaillierte Darstellungen der einzelnen Elemente einer CUA-Oberfläche sowie
- Anhänge mit Übersichten für Farbgestaltung, Tastenbelegung, Maustastenbelegung etc.

Die CUA-Style Guides behandeln Themen wie das Anordnen der Menüleiste, das Layout von Dialogfenstern oder die Belegung von Funktionstasten.
Die Oberflächen von ADW orientieren sich - wie übrigens sehr viele AS mit graphischer Oberfläche für IBM-kompatible PCs - ebenfalls an den CUA-Regeln.

6.3.3   Werkzeuge zum Entwurf von Benutzungsoberflächen

Das Erstellen von Bildschirmmasken wird durch den *Screen Layout Diagrammer* unterstützt. Die folgenden Ausführungen beschränken sich auf

den Entwurf von text- bzw. zeilenorientierten Bildschirmen, wie sie üblicherweise in Host-Umgebungen vorzufinden sind.

Screen Layout Diagrammer
Der *Screen Layout Diagrammer* gestattet ein interaktives werkzeuggestütz-
tes Entwickeln der Bildschirmmasken mit graphischen Hilfsmitteln. Für den
Aufbau einer Maske werden im wesentlichen die folgenden **Komponenten**
verwendet:
- **Variablen** dienen zur Wiedergabe von Werten, die im Anwendungsab-
  lauf variiert werden können.
- Mit **Anzeigefeldern** definiert man fixe Textbereiche, die während des
  Bearbeitungsablaufs keiner Veränderung unterliegen.
- **Wiederholungsgruppen** bestehen aus Variablen und/oder Anzeigefeldern, die in gleicher Zusammensetzung mehrfach am Bildschirm angezeigt werden sollen, z.B. eine Liste der Kunden, Lieferanten oder Artikel.
- **Horizontale** und **vertikale Linien** werden genutzt, um eine Benutzungsoberfläche in Segmente einzuteilen und so eine bessere Übersichtlichkeit zu erzielen.
- **Rechtecke** dienen ebenfalls dazu, gewisse Ausschnitte in einer Maske
  abzugrenzen.

Zum Gestalten einer Bildschirmmaske sind zunächst Angaben über die spätere Laufzeitumgebung zu machen, z.B. sind technische Daten zur Art des
später verwendeten Bildschirms erforderlich. Dann ist die Größe, d.h. die
Anzahl an Zeilen und Spalten, der Maske zu definieren. Sämtliche Eingaben
sind vom Anwender über Dialogfenster vorzunehmen. Das Werkzeug stellt
dem Benutzer dazu ein Arbeitsfeld mit den zuvor festgelegten Maßen zur
Verfügung.
Der Entwickler gestaltet nun die Benutzungsoberflächen, indem er mausgestützt die Komponenten aus einer sogenannten *Add Palette* auswählt und
diese im Arbeitsfeld an den gewünschten Stellen positioniert.
Den einzelnen Komponenten der Bildschirmmaske können verschiedene Eigenschaften zugewiesen werden, z.B.:
- die Bedeutung eines Feldes, z.B. Paßwort, Systemmeldung oder Fehlermeldung,
- die Leuchtintensität der Darstellung (normal, hoch, gering),
- Schutzmechanismen für einzelne Felder, etwa "Nur Anzeigen" oder
  "Für Eingaben",
- die Farbe eines Feldes oder einer Linie,
- ob ein Feld z.B. blinken soll, unterstrichen ist oder in einer Inversdar-
  stellung sichtbar wird oder
- die Feldlänge.

Diese Eigenschaften sind jeweils in dedizierten Eingabefenstern zu definieren. Den zu verwendenden Variablen lassen sich ebenfalls über ein Eingabefenster der Datentyp, z.B. alphanumerisch, und die Feldlänge zuordnen. Dabei kann der Anwender auf die mit den datenorientierten Werkzeugen erzeugten Datenelemente zurückgreifen und diese entsprechend ihrer Verwendung in den Bildschirmmasken einbinden. Bild 6.3.3/1 zeigt beispielhaft eine mit dem *Screen Layout Diagrammer* definierte Bildschirmmaske.

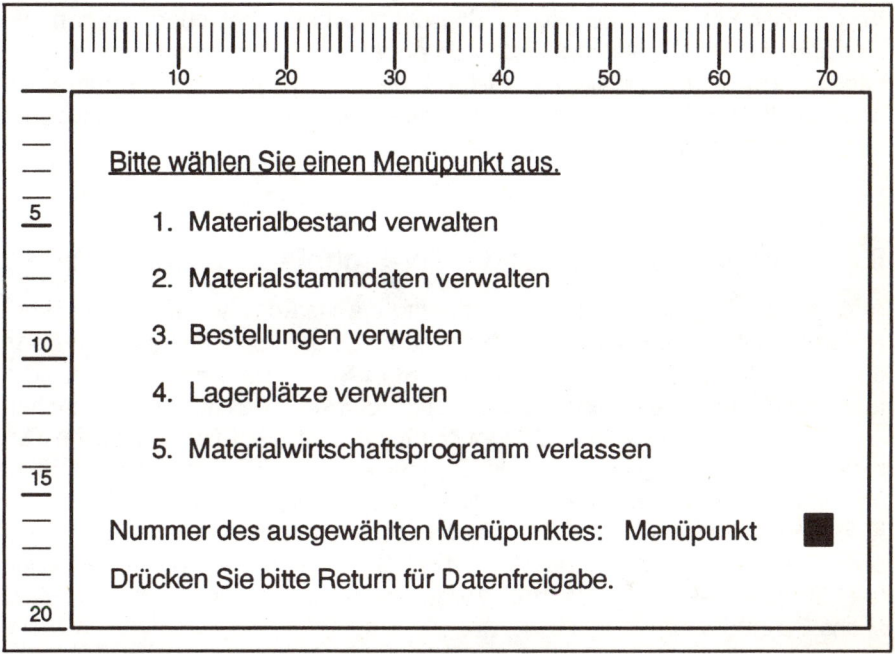

Bild 6.3.3/1:   Beispielhafte Bildschirmmaske

Die Überschrift, die einzelnen Auswahlpunkte sowie die Aufforderung, einen Menüpunkt einzugeben, sind Anzeigefelder. Das kleine Kästchen steht für eine Variable mit dem Namen "Menüpunkt". Hier ist beim späteren AS die Nummer des gewählten Menüpunkts vom Benutzer einzutragen.

Zum Entwickeln **graphischer Benutzungsoberflächen** benötigt man die *Construction Workstation - GUI (Graphical User Interface)*. Dort kann ein sogenannter *Graphical Layout Diagrammer* eingesetzt werden, mit dem sich Benutzungsoberflächen entsprechend den in Bild 6.3.2/1 vorgestellten Elementen gestalten lassen. Die Vorgehensweise ist prinzipiell dieselbe, d.h. die gewünschten Oberflächenelemente werden im Arbeitsfeld positioniert, über Eingabefenster die beabsichtigten Eigenschaften definiert und den verschiedenen Feldern die notwendigen Datenelemente zugeordnet. Das Ein-

halten der graphischen Style Guides, z.B. hinsichtlich der Farbgestaltung
oder der Anzahl von Komponenten in einer Benutzungsoberfläche, bleibt
jedoch der Disziplin des Entwicklers überlassen.

Report Layout Diagrammer
Soll als Ausgabemedium kein Bildschirm, sondern ein Drucker verwendet
werden, dann erzeugt man das gewünschte Listenlayout mittels des *Report
Layout Diagrammers*. Die erzeugte Listenstruktur kann durchaus mit dem
Vorgehen beim Entwerfen eines Bildschirmlayouts verglichen werden. So
sind z.B. über die entsprechenden Eingabefenster Parameter, wie die Anzahl an Zeilen und Spalten je Listen-Seite, zu spezifizieren. Naturgemäß
entfallen jedoch beim Gestalten von Listen bestimmte Optionen, wie etwa
blinkende Darstellungen.

6.4   Vorgehensweise bei der DV-technischen Konzeption

Auch für das DV-technische Konzept sind die Daten- und die Funktionsori-
entierung miteinander zu verknüpfen. Allerdings unterscheidet sich die Form
der Integration von der in der fachlichen Konzeption. Die Ergebnisse des da-
tenbezogenen DV-technischen Konzepts werden ebenfalls im DV-technischen funktionsorientierten Konzept berücksichtigt. Das DV-technische Datenkonzept wird hingegen von den Ergebnissen des DV-technischen Funkti-
onskonzepts nicht direkt berührt. Ein Einfluß besteht nur indirekt über eventuell notwendig gewordene Datenänderungen im zugrundeliegenden fachlichen Konzept, aus denen dann ein neues DV-technisches Konzept herzuleiten ist. Die werkzeuggestützte Vorgehensweise besteht aus insgesamt
sechs Schritten:

1)   Generieren des Datenbank- oder Dateischemas
Aus dem in der fachlichen Konzeption entwickelten Datenmodell und den
zugeordneten Datentypen ist ein Datenbank- bzw. Dateischema herzuleiten.
Dazu muß man zunächst ein konkretes DV-technisches Modell, z.B. das
relationale Datenbankmodell, auswählen. Dann werden die Strukturen des
Datenmodells in das angegebene DV-technische Modell überführt. Beim relationalen Datenbankmodell werden aus Entity- und Relationshiptypen Relationen sowie Beziehungen in Form von Fremdschlüsseln abgeleitet. Zudem
sind die Primärschlüssel festzulegen.

2)   Datentypen festlegen
Jedem Attribut, das im fachlichen Konzept enthalten ist, wird ein Datentyp
zugeordnet. Datentypen sind z.B. CHAR der Länge 1 bis 255, VARCHAR
der Länge 1 bis 255, DATE, TIME, REAL und INTEGER. Beispielsweise

wird dem Attribut "Lieferantenadresse" der Datentyp "CHAR der Länge 30"
zugeordnet.

3) Entwurf der Benutzungsoberflächen/Listen

In diesem Modellierungsschritt gestaltet man die Benutzungsoberflächen -
Bildschirmmasken sowie graphische Benutzungsoberflächen - und die auszugebenden Listen.

4) Entwurf der Struktur des AS

Die Programme und die Module des AS sind zu definieren und zueinander in
Beziehung zu setzen. So ist z.B. festzulegen, welche Module zu einem Programm gehören und welches Modul welche anderen Module aufruft. Graphische Darstellungsform ist das Strukturdiagramm.

5) Entwurf der Modullogik

Die einzelnen Ablaufschritte, z.B. Anzeigen von Benutzungsoberflächen, Datenzugriffe oder Aufruf weiterer Module sind im Modul-Aktionsdiagramm
darzustellen. Für die Konzeption der entsprechenden Verarbeitungslogik
werden die Konstrukte der Strukturierten Programmierung genutzt.

6) Modellprüfungen durchführen

Mit den Modellprüfungen lassen sich alle Elemente des DV-technischen
Konzepts daraufhin testen, ob sie vollständig und korrekt definiert worden
sind, so daß man aus ihnen in der Realisierungsphase Programmcode bzw.
physische Datenbank- oder Dateisysteme erzeugen kann. Die Modellprüfungen werden mit verschiedenen Berichtsfunktionen durchgeführt. Diese
Werkzeuge geben dem Anwender Fehlerlisten aus, mit denen er das entsprechende Element des DV-technischen Konzepts verbessern kann. Wichtige Berichtsfunktionen sind insbesondere:

-   Die Programmanalyse testet ein Programm auf Vollständigkeit und Kor-
    rektheit.
-   Die Modulanalyse führt diese Prüfung für ein Modul durch.
-   Die Datenschemaanalyse bezieht sich auf das modellierte Datenbank-
    bzw. Dateischema.
-   Die Datenstrukturanalyse überprüft die Datenstrukturen in einem Mo-
    dul.
-   Die Benutzungsoberflächenanalyse untersucht die Gestalt der Benut-
    zungsoberflächen.
-   Die Listenanalyse bezieht sich auf die definierten Listen.
-   Die Aufrufanalyse prüft, ob die bei dem Aufruf eines Moduls übergebe-
    nen Parameter korrekt sind.
-   Mit der Datentypanalyse kann man untersuchen, ob alle Datentypen für
    das ausgewählte Datenbank- bzw. Dateischema oder für die ge-
    wünschten Benutzungsoberflächen definiert sind.

Wie durchgeführte Modellierungsprojekte gezeigt haben, bedingt die dargestellte Vorgehensweise Rücksprünge in vorangegangene Schritte, denn es
kann erforderlich sein, bereits ausgeführte Modellierungsarbeiten zu ändern
oder zu ergänzen. Beispielsweise wird beim Entwurf der Modullogik erkannt,
daß eine weitere Benutzungsoberfläche benötigt wird.
Bild 6.4/1 zeigt den Ablauf der dargestellten Modellierungsschritte.

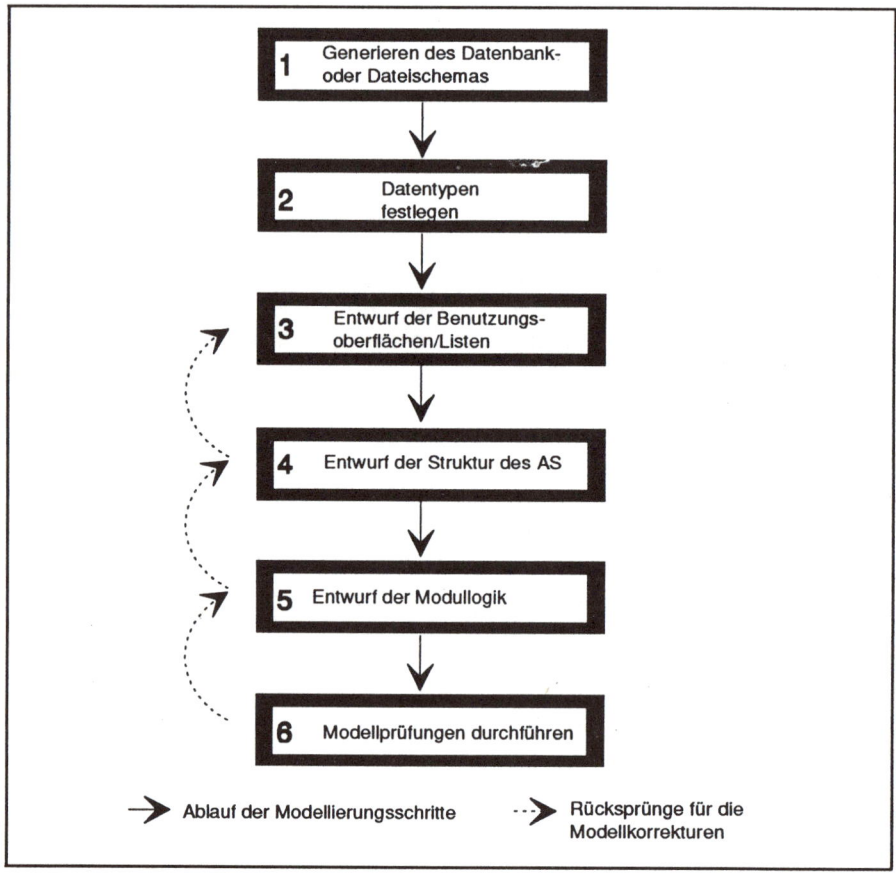

Bild 6.4/1:   Vorgehensweise in der DV-technischen Konzeption

Das CASE-Tool ADW stellt für jeden Modellierungsschritt unterstützende
Werkzeuge bereit. Bild 6.4/2 ordnet die entsprechenden Werkzeuge den
einzelnen Schritten zu.

Modellierungsschritt	Eingesetzte ADW-Werkzeuge
1) Generieren des Datenbank- oder Dateischemas	– Data Translater – Relational Database Diagrammer – Hierarchical Database Diagrammer – File Diagrammer – Data Structure Diagrammer
2) Datentypen festlegen	– Data Type Diagrammer
3) Entwurf der Benutzungsoberflächen/Listen	– Screen Layout Diagrammer – Graphical Layout Diagrammer – Report Layout Diagrammer
4) Entwurf der Struktur des AS	– Structure Chart Diagrammer
5) Entwurf der Modullogik	– Module Action Diagrammer
6) Modellprüfungen durchführen	– Program Analysis (Programmanalyse) – Module Analysis (Modulanalyse) – ANSI Analysis, DB2 Analysis, File Analysis, SAA Analysis (Datenschemaanalyse) – Data Structure Analysis (Datenstrukturanalyse) – Screen Layout Analysis (Benutzungsoberflächenanalyse) – Report Layout Analysis (Listenanalyse) – Call Analysis (Aufrufanalyse) – Data Type Usage Analysis (Datentypenanalyse)

Bild 6.4/2:   Werkzeuge von ADW für die einzelnen Modellierungsschritte

6.5   DV-technische Konzeption in der Fallstudie

Entsprechend der in Abschnitt 6.4 dargestellten Vorgehensweise wird zunächst aus dem Entity Relationship-Modell der fachlichen Konzeption ein Datenbankschema erzeugt. Die Ladenbau GmbH will ein relationales Datenbanksystem einsetzen. Daher muß ein relationales Datenbankschema entworfen werden. Dieses Schema ist zu generieren. Zuvor muß für jeden Entitytyp ein Attribut (Simple Key) bzw. eine Attributkombination (Composite Key) als Primärschlüssel bestimmt oder ein neutraler Primärschlüssel (z.B. Character Token) gewählt werden. Die Benutzungsoberfläche für diese Auswahl zeigt Bild 6.5/1.

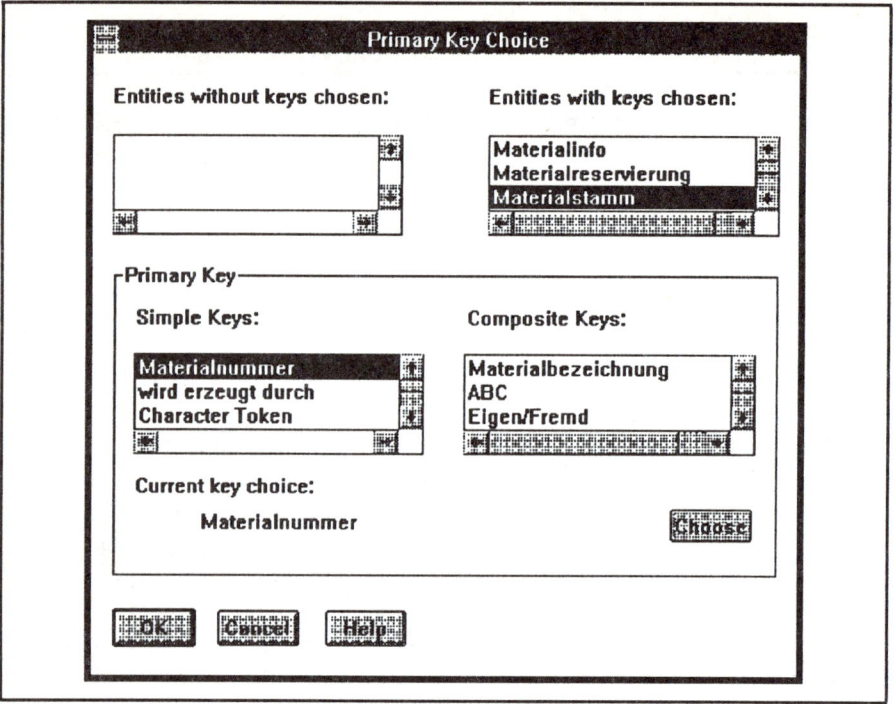

Bild 6.5/1:   Auswahl der Primärschlüssel

Das nach der Auswahl der Primärschlüssel mit dem Data Translator gene-
rierte Datenbankschema zeigt Bild 6.5/2. Relationen werden durch Rechtecke dargestellt. Pfeile symbolisieren die Fremdschlüsselbeziehungen.

Im nächsten Schritt sind für alle Spalten der Relationen die Datentypen zu
bestimmen. Für die Ladenbau GmbH sind folgende Datentypen selbst zu
definieren:
-    Nummer: Jede Nummer ist ein achtstelliger numerischer Wert. Dieser
     Datentyp kann z.B. für Materialnummern, Lieferantennummern und La-
     gerplatznummern verwendet werden.
-    Name: Ein Name ist ein alphanumerischer Datentyp mit einer variablen
     Länge bis maximal 30 Zeichen. Dieser Datentyp wird beispielsweise für
     die anfordernde Abteilung bei einer Materialreservierung oder für die
     Materialbezeichnung im Materialstamm eingesetzt.
-    Menge: Eine Menge ist ein sechsstelliger numerischer Wert. Genutzt
     wird dieser Datentyp z.B. für den Ist-Bestand und den Reservierungs-
     bestand des Materials oder die Menge von Materialzu- bzw. -ab-
     gangspositionen.
Die übrigen Datentypen werden lokal definiert.

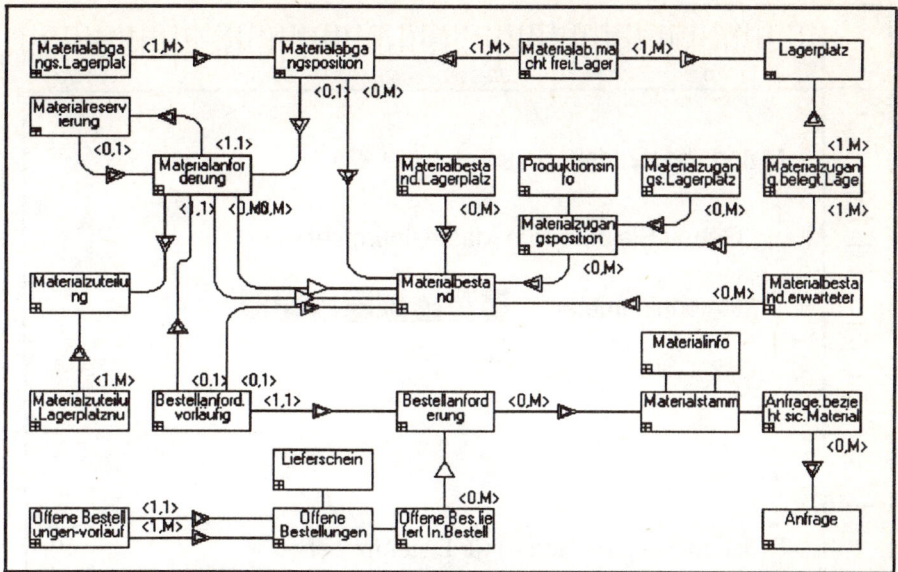

Bild 6.5/2:   Relationales Datenbankschema

Benutzungsoberflächen benötigt man für verschiedene Aufgaben, z.B.:
-   In der Benutzungsoberfläche ist ein Menüpunkt auszuwählen (vgl. Bild
    6.3.3/1).
-   Es soll nur ein Wert vom Benutzer erfragt werden, z.B. eine Material-
    nummer (vgl. Bild 6.5/3).
-   Mit der Benutzungsoberfläche sollen ausschließlich Informationen an-
    gezeigt werden. Beispielsweise werden die Bestandsdaten für genau
    ein Material angezeigt (vgl. Bild 6.5/4.).

In dem hier modellierten Materialwirtschaftssystem wird zunächst auf den
Einsatz von Listen verzichtet. Sie lassen sich bei Bedarf jedoch nachträglich
entsprechend den Benutzungsoberflächen definieren.

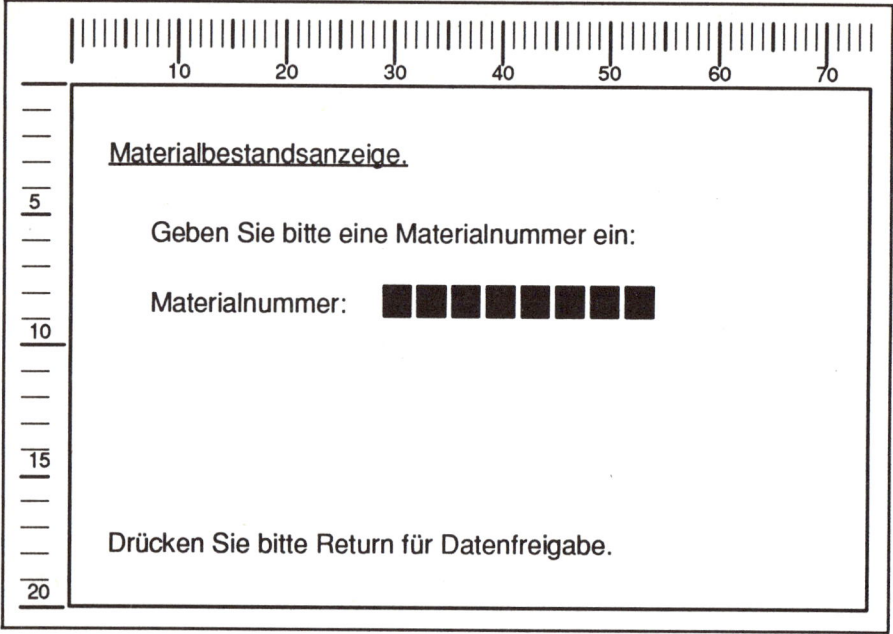

Bild 6.5/3:   Benutzungsoberfläche "Frage Materialbestandsanzeige"

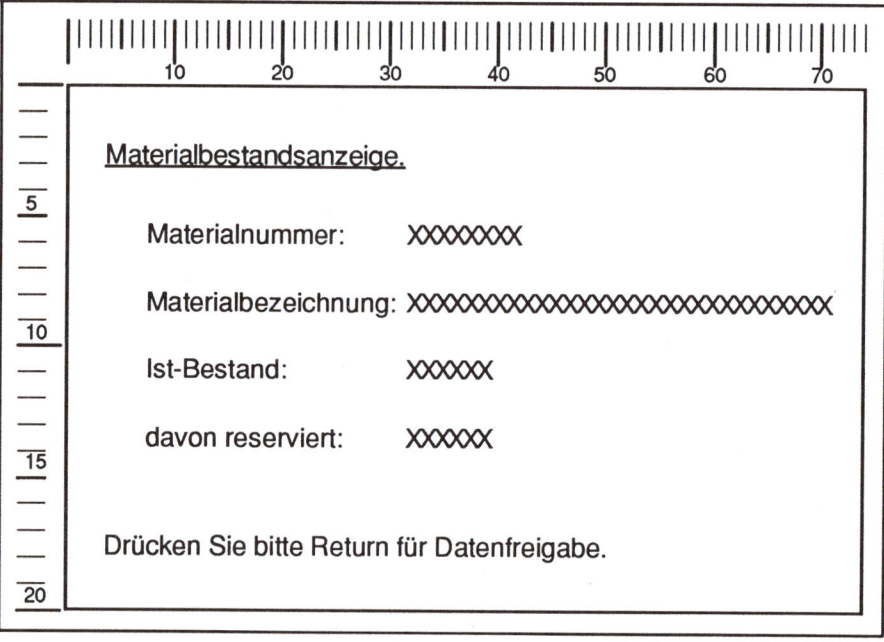

Bild 6.5/4:   Benutzungsoberfläche "Materialbestandsanzeige"

Im nächsten Schritt sind die Strukturdiagramme zu entwickeln. Das AS für die Ladenbau GmbH benötigt nur ein Programm, die "Materialwirtschaft". Dieses Programm hat genau ein Eingangsmodul, nämlich das Modul "Auswahl - gesamt". Dem Eingangsmodul sind vier weitere (Haupt-)Module untergeordnet, eines für jeden der in der fachlichen Konzeption dargestellten Aufgabenbereiche. Ruft man das Programm "Materialwirtschaft" auf, so wird zunächst das Modul "Auswahl - gesamt" aktiv. In diesem Modul muß der Benutzer entscheiden, welche Aktion er tätigen möchte. In Abhängigkeit von dieser Entscheidung wird eines der vier untergeordneten Module aufgerufen. Dazu verwendet man einen intern-synchronen Call, da die Steuerung immer zum Modul "Auswahl - gesamt" zurückgehen soll, bis das Programm "Materialwirtschaft" in dieser Ebene abgebrochen wird. Das einfache Strukturdiagramm bis zum beschriebenen Detaillierungsgrad zeigt Bild 6.5/5.

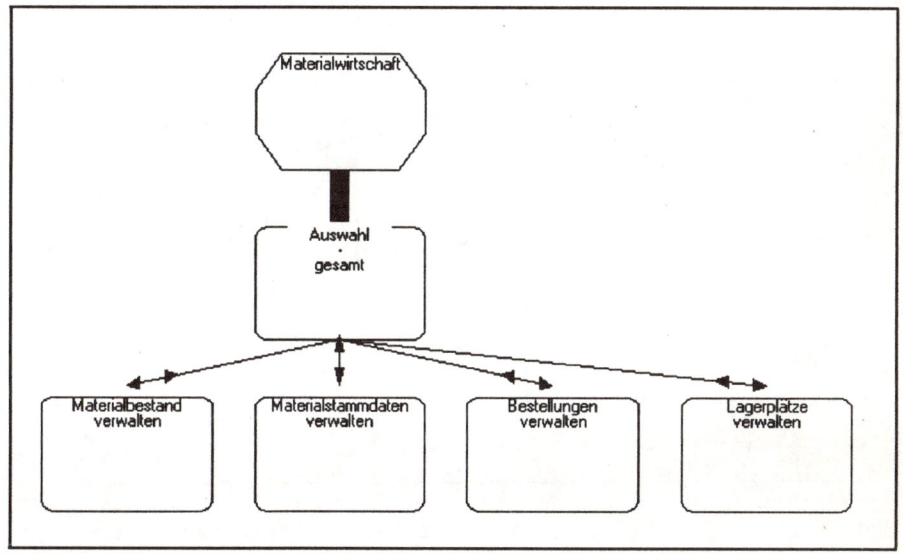

Bild 6.5/5:   Strukturdiagramm des AS zur Materialwirtschaft
                 (Hauptmodule)

Jedes der vier Module, die vom Modul "Auswahl gesamt" aufgerufen werden, aktiviert weitere Module. Der Aufbau eines solchen zu einem Hauptmodul gehörenden Strukturdiagramms wird beispielhaft am Modul "Materialbestand verwalten" (vgl. Bild 6.5/6) dargestellt.

Wird das Modul "Materialbestand verwalten" aufgerufen, so muß der Benutzer auswählen, ob er Material zubuchen, abbuchen oder sich einen Materialbestand anzeigen lassen möchte. Das entsprechende Modul wird aufgerufen. Die Aktionen "Materialbestand anzeigen" und "Materialbestand abbuchen" lassen sich mit je einem Modul durchführen, da sie nicht sehr umfangreich sind. Das Zubuchen eines Materialbestands hingegen besteht aus mehreren Teilaufgaben. Der Materialzugang ist physisch einzubuchen, dafür sind ein oder mehrere Lagerplätze zuzuteilen. Die entsprechende Offene Bestellung ist mit dem Materialzugang abzugleichen. Zuletzt ist zu prüfen, ob das eingegangene Material bereits reserviert ist. In diesem Fall wird die Reservierung bearbeitet. Diese Teilaufgaben sind zusammen zu umfangreich, um sie übersichtlich in einem Modul abzubilden. Daher erfolgen die Zuteilung der Lagerplätze, der Abgleich mit Offenen Bestellungen sowie das Überprüfen der Reservierung in eigenen Modulen, die aus dem Modul "Materialbestand zubuchen" aufgerufen werden.

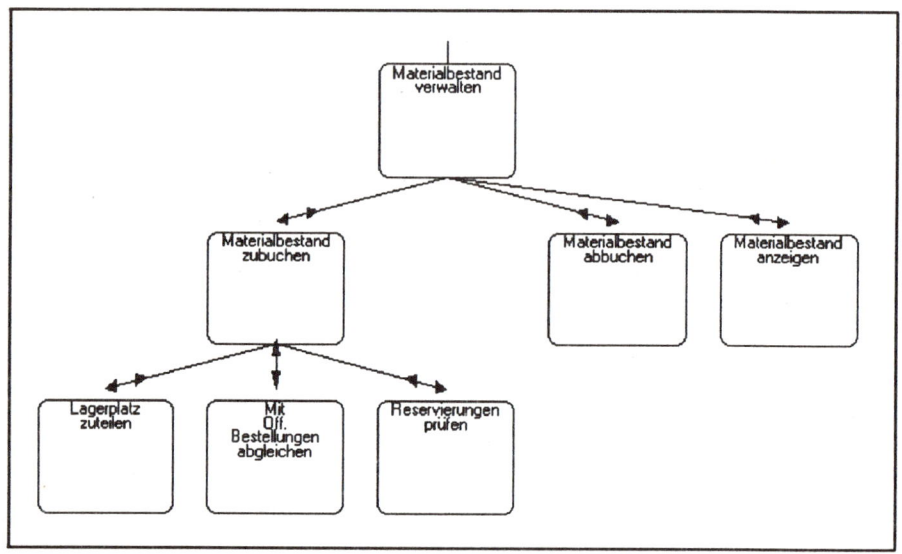

Bild 6.5/6:   Strukturdiagramm des Moduls "Materialbestand verwalten"

Im nächsten Modellierungsschritt ist für jedes definierte Modul die Verarbeitungslogik festzulegen. Im Modul "Auswahl - gesamt" (vgl. Bild 6.5/7) soll der Benutzer entscheiden, ob er den Materialbestands-, die Materialstamm-, die Bestellungs- oder die Lagerplatzdaten bearbeiten möchte bzw. ob er das Materialwirtschaftsprogramm verlassen will. Diese Auswahl wird folgendermaßen getroffen: Dem Benutzer wird die Benutzungsoberfläche "Auswahlbildschirm gesamt" angezeigt (vgl. Bild 6.3.3/1). Er trägt in das entsprechende Feld ("Menüpunkt") die Nummer der ausgewählten Aktion ein. Das Programm liest diesen aktuellen Wert der lokalen Variablen "Menüpunkt". Das zugehörige Modul wird aufgerufen und abgearbeitet. Danach geht die Steuerung an das Modul "Auswahl - gesamt" zurück. Der dargestellte Verarbeitungsablauf ist so lange zu wiederholen, bis der Benutzer

Menüpunkt 5 ("Materialwirtschaftsprogramm verlassen") wählt. Dann ist die "do until" Bedingung erfüllt, das Programm bricht ab.

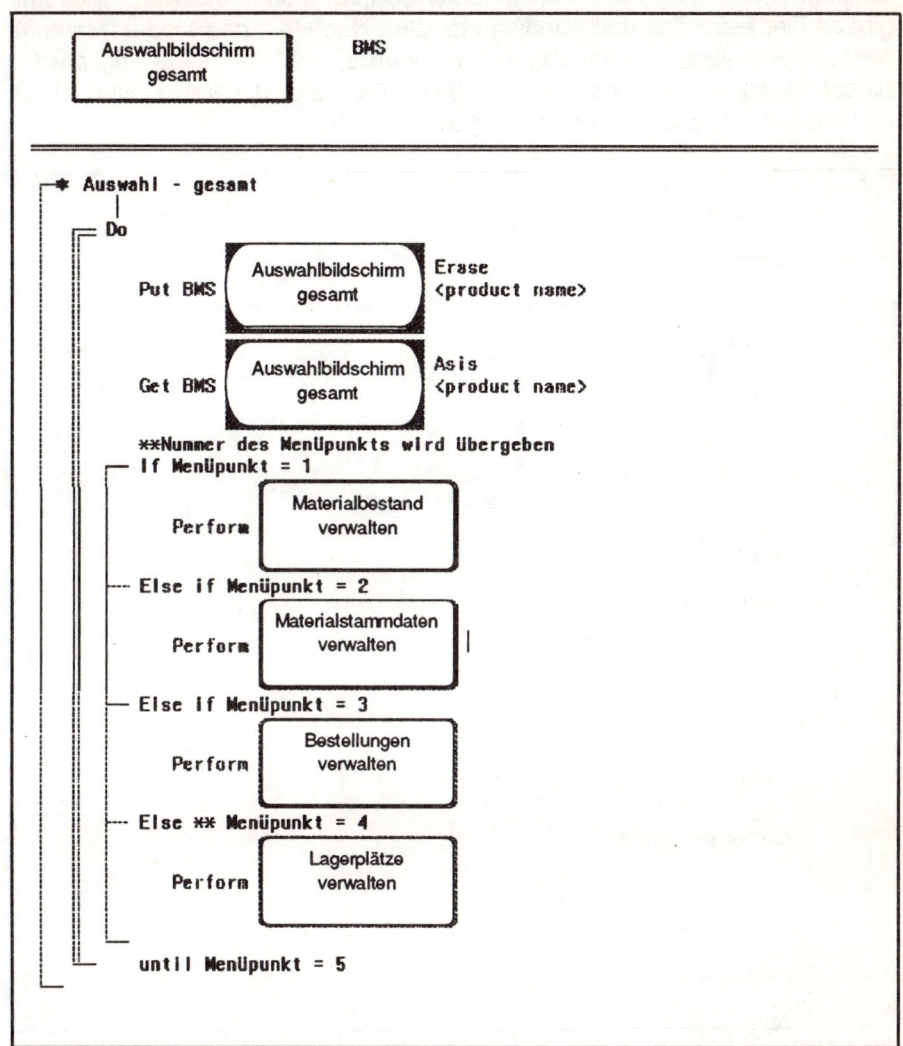

Bild 6.5/7:   Modul-Aktionsdiagramm "Auswahl - gesamt"

Wählt man im Modul "Auswahl gesamt" beispielsweise Menüpunkt 1 ("Materialbestand verwalten", vgl. Bild 6.3.3/1) aus, so wird das Modul "Materialbestand verwalten" aufgerufen. Die Verarbeitungslogik dieses Moduls ist nun festzulegen. Zunächst muß der Benutzer wieder über eine Benutzungsoberfläche ("Menü1") eine Aktion angeben. Hier kann er Material zum Materialbestand zubuchen, vom Materialbestand abbuchen oder sich den

Materialbestand anzeigen lassen. Die Entscheidung wird in einer lokalen Variablen "Menüpunkt" abgelegt. Über den Wert der Variablen wird das zugehörige Modul aufgerufen. Im Unterschied zum Modul "Auswahl - gesamt" gibt es hier keine "do-until"-Bedingung, d.h.: Nachdem das Modul "Materialbestand verwalten" einmal abgearbeitet wurde, geht die Steuerung an das Modul "Auswahl - gesamt" zurück. Bild 6.5/8 zeigt die Verarbeitungslogik des Moduls "Materialbestand verwalten".

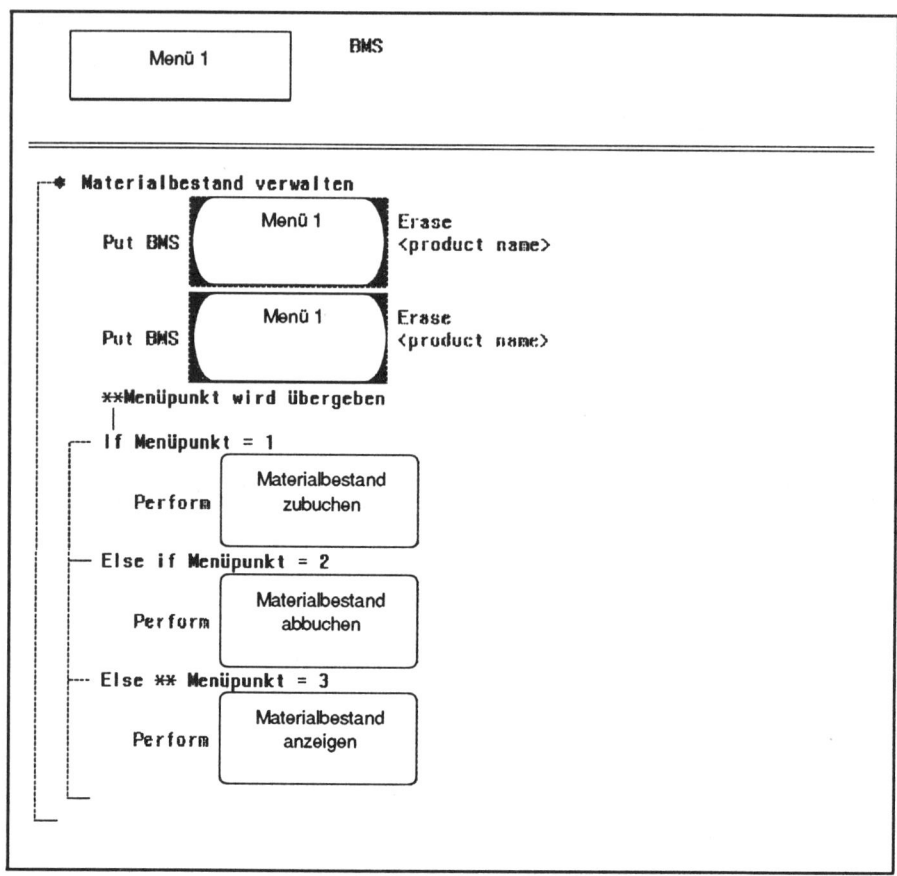

Bild 6.5/8:   Modul-Aktionsdiagramm "Materialbestand verwalten"

Das Modul "Materialbestand verwalten" ruft eines der drei Module "Materialbestand zubuchen", "Materialbestand abbuchen" oder "Materialbestand anzeigen" auf (vgl. Bild 6.5/8). Deren Verarbeitungslogik bleibt noch zu definieren.

Als Beispiel für die Veränderung des Materialbestands wird hier das Zubuchen zum Materialbestand dargestellt. Dafür ist zunächst die Materialzugangsposition aus der Datenbank zu lesen. Über deren Materialnummer sucht man in der Relation "Materialbestand" die zugehörigen Materialbestandsdaten. Der Materialbestand wird um die Materialzugangsposition erhöht, danach ist die Relation "Materialbestand" zu aktualisieren. Nach dem mengenmäßigen Einbuchen des Materialzugangs müssen ein oder mehrere Lagerplätze zugeteilt werden. Dazu wird das Modul "Lagerplatz zuteilen" aufgerufen. Anschließend ist der Materialzugang mit den zugehörigen offenen Bestellungen abzugleichen. Dies geschieht im Modul "Mit Offenen Bestellungen abgleichen". Zuletzt bleibt zu prüfen, ob das eingegangene Material bereits reserviert ist. Liegt eine Reservierung vor, ist sie zu bearbeiten. Dafür wird das Modul "Reservierungen prüfen" aufgerufen. Bild 6.5/9 zeigt die Verarbeitungslogik des Moduls "Materialbestand zubuchen".

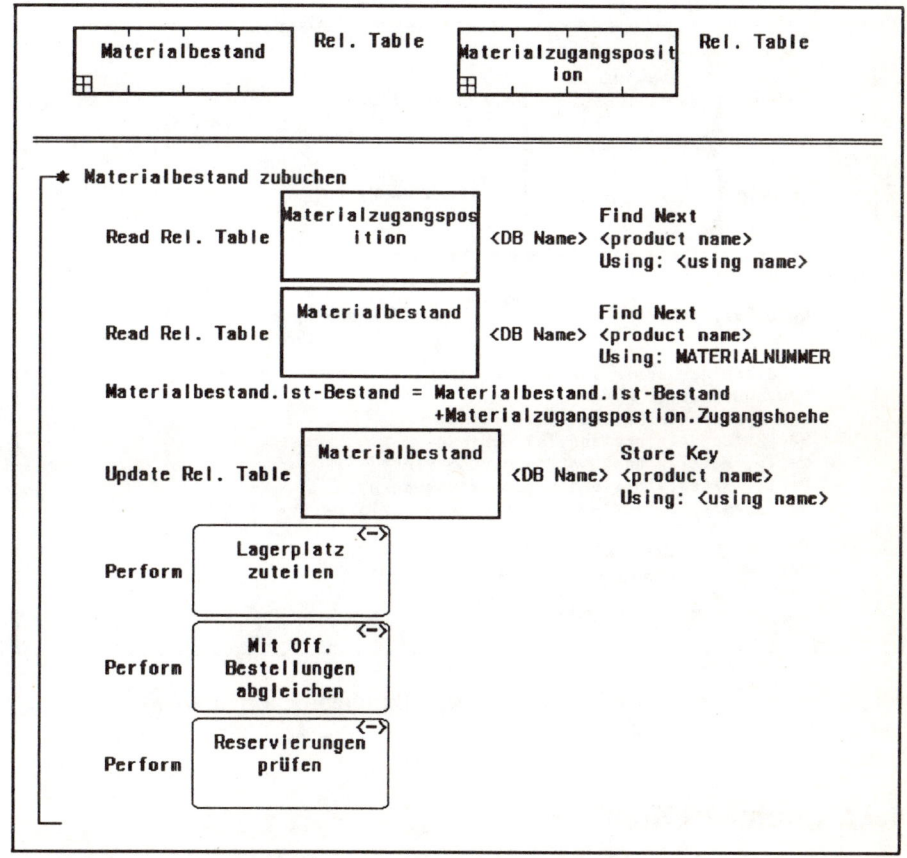

Bild 6.5/9:   Modul-Aktionsdiagramm "Materialbestand zubuchen"

Um einen Materialbestand anzuzeigen, muß der Benutzer zunächst die Materialnummer des gewünschten Materials angeben. Das erfolgt in der Benutzungsoberfläche "Frage Materialbestandsanzeige" (vgl. Bild 6.5/3). Über diese Materialnummer können nun aus der Relation "Materialbestand" die entsprechenden Daten gelesen und den Variablen der Benutzungsoberfläche "Materialbestandsanzeige" (vgl. Bild 6.5/4), welche die Daten anzeigen soll, zugeordnet werden. Anschließend ist diese Benutzungsoberfläche mit den aktuellen Werten der Variablen aufzurufen. Das Aktionsdiagramm zu dem Modul "Materialbestand anzeigen" stellt Bild 6.5/10 dar.

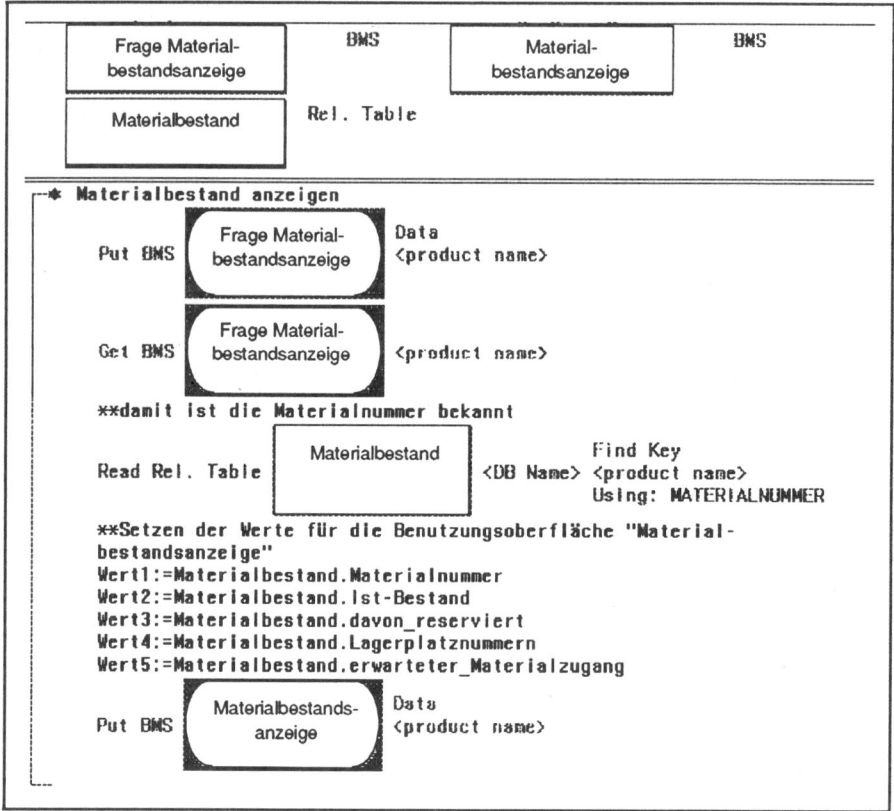

Bild 6.5/10:   Modul-Aktionsdiagramm "Materialbestand anzeigen"

6.6 Literatur zu Kapitel 6

Codd 72   Codd, E. F., Further Normalization of Database Relational Model, Englewood Cliffs 1972.

Mainka 90	Mainka, O., CUA in der Praxis. Wunsch und Wirklichkeit, in: Bullinger, H.J. (Hrsg.), Software-Ergonomie in der Praxis, Berlin u.a. 1990, S. 185 - 197.
Martin 87	Martin, J., Einführung in die Datenbanktechnik, München u.a. 1987.
Martin 90	Martin, J., Information Engineering, Book III: Design and Construction, Englewood Cliffs 1990.
Mertens et al. 93	Mertens, P., Bodendorf, F., König, W., Picot, A. und Schumann, M., Grundzüge der Wirtschaftsinformatik, 2. Aufl., Berlin u.a. 1993.
Raasch 92	Raasch, J., Systementwicklung mit Strukturierten Methoden, München u.a. 1992.
Schach 90	Schach, S. R., Software Engineering, Boston 1990.
Stickel 91	Stickel, E., Datenbank Design - Methoden und Übungen, Wiesbaden 1991.
Schlageter et al. 83	Schlageter, G. und Stucky, E., Datenbanksysteme: Konzepte und Modelle, Stuttgart 1983.
Suhr et al. 93	Suhr, R. und Suhr, R., Software Engineering, München u.a. 1993.
Wedekind 93	Wedekind, H., Kaufmännische Datenbanken, Mannheim u.a. 1993.
Zeidler et al. 92	Zeidler, A. und Zellner, R., Software-Ergonomie: Techniken der Dialoggestaltung, München u.a. 1992.
Ziegler et al. 93	Ziegler, J. und Ilg, R. (Hrsg.), Benutzergerechte Software-Gestaltung - Standards, Methoden und Werkzeuge, München u.a.1993.

7 Realisierung von Anwendungssystemen

In der Realisierungsphase werden die detaillierten Spezifikationen des DV-technischen Konzepts in produktiv nutzbare Applikationen umgesetzt [vgl. u.a. Martin 90]. Dabei sind im wesentlichen:
- auf der Grundlage der logischen Datenstrukturen die physischen Datenstrukturen einzurichten,
- der Quellcode zu programmieren und
- die Benutzungsoberflächen anzulegen.

Für jeden dieser Schritte bestehen Optionen. So kann man unter verschiedenen Datenbanken wählen oder unterschiedliche Programmiersprachen für die Implementierung nutzen. Auf welche Art und Weise letztendlich das DV-technische Konzept umgesetzt wird, ist u.a. von den Vorgaben und Richtlinien des Unternehmens, der bereits vorhandenen Systemumgebung (Hardware, Systemsoftware, systemnahe Software) und/oder von der für das AS vorgesehenen Systemumgebung abhängig. In der Praxis findet man für AS im kommerziellen Bereich als Implementierungsumgebung sehr häufig die Kombination prozedurale Programmiersprache und Mainframe in Verbindung mit einer auf dem Großrechner installierten Datenbank (z.B. COBOL als Programmiersprache und eine Host-Umgebung von IBM; als Datenbanksysteme auf den IBM-Maschinen werden gewöhnlich IMS (hierarchisch) oder DB2 (relational) eingesetzt).

Dieses Kapitel soll zeigen, welche grundlegenden Alternativen bestehen, um das DV-technische Konzept in lauffähige AS zu überführen. Dazu werden traditionelle Werkzeuge zur Anwendungssystementwicklung, Anwendungssystemgeneratoren und Sprachen der vierten Generation vorgestellt.

7.1 Konventionelle Werkzeuge zur Programmerstellung

Die DV-Unterstützung beim Implementieren eines Programms in einer prozeduralen Programmiersprache gehört zu der am längsten genutzten und verbreitetsten Ausprägung der werkzeuggestützten Anwendungssystementwicklung. Standardwerkzeuge in diesem Bereich sind Programmeditoren, Übersetzer und Testhilfen (vgl. auch Bild 3.3.1/1) [vgl. u.a. Stahlknecht 93, S. 108 ff.].

Mit **Programmeditoren** erstellt man im Dialog den in der gewünschten Programmiersprache abzufassenden Quellcode. Programmeditoren arbeiten ähnlich wie Textverarbeitungssysteme, d.h. jede Programmzeile ist in der Syntax der gewählten Sprache vom Programmierer manuell einzugeben. Die Tätigkeit vereinfacht sich - je nach Funktionalität des eingesetzten Editors - durch typische Textverarbeitungsoptionen wie Änderungsfunktionen (Ersetzen, Löschen, Einfügen), Kopierfunktionen, Blättern im Programmtext oder das Arbeiten in mehreren Textfenstern. Modernere Editoren übernehmen beispielsweise beim Eintippen des Programms automatisch Prüfungen, ob der Programmierer die entsprechenden Syntaxvorschriften der verwendeten Programmiersprache auch einhält.

Um ein ablauffähiges Programm zu erhalten, muß der mit Hilfe eines Editors erstellte Quellcode von einem **Übersetzungsprogramm** in eine maschinenabhängige Sprache übersetzt werden. Die wichtigsten Typen von Übersetzungsprogrammen sind Compiler und Interpreter. Compiler übersetzen den Quellcode als Ganzes in einen sogenannten ausführbaren Code (Objektcode). Dabei erfolgt automatisch eine Syntaxprüfung. Syntaxverletzungen werden angezeigt bzw. lassen sich ausdrucken. Sie müssen vom Programmierer vor dem nächsten Kompilierungsvorgang vollständig beseitigt werden. Mit Hilfe der sogenannten Binder (Linker) und Lader (Loader) werden Hilfsprogramme für Standardroutinen, z.B. für die Ein- und Ausgabe, in den Objektcode eingebunden oder mehrere, getrennt kompilierte Module zu einem Programm zusammengeführt. Anschließend kann das vollständige Programm zum Ablauf gebracht werden. Bei einem Interpreter wird ein Quellprogramm nicht als Ganzes, sondern zeilenweise übersetzt und unmittelbar ausgeführt.

Übersetzungsprogramme identifizieren nur Fehler, die sich aus einer Verletzung der Sprachsyntax ergeben. Fehler in der Verarbeitungs- bzw. Ablauflogik können sie jedoch nicht ermitteln. Hierfür lassen sich **Testhilfen** (Debugger) nutzen. Mit einem Debugger kann beispielsweise ein Programm in "Zeitlupe" betrachtet werden. Damit verzögert man einen Programmdurchlauf so stark, daß er zeilenweise verfolgt werden kann. Logische Fehler im Programmablauf, etwa falsche Verzweigungen, unrichtige Ergebnisse oder Endlosschleifen lassen sich dadurch einfacher feststellen.

Ein Beispiel für ein leistungsfähiges konventionelles Werkzeug zur Programmerstellung ist die COBOL Workbench der Micro Focus Inc. [vgl. Micro Focus 93]. Wichtige Komponenten dieses Werkzeugs sind der Editor, der Checker, der Concurrent Edit/Check, der Animator Source Code Debugger sowie der Compiler.
-   Mit dem Editor wird der Quellcode eines späteren Programms erstellt. Ein effizientes Arbeiten wird dabei z.B. durch Änderungs- und Kopierfunktionen ermöglicht. Der Editor dieser COBOL-Workbench ermöglicht die Arbeit in mehreren Textfenstern.

- Der Checker überprüft die Syntax eines Programms und erzeugt eine Fehlermeldung, sobald ein Fehler gefunden wurde. Mit dem Checker gibt es zwei Alternativen für die Fehlersuche. Zum einen arbeitet der Checker nur solange, bis er einen Fehler gefunden hat, und gibt dann die Fehlermeldung aus. Der Benutzer kann den Fehler beheben und danach den Checker neu starten. Zum anderen kann eine vollständige Syntax-Überprüfung stattfinden. Nachdem das gesamte Programm nach Fehlern durchsucht wurde, gibt der Checker eine Liste mit allen gefundenen Fehlern aus.
- Der Concurrent Edit/Check überprüft den Quellcode bereits bei der Eingabe auf Syntaxfehler.
- Der Animator Source Code Debugger zeigt die schrittweise Ausführung eines Programms. Dabei kann man den Ablauf über eine beliebige Anzahl aufgerufener Unterprogramme hinweg verfolgen. Bearbeitet das Programm Daten, so zeigt dieser Debugger dem Benutzer an, welche Daten wie geändert werden.
- Der Compiler erzeugt aus dem Quellprogramm einen optimierten Objektcode.

Das Implementieren von AS mit prozeduralen Sprachen ist trotz des Einsatzes von Editoren, Übersetzungsprogrammen und Testhilfen ein mühsamer und aufwendiger Weg, um produktiv nutzbare AS zu erhalten. Wege, um AS rationeller zu erstellen, gehen in verschiedene Richtungen. Im folgenden sollen zwei Varianten - Anwendungssystemgeneratoren und Sprachen der 4. Generation -, die in der Praxis eine recht breite Durchdringung bei der Anwendungssystementwicklung gefunden haben, vorgestellt werden.

7.2 Anwendungssystemgeneratoren

Mit Anwendungssystemgeneratoren verfolgt man das Ziel, den Schreibaufwand von prozeduralem Quellcode zu reduzieren bzw. diesen Vorgang soweit wie möglich zu automatisieren [vgl. Hildebrand 90, S. 153 ff.]. Dabei wird der Quellcode nicht mehr mit Editoren ausführlich Zeile für Zeile in der Syntax der Programmiersprache eingegeben. Stattdessen soll es genügen, die detaillierte Ablauf- und Verarbeitungslogik graphisch und/oder anhand weniger, gegenüber einer Programmiersprache syntaktisch einfacher gehaltenen Statements, zu spezifizieren. Ein Generator verwendet diese einfachen und schneller zu erstellenden Spezifikationen, um daraus den vollständigen Quellcode oder ggf. auch unmittelbar den Objektcode zu erzeugen. Der Einsatz eines Generators läßt sich daher mit der Verwendung von Makros vergleichen.

Eine derartige Vereinfachung/Automatisierung ist vor allem bei mehrfach in ähnlicher Form wiederkehrenden Software-Lösungen rationell. Solche gut strukturierbaren Programmelemente findet man vor allem

- beim Generieren von Programmrahmen, z.B. dem Erstellen von Programmköpfen,
- beim Entwickeln von Benutzungsoberflächen mittels sogenannter Maskengeneratoren,
- beim Erzeugen von Menüs,
- beim Gestalten von Listen mittels Listengeneratoren oder
- beim Umsetzen von Entscheidungstabellen in Entscheidungsprozeduren.

Die mit einem Generator erzielbaren Effizienzverbesserungen in der Anwendungssystementwicklung sind allerdings auch mit verschiedenen Nachteilen verbunden. So sind die mit einem Generator erstellten AS hinsichtlich der Speicherausnutzung oder der Performance manuell erstelltem und "getuntem" Quellcode i.d.R. unterlegen. Darüber hinaus kann es auch der Fall sein, daß generierter Code von Hand nachbearbeitet werden muß, wodurch sich die Vorteile des Generators ebenfalls reduzieren.

7.3   Sprachen der 4. Generation

Programmiert man mittels einer prozeduralen Sprache, muß man das WIE der Problemlösung Schritt für Schritt formulieren. Dagegen arbeitet man mit Sprachen der 4. Generation stärker deskriptiv, d.h. man spezifiziert lediglich, WAS programmiert werden soll [vgl. Hansen 92, S. 65 ff.]. Zur Einordnung der Sprachen der 4. Generation gibt das folgende Bild (Bild 7.3/1) einen möglichen Überblick zu den verschiedenen Generationen von unterschiedlichen Sprachen.

Versucht man beispielsweise, einem Fremden in der Stadt den Weg zum Bahnhof zu erklären, wird man prozedural vorgehen, z.B. "Gehen Sie die Straße 500 m hinunter, biegen Sie dann links ab, dann geradeaus und an der dritten Kreuzung links...". Ist man dagegen selbst fremd in einer Stadt und möchte mit einem Taxi zum Bahnhof gelangen, wird man das Problem deskriptiv formulieren, etwa in der Form "Bitte zum Bahnhof". Die konkrete Ablauffolge fügt der Problemlöser, d.h. der Taxifahrer - bei einer Sprache der 4. Generation der Übersetzer -, hinzu.

Solche Sprachen der 4. Generation sind aufgrund ihrer Eigenschaften daher vorwiegend zum Bearbeiten von Datenbeständen, insbesondere dem Abfragen und Anzeigen von Daten, geeignet. Umfangreiche Datenmanipulationen, wie z.B. Berechnungen, werden dagegen von diesen Sprachen nicht so gut unterstützt.

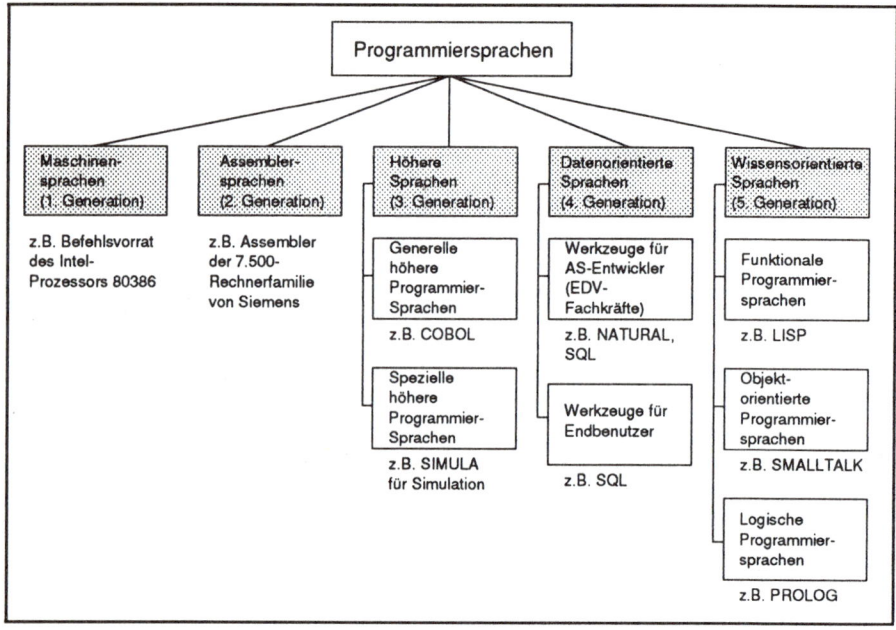

Bild 7.3/1:   Einordnung von Programmiersprachen [vgl. Hansen 92]

Um dies zu leisten, sind bei einer Sprache der 4. Generation eine Vielzahl von Befehlen zur Datenmanipulation, Maskensteuerung oder Datenbankabfrage bereits vordefiniert. Bei einer prozeduralen Sprache hingegen müssen die entsprechenden Anweisungen erst Zeile für Zeile codiert werden. Die deskriptiven Sprachen weisen somit eine höhere Mächtigkeit in ihren Befehlen auf. Allerdings darf nicht übersehen werden, daß sich hinter diesen mächtigen Befehlen oft umfangreiche, in einer prozeduralen Sprache verfaßte Anweisungsfolgen verbergen.

Weit verbreitete und häufig angewandte Vertreter der Sprachen der 4. Generation sind Abfragesprachen für Datenbanksysteme, z.B. SQL als Quasi-Standardsprache für relationale Datenbanken oder dBASE für das gleichnamige PC-Datenbanksystem (vgl. dazu Abschnitt 6.1.3.3).

Neben einer produktiveren Programmierung liegen die Vorteile einer deskriptiven Programmcodierung in der geringeren Programmgröße, woraus eine bessere Lesbarkeit sowie eine bessere Wartbarkeit resultiert. Allerdings gehen diese Verbesserungen, ähnlich wie bei mit Programmgeneratoren erstellten AS, zu Lasten der Performance eines Programms.

7.4 Code-Generierung am Beispiel eines Werkzeugs zur Anwendungssystementwicklung

Damit aus den im DV-technischen Konzept vorgenommenen Spezifikationen ablauffähiger Programmcode auch für unterschiedliche Hardware-Umgebungen erzeugt werden kann, sind jeweils spezielle Generatoren erforderlich. Um unterschiedliche Laufzeitumgebungen abdecken zu können, bieten sich dem ADW-Benutzer vier Optionen: *Construction Workstation-GUI*, *Construction Workstation-400*, *Construction Workstation-MVS* und *Cross System Product Enablement Facility*.

- Für eine PC-basierte Anwendungssystemumgebung unter den Betriebssystemen MS-DOS mit der graphischen Oberfläche Windows sowie OS/2 mit dem Presentation Manager ist die *Construction Workstation-GUI* einzusetzen. Diese kann auch dann verwendet werden, wenn eine Client-Server-Architektur im Unternehmen eingesetzt wird, in der z.B. sämtliche Daten auf einem zentralen Rechner, dem Server, gehalten werden, die Anwendungsprogramme jedoch vor Ort, d.h. auf PCs in den Fachabteilungen, installiert sind.
- Die *Construction Workstation-400* ist dann zu nutzen, wenn ein Unternehmen AS/400-Rechner von IBM verwendet. Bei den AS/400-Rechnern handelt es sich um Anlagen der sogenannten "Mittleren Datentechnik".
- In vielen größeren Unternehmen findet man als Laufzeitumgebung für kommerzielle Applikationen Großrechner von IBM unter dem Betriebssystem MVS. Diese Zielgruppe wird durch die *Construction Workstation-MVS* bedient.
- Das DV-technische Konzept kann auch zur IBM-eigenen Entwicklungsumgebung CSP (Cross System Product) exportiert werden. Die CSP-Entwicklungsumgebung (*CSP Enablement Facility*) liest die Spezifikationen und generiert dann speziell für diese Laufzeitumgebung die entsprechenden Programme.

Die Generatoren der verschiedenen Workstations arbeiten nach demselben Prinzip. Dabei dienen die Elemente des DV-technischen Konzepts, wie z.B. die Strukturdiagramme, die Modul-Aktionsdiagramme, die Benutzungsoberflächen sowie die Datenbankschemata als Input. Sofern sämtliche Syntaxanforderungen beim Erstellen der Spezifikationen eingehalten werden, liefern die Generatoren

- die notwendigen Datenbankbeschreibungen, z.B. zum Anlegen der Tabellen in einem relationalen Datenbanksystem sowie
- den COBOL-Quellcode für die jeweilige Zielumgebung.

Dieser Code bedarf dann gewöhnlich noch einer gewissen "Feinabstimmung", bevor er von einem COBOL-Compiler in maschinenlesbaren Objektcode übersetzt wird. Vorteilhaft ist dabei insbesondere, daß z.B. aus identischen Spezifikationen der Datenstrukturen sowohl die erforderlichen Datenbankstatements als auch die für das Verarbeiten der Daten in einem COBOL-Programm notwendige Data Division abgeleitet werden.

Um jedoch eine realistische Einschätzung der Generatoren für eine effiziente Anwendungssystementwicklung vornehmen zu können, ist zu berücksichtigen, daß beispielsweise die werkzeuggestützte Modulspezifikation in der DV-technischen Konzeption in Verbindung mit einem COBOL-Generator nur begrenzte Rationalisierungspotentiale gegenüber der traditionellen Programmierung mit einem komfortablen COBOL-Editor bietet.

Als kritisch ist zudem anzusehen, daß nur COBOL-Code generiert werden kann. Setzt ein Unternehmen beispielsweise als PC-Entwicklungsumgebung die Sprache C ein, wäre das DV-technische Konzept allenfalls als Programmiervorlage verwendbar.

7.5 Literatur zu Kapitel 7

Hansen 92   Hansen, H. R., Wirtschaftsinformatik I, Stuttgart 1992.

Hildebrand 90   Hildebrand, K., Software Tools: Automatisierung im Software Engineering, Berlin u.a. 1990.

Martin 90   Martin, J., Information Engineering, Book III: Design and Construction, Englewood Cliffs 1990.

Micro Focus 93   Micro Focus (Hrsg.), Micro Focus COBOL Workbench for DOS, Windows and OS/2, Mainframe Programmer's Guide, o.O. 1993.

Stahlknecht 93   Stahlknecht, P., Einführung in die Wirtschaftsinformatik, Berlin u.a. 1993.

8 Prototyping von Anwendungssystemen

Das phasenorientierte Vorgehen in der Anwendungssystementwicklung mit einem jeweils vollständig zu erarbeitenden fachlichen Konzept (vgl. Kapitel 5), DV-technischen Konzept (vgl. Kapitel 6) und der sich anschließenden Realisierung des AS (vgl. Kapitel 7) hat insbesondere bei dialogorientierten AS den grundlegenden Nachteil, daß der Anwender erst zu einem sehr späten Zeitpunkt die konkrete Applikation sieht. Sollen dann noch Änderungen vorgenommen werden, weil z.B.

- der Anwender mit der Gestaltung der Benutzungsoberflächen nicht einverstanden ist,
- der Benutzungsablauf nicht den Wünschen des Anwenders entspricht oder
- durch Mißverständnisse zwischen Fachabteilung und DV-Entwicklung Anforderungen nicht, nur unvollständig oder unzureichend durch das AS erfüllt werden,

sind diese meist sehr aufwendig.

Will man allen auftretenden Änderungswünschen nachkommen, resultieren daraus häufig Kosten- und/oder Terminüberschreitungen des entsprechenden Entwicklungsprojektes. Werden die Wünsche dagegen nicht berücksichtigt, besteht die Gefahr, daß die Anwender schon frühzeitig eine ablehnende Position gegenüber dem AS einnehmen und es nicht zur produktiven Unterstützung ihrer Aufgaben einsetzen.

8.1 Inhalt und Arten des Prototyping

Um die einleitend geschilderte Problematik zu entschärfen, bietet sich das Konzept des Prototyping an. Damit wird das Ziel verfolgt, den späteren Anwender aktiver, als es bei einem phasenorientierten Vorgehen möglich ist, in die Anwendungssystementwicklung einzubinden.

Beim Prototyping verzichtet man auf eine vollständige Spezifikation des fachlichen und DV-technischen Konzeptes. Stattdessen wird sehr schnell ein erster ablauffähiger Prototyp des AS entwickelt, der reale Benutzungssituationen darstellt bzw. diese simuliert [vgl. u.a. Böhm et al. 93, S. 106 ff.]. Dieser Prototyp enthält gewöhnlich nur die wesentlichsten Funktionen sowie Benutzungsoberflächen des späteren AS. In einer engen Zusammenarbeit zwischen Fachabteilung und DV-Entwicklung wird dann sukzessive das vollständige AS entwickelt. Letzteres enthält dann den gesamten, für den benutzungsgerechten Betrieb notwendigen Funktionsumfang und alle Benutzungsoberflächen.

Je nachdem, wie der Prototyp beschaffen ist bzw. wie er in das spätere AS einfließt, unterscheidet man verschiedene Arten von Prototyping:

-    Beim **evolutionären** Prototyping dient die Implementierung des ersten Prototypen gewissermaßen als "Grundstein" für das spätere Zielsystem. Findet die erste Version Zustimmung beim Anwender, "wächst" der Prototyp nach und nach um weitere Funktionen. Permanent wird überprüft, ob die hinzukommenden Funktionen ebenfalls den Benutzungsanforderungen gerecht werden.
-    Verwendet man den Prototypen dagegen nur als vorläufige Lösung, ohne daß die Spezifikation in das Zielsystem einfließt, bezeichnet man dies als **experimentelles** oder auch **Rapid Prototyping**. Im Gegensatz zum wiederverwendbaren Prototypen beim evolutionären Vorgehen wird der Prototyp beim experimentellen Vorgehen nicht weiterverwendet (Wegwerfprototyp), wenn die DV-Entwicklung mit ihm die Anforderungen der späteren Anwender bezüglich Funktionsumfang sowie Benutzungsoberflächen überprüft und konkretisiert hat.
-    Darüber hinaus lassen sich auch verschiedene **Zwischenformen** unterscheiden. Ein Prototyp kann beispielsweise nur bestimmte Bereiche des zukünftigen AS enthalten oder nur in Teilen in das Zielsystem einfließen.

8.2   Vorzüge und Grenzen des Prototyping

Für den späteren Anwender liegen die Vorteile beim Prototyping vor allem darin, daß er
-    intensiver in die Anwendungssystementwicklung eingebunden wird,
-    den Lösungsfortschritt transparenter verfolgen kann und
-    gezielter seine Wünsche und Verbesserungsvorschläge zu artikulieren vermag.

Der DV-Abteilung wird es im Rahmen der Anwendungssystementwicklung mit Hilfe des Prototyping vor allem möglich,
-    das Know-how der Fachabteilungen intensiver beim Entwickeln des AS zu nutzen,
-    besser auf die Benutzerwünsche zugeschnittene AS zu realisieren,
-    die Fehlerrate der AS zu senken,
-    den Änderungsaufwand aufgrund zusätzlicher Anwenderwünsche nach Fertigstellung des AS zu reduzieren sowie
-    die Akzeptanz beim Anwender zu erhöhen.

Darüber hinaus tritt beim Prototyping gleichzeitig ein gewisser Schulungseffekt ein. Dem Anwender werden schon zu einem frühen Zeitpunkt die wesentlichen Benutzungsoberflächen sowie Bedienungsoptionen präsentiert.

Dadurch können zumindest für die am Prototyping beteiligten Anwender Schulungsmaßnahmen entfallen bzw. verkürzt werden. Dieses kann zu einer schnelleren Inbetriebnahme des AS führen.

Für eine realistische Einschätzung, welche Verbesserungen in der Anwendungssystementwicklung sich durch ein Prototyping tatsächlich ergeben können, darf man jedoch dessen Nachteile und Gefahren nicht übersehen [Suhr et al. 93, S. 103 ff.]:

- Das fertiggestellte AS erfüllt nach mehrmaliger Überarbeitung des ersten Prototypen ggf. nicht mehr sämtliche Anforderungen hinsichtlich eines optimalen strukturellen Aufbaus und Ablaufs.
- Insbesondere bei mehreren Revisionszyklen stellt sich auch die Frage nach einer ordnungsgemäßen, projektbegleitenden Entwicklungsdokumentation.
- Durch das "Quick and dirty"-Vorgehen, d.h. den Verzicht auf eine umfassende und detaillierte Anforderungsanalyse sowie eine zu starke Fokussierung auf eine möglichst schnelle Realisierung einer lauffähigen Version, können wichtige Anforderungen trotzdem vergessen werden.
- Es besteht die Gefahr, daß bei einer engen Zusammenarbeit von Fach- und DV-Abteilung viel Zeit für Kommunikation und Detaildiskussionen benötigt wird.
- Will man möglichst allen Benutzerwünschen entsprechen, wird es evtl. schwierig, unternehmensinterne Standards z.B. hinsichtlich eines einheitlichen Bildschirmaufbaus einzuhalten.

8.3   Kombination von Prototyping und phasenorientiertem Vorgehen

Stellt man die Vorteile des Prototyping den Nachteilen und Gefahren gegenüber, so empfiehlt es sich, das Prototyping mit einem phasenorientierten Vorgehen zu verknüpfen. Eine derartige Kombination läßt sich beispielsweise realisieren, indem aufbauend auf einem ausführlichen fachlichen Konzept, das eine umfassende funktions- und datenorientierte Spezifikation der Anforderungen für das neue AS enthält, mit dem Prototyping schnell eine erste Version des späteren AS entwickelt wird.

Anhand dieses Prototypen finden anschließend in enger Zusammenarbeit von Fach- und DV-Abteilung die Konzeption und Feinabstimmung, insbesondere der Benutzungsschnittstellen des zukünftigen AS, statt. Dazu sollte der Prototyp sowohl die Gestaltung der einzelnen Benutzungsoberflächen als auch deren Verknüpfung möglichst realitätsnah, d.h. so wie sie sich dem Anwender in realen Anwendungssituationen präsentieren, widerspiegeln.

Sobald sämtliche relevanten Aspekte der Benutzungsschnittstelle mit dem Anwender abgeklärt sind, folgen die vollständige DV-technische Konzeption sowie die Realisierung des AS (siehe Bild 8.3/1). Inwieweit sich dabei die im Prototypen implementierten Ergebnisse weiterverwenden lassen, hängt vor allem von den für die Anwendungssystementwicklung verwendeten Werkzeugen ab.

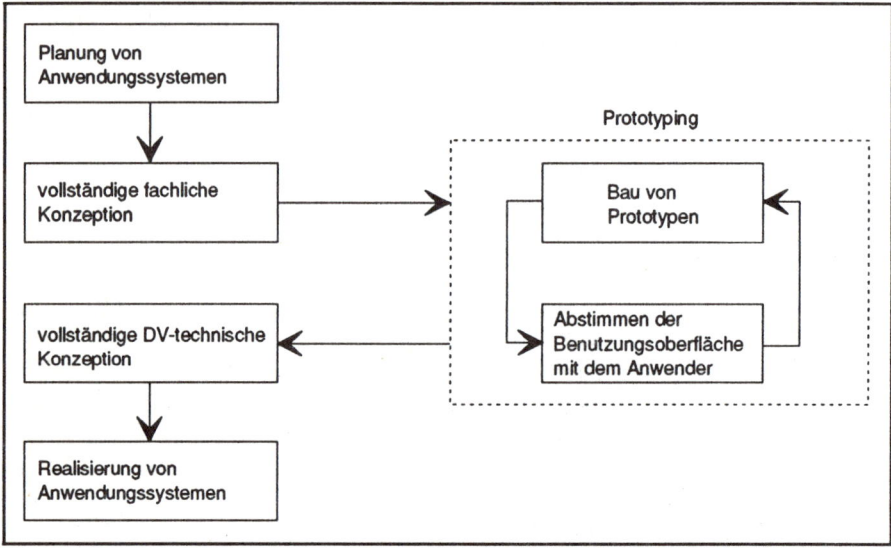

Bild 8.3/1:   Kombination von Prototyping und phasenorientiertem Vorgehen

Die Kombination von Prototyping und phasenorientiertem Vorgehen ermöglicht sowohl ein strukturiertes Vorgehen bei der Softwareentwicklung als auch ein enges Zusammenarbeiten mit den Anwendern. Damit kann schon zu einem frühen Zeitpunkt sichergestellt werden, daß das AS die gestellten Anforderungen erfüllt. Zudem sind die Anwender bei dem für sie besonders relevanten Aspekt der Benutzungsschnittstelle an der Anwendungssystementwicklung in geeigneter Weise beteiligt.

8.4   Werkzeuge zum Prototyping

Voraussetzung für das Prototyping sind leistungsfähige Softwareentwicklungswerkzeuge. Prinzipiell lassen sich Werkzeuge nutzen, die über mächtige Befehle verfügen, deklaratorische Anwendungssystemspezifikation bereitstellen und/oder aus graphischen Elementen ablauffähigen Programmcode generieren können. Zu derartigen Werkzeugen gehören u.a. auch die bereits vorgestellten Anwendungssystemgeneratoren, Sprachen der 4. Generation oder Baustein- bzw. Modulbibliotheken.

Das CASE-Tool ADW verfügt mit der *Rapid Application Development Workstation (RAD)* über eine Sammlung von Werkzeugen, welche ein Prototyping unterstützen. Mit diesen Hilfsmitteln kann der Systementwickler unterstützt durch die Anwender insbesondere die Benutzungsschnittstelle eines AS rasch konzipieren. Einige der wichtigsten Werkzeuge zum Spezifizieren eines Prototypen werden im folgenden kurz charakterisiert:

-   Mit dem *Template Hierarchy Diagrammer* legt man unterschiedliche Gruppen von Benutzungsoberflächen fest und bildet hierarchische Beziehungen zwischen diesen Gruppen ab. So lassen sich die in einem AS auftretenden Benutzungsoberflächen beispielsweise zu Menü-, Eingabe-, Ausgabe- und Hilfeoberflächen gruppieren. Darüber hinaus können z.B. bei den Eingabeoberflächen speziellere Gruppen differenziert werden, beispielsweise Haupt- und Untermenüs als Untergruppen der Gruppe Menüs (vgl. Bild 8.4/1).

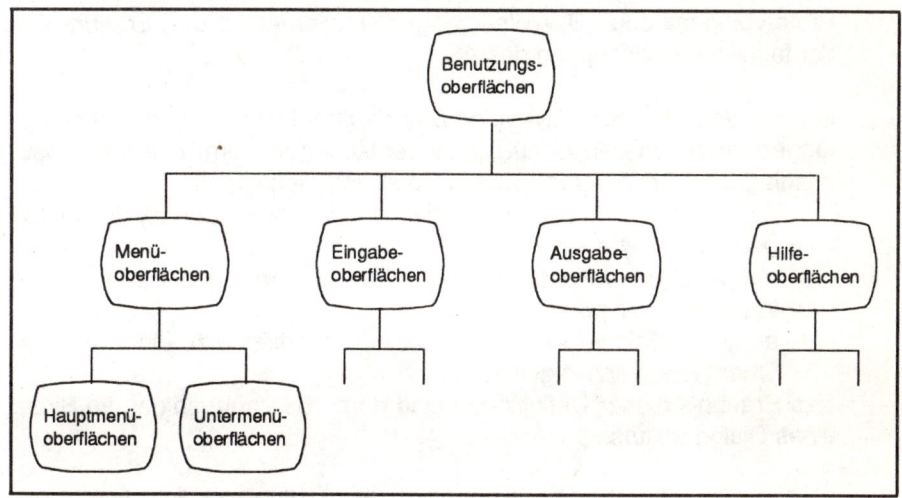

Bild 8.4/1:   Gruppen von Benutzungsoberflächen

Das Werkzeug ermöglicht es, für die verschiedenen Oberflächengruppen Eigenschaften zu definieren, die an sämtliche Elemente der Gruppen und der entsprechenden Untergruppen vererbt werden. Möchte man beispielsweise, daß in allen Benutzungsschnittstellen ein Firmenlogo an derselben Stelle erscheint, so definiert man diese Oberflächeneigenschaft in der Gruppe der Benutzungsoberflächen. Von dort wird sie an alle Untergruppen vererbt. Speziellere Eigenschaften, die nur in bestimmten Oberflächen erscheinen sollen, etwa unterschiedliche Hintergrundfarben für Menü-, Eingabe-, Ausgabe- und Hilfeoberflächen, werden in den entsprechenden Gruppen definiert.

- Mit dem *Presentation Layout Diagrammer* gestaltet man die einzelnen Benutzungsoberflächen im Detail. Das Anwenden des Werkzeugs erfolgt ähnlich dem *Screen Layout Diagrammer*, d.h. die Elemente einer Oberfläche, wie feste und variable Textfelder, Eingabefelder oder graphische Elemente, können mausgestützt auf der Benutzungsoberfläche positioniert werden.

- Mit dem *Event Diagrammer* werden die denkbaren Ereignisse, die ein Anwender in einer Benutzungsoberfläche auslösen kann, z.B. durch Ausfüllen eines Eingabefeldes, Drücken der Maustaste oder Betätigen einer Funktionstaste, tabellenartig in einem Ereignisdiagramm aufgelistet. In den Spalten der Tabelle werden sowohl die durch die Ereignisse ausgelösten Aktionen als auch die betroffenen Entity- und Beziehungstypen angegeben. Letzteres erfolgt durch Zugriff auf die im Rahmen der fachlichen Konzeption bereits entwickelten Datenmodelle. Das Prototyping mit den ADW-Werkzeugen setzt somit bei den Ergebnissen der fachlichen Konzeption des AS an.

- Mit dem *Presentation Navigation Diagrammer* lassen sich die Verknüpfungen zwischen den Benutzungsoberflächen in Form eines Navigationsdiagramms definieren. Dabei wird angegeben
  - mit welcher Benutzungsoberfläche ein Anwendungssystemdialog beginnt (entry point),
  - mit welchen Benutzungsoberflächen ein Anwendungssystemdialog endet (exit point),
  - aufgrund welcher Aktionen von einer Oberfläche zu einer anderen Oberfläche verzweigt wird.
  Das Ergebnis dieser Definitionen sind damit Bildschirmfolgen im Sinne eines Dialogablaufs.

- Sind die Prototyp-Spezifikationen vollständig, läßt sich mit dem *Application Animator* der potentielle Anwendungssystemablauf starten. Der Anwender kann in den Benutzungsoberflächen Eingaben machen und so einen realen Benutzungsablauf simulieren. Treten dabei Probleme bzw. Änderungswünsche seitens des Anwenders auf, kann er diese unmittelbar äußern und gemeinsam mit dem Entwickler direkt am Prototypen mit den Konstruktions-Werkzeugen umsetzen.

Zwischen der Oberflächengestaltung und -verknüpfung mit den ADW-Werkzeugen für das Prototyping und für die DV-technische Konzeption besteht folgender Unterschied. Beim Prototyping werden die Oberflächen miteinander verknüpft und ein Benutzungsablauf simuliert, ohne daß Programmcode entsteht. Hinter den Benutzungsoberflächen existiert keinerlei Verarbeitungslogik. Mit dem Prototypen könnten beispielsweise keine Berechnungen durchgeführt werden. Die genannten Prototyping-Werkzeuge erlauben jedoch eine Spezifikation der Benutzungsoberfläche, damit sich diese so verhält, als würde man mit dem realen AS arbeiten.

Um aufbauend auf dem Prototypen das reale AS zu entwickeln, läßt sich die Implementierung der Benutzungsoberfläche in die entsprechenden Werkzeuge für die DV-technische Konzeption überführen. Anschließend kann das AS gemäß den in den Kapiteln sechs und sieben vorgestellten Methoden und Werkzeugen DV-technisch konzipiert sowie realisiert werden.

Das Prototyping stellt somit ein wichtiges Bindeglied im Übergang von der fachlichen zur DV-technischen Konzeption dar. Durch die Integration des Prototypings in ein phasenorientiertes Vorgehen lassen sich die Vorteile beider Ansätze verbinden sowie die jeweiligen Nachteile abschwächen.

8.5 Literatur zu Kapitel 8

Böhm et al. 93   Böhm, R., Fuchs, E. und Pacher, G., System-
                              entwicklung in der Wirtschaftsinformatik, Zürich
                              1993.

Suhr et al. 93   Suhr, R. und Suhr, R., Software Engineering,
                              München u.a. 1993.

9 Objektorientierte Anwendungssystementwicklung

Mit der in den vorangegangenen Kapiteln diskutierten "konventionellen" Vorgehensweise, bei der mit strukturierten Methoden in der fachlichen Konzeption Daten- und Funktionsmodelle entwickelt werden, aus denen man dann in der DV-technischen Konzeption und Realisierung ablauffähige Applikationen mit prozeduralen und/oder 4. Generationssprachen baut, sind verschiedene Nachteile verbunden:

- Die Methoden sind partiell ausgelegt. Sie berücksichtigen schwerpunktmäßig entweder die Funktionen oder die Daten.
- Der Übergang von der fachlichen Konzeption zur DV-technischen Konzeption kann mit Problemen behaftet und aufwendig sein. Änderungen im DV-Konzept müssen konsequenterweise auch "rückwärts" ins Fachkonzept übernommen werden. Damit entstehen zum Teil aufwendige, zyklische Entwicklungsprozesse.
- Die Wart- und Wiederverwendbarkeit von "konventionell" entwickelten Systemen ist eingeschränkt.

Diesen Schwierigkeiten soll durch eine geschickte und konsequente Anwendung von Werkzeugen und Methoden entgegengewirkt werden, ohne das zugrundeliegende Paradigma der prozeduralen Programmierung zu verlassen.

Ein zweiter Weg geht dahin, die den "konventionellen" Vorgehensweisen zugrundeliegende Trennung in eine Funktions- und Datenabstraktion zu überbrücken. Genau dieses verfolgt man mit der **objektorientierten** Anwendungssystementwicklung (objektorientierte Programmierung - OOP).

9.1 Prinzipien der objektorientierten Programmierung

Kerngedanke ist eine **Kapselung (encapsulation) der Daten und Funktionen in Objekten**. Dabei verschmelzen Daten und die Funktionalität ihrer Manipulation - in der OOP spricht man von Methoden - in einer abgeschlossenen Programmeinheit, dem Objekt [vgl. u.a. Dumke 93]. Ein Objekt besteht somit grundsätzlich aus Datenstrukturen und darauf anwendbaren Methoden. Daraus ergibt sich eine Abgrenzung bzw. Erweiterung zu dem Objektverständnis, wie es dem ERM zugrundeliegt, da der Objektbegriff dort ausschließlich die Datenstrukturen einschließt.

Die Datenstrukturen und die Methoden sind unmittelbar an das Objekt ge-
koppelt, sie werden nach außen, d.h. zu anderen Objekten, nicht sichtbar.
Dieses entspricht dem Prinzip der Minimalität der Schnittstellen   (vgl.
Abschnitt 6.2.3). Bei der objektorientierten Programmierung gibt es keinen
zentralen Kontrollfluß. Ein Programmablauf entsteht durch **Austausch von
Mitteilungen** bzw. Nachrichten (Messages) zwischen den Objekten. Diese
lösen beim empfangenden Objekt die Bearbeitung einer Methode, d.h. die
Anwendung der Methoden auf die Datenstruktur, aus. Dazu muß der Sender
lediglich wissen, welche Mitteilung er schicken muß, um das gewünschte
Ergebnis zu erhalten. Kenntnisse darüber, wie das Objekt intern arbeitet,
sind dagegen nicht erforderlich.

Daten und Funktionen werden bei der prozeduralen Programmierung voneinander unabhängig behandelt. Es agieren (aktive) Funktionen mit
(passiven) Daten. Dagegen wird bei der OOP die Trennung von Daten und
ihrer Manipulation aufgehoben. Dieser wesentliche Unterschied soll an
einem stark vereinfachten Beispiel deutlich gemacht werden:
Betrachten wir die Berechnung des Produkts der Zahlen 3 und 5. Sowohl bei
einer traditionellen als auch bei einer objektorientierten Programmierung wird
als Ergebnis 15 herauskommen. Der Unterschied liegt in der Art und Weise,
wie das Ergebnis zustandekommt.
-     Bei der traditionellen Programmierung hat man die (aktive) Funktion
      "Multipliziere". Diese erhält als (passive) Eingabedaten die Werte 3 und
      5 und liefert dann das gewünschte Ergebnis zurück.
-     Beim objektorientierten Vorgehen wird dem Objekt 3 die Mitteilung
      "multipliziere" zusammen mit dem Argument, d.h. dem Objekt 5, ge-
      schickt. Das Objekt 3 multipliziert daraufhin seinen Inhalt mit dem Inhalt
      des Arguments. Notwendigerweise muß natürlich für das Objekt 3 die
      Methode "Multipliziere" definiert sein. Als weitere Methoden für das
      Objekt könnten beispielsweise "subtrahieren", "addieren", "dividieren",
      "potenzieren" oder "Wurzel ziehen" definiert sein.

9.2   Komponenten der objektorientierten Programmierung

Die wesentlichen Komponenten der objektorientierten Programmierung sind
Objekte, Methoden, Mitteilungen (Nachrichten), Klassen und die Vererbung.
Die ersten drei Elemente haben wir bereits bei der Darstellung des Prinzips
der OOP kurz kennengelernt, die Begriffe Klasse und Vererbung werden
nachfolgend erläutert.

Klassen sind Mengen von Objekten und fassen Objekte mit gleichen Eigenschaften, d.h. den gleichen Methoden und den gleichen Daten, zusammen
[vgl. u.a. Baumann 91, S. 158 ff.]. Da es zu einer erheblichen Redundanz

führen würde, wenn in gleichen Objekten dieselben Daten und Methoden implementiert wären, werden diese nicht in den einzelnen Objekten, sondern nur einmal in der entsprechenden Klasse gespeichert. Die Definition einer Klasse umfaßt somit die Strukturbeschreibung (Daten und Methoden) ihrer Objekte. Die Objekte selbst werden auch als Instanzen der Klasse bezeichnet. (Die Beziehung zwischen einer Klasse und den Objekten kann in etwa verglichen werden mit der Beziehung zwischen einem Entitytypen und den entsprechenden Entities.)

Jede Klasse verfügt über einen "offenen" und einen "geschlossenen" Teil. Der offene Teil enthält lediglich die Schnittstellenbeschreibungen der Methoden, die auf den Instanzen der Klasse ausgeführt werden können. Der von der Außenwelt verborgene, geschlossene Teil beschreibt die Implementierungsdetails. Dabei handelt es sich um die Algorithmen der Methoden und die Datenvariablen.

Zwischen den Klassen in einer objektorientierten Entwicklungsumgebung bestehen **hierarchische Beziehungen mit Ober- und Unterklassen**, die sich nach dem Prinzip der Generalisierung (vgl. Abschnitt 5.1.2.2) bilden lassen. Ein Beispiel ist die Klasse Nutzfahrzeuge. Diese Klasse ist einerseits Unterklasse der Klasse Kraftfahrzeuge. Andererseits ist sie Oberklasse zu den Klassen Lastkraftwagen, Omnibusse, Kranfahrzeuge, Löschfahrzeuge etc.

Zwischen den Klassen bestehen **Vererbungsrelationen** (Inheritance). Dieses bedeutet, daß Methoden und Datenstrukturen einer Oberklasse (generelle Klasse) automatisch auch in sämtlichen zugeordneten Unterklassen (spezielle Klasse) definiert sind. Definiert man beispielsweise in der Klasse Kraftfahrzeuge die Eigenschaft "Hubraum", so steht diese sämtlichen Unterklassen sowie deren Unterklassen zur Verfügung und muß dort nicht mehr separat spezifiziert werden. In den einzelnen Unterklassen können weitere, auf den Charakter der jeweiligen Klasse zugeschnittene Eigenschaften definiert werden. So bietet sich beispielsweise die Definition der Eigenschaft "Sitzplätze für Personenverkehr" erst in der Klasse Omnibusse an. Ferner können von Oberklassen geerbte Methoden und/oder Datenstrukturen modifiziert und/oder gelöscht werden. Gleichfalls lassen sich auch in den einzelnen Instanzen einer Objektklasse Methoden und Eigenschaften hinzufügen, ändern oder löschen.

Das Prinzip der **Mehrfachvererbung** (Multiple Inheritance) erlaubt, daß eine Unterklasse die Eigenschaften mehrerer Oberklassen erben kann, und gestattet somit eine weitere Flexibilisierung bei der Definition von Klassen.

Grundsätzlich wird es durch das Vererbungsprinzip möglich, bei der Anwendungssystementwicklung auf bereits implementierte Bausteine zurückzugreifen (**Mehrfachverwendung**). Dadurch können sich Vorteile hinsichtlich der Schnelligkeit bei der Anwendungssystementwicklung ergeben.

Wie bereits kurz erwähnt, findet man bei objektorientierten Systemen keinen zentralen Kontrollfluß. Der Ablauf eines AS entsteht durch die Übergabe von Mitteilungen bzw. Nachrichten von einem Sendeobjekt zu einem Empfängerobjekt. Eine Nachricht wird durch einen Nachrichtennamen und durch Angabe verschiedener Parameter für das Bearbeiten im Empfängerobjekt beschrieben. Wenn es möglich ist, daß dieselbe Nachricht an unterschiedliche Empfängerobjekte gesendet werden kann und dort jeweils unterschiedliche Methoden auslöst, spricht man von **Polymorphismus**.

9.3   Werkzeuge zur objektorientierten Programmierung

Zur Realisierung objektorientierter AS lassen sich eine Vielzahl an Programmiersprachen, Spracherweiterungen und Programmierumgebungen einsetzen. Sie unterscheiden sich u.a. in der Konsequenz, wie die charakteristischen Merkmale der Objektorientierung (Klassenbildung, Vererbung, Nachrichtenaustausch statt Kontrollfluß) umgesetzt werden.

Zu den bekanntesten objektorientierten Sprachen zählen C++, EIFFEL sowie SMALLTALK, wobei insbesondere SMALLTALK die Objektorientierung sehr konsequent unterstützt. Die Mächtigkeit der objektorientierten Programmierumgebungen beruht auf den zahlreichen mitgelieferten Klassenbibliotheken. Sie enthalten u.a. Klassen zur Behandlung von komplexen Datenstrukturen, zur Ein- und Ausgabe sowie Fenster-, Graphik- oder Betriebssystemfunktionen. Unter Verwendung dieser Bibliotheken lassen sich i.d.R. sehr schnell erste Prototypen bauen [vgl. Sager 91, S. 39]. Durch das Hinzufügen neuer Klassen und Methoden wächst das Entwicklungspotential permanent.

Aufgrund der zunehmenden Popularität der OOP wurden mittlerweile auch in verschiedenen, traditionell prozedural ausgerichteten Programmiersprachen, z.B. TURBO PASCAL, objektorientierte Komponenten aufgenommen. Selbst bei Programmiersprachen wie COBOL werden von Standardisierungsgremien Überlegungen angestellt, objektorientierte Erweiterungen vorzunehmen. Somit ist anzunehmen, daß die Grenzen zwischen den traditionellen und den objektorientierten Entwicklungsumgebungen zunehmend verwischen.

Ein Problem beim objektorientierten Ansatz ist zur Zeit noch die ungenügende Marktreife und Verfügbarkeit objektorientierter Datenbanken, die eine persistente Verwaltung und Speicherung der Instanzen von Objektklassen ermöglichen. Um ein objektorientiert erstelltes AS betrieblich einzusetzen, ist oftmals dessen recht aufwendige Integration mit einem nicht objektorientierten Datenbanksystem notwendig [vgl. Sager 91, S. 40].

9.4 Objektorientierte fachliche Konzeption

Der Schwerpunkt objektorientierter Anwendungssystementwicklung liegt bislang noch in der Implementierung, d.h. der softwaretechnischen Umsetzung mit den objektorientierten Programmiersprachen. Mittlerweile erarbeitet man aber ebenfalls durchgängige, systematisch anwendbare Methoden, um den objektorientierten Ansatz auch auf eine höhere Abstraktionsebene, d.h. in eine objektorientierte fachliche Konzeption auszuweiten.

Die bisher für die fachliche Konzeption existierenden objektorientierten Analysemethoden lassen sich nach dem Umfang, in dem sie die Konzepte der Kapselung, der Klassen und der Vererbung unterstützen, in drei "Güteklassen" einteilen [vgl. Stein 93]:

1)   Objektbasiert, d.h. die Analysemethode beinhaltet nur die Kapselung als objektorientierte Komponente,

2)   klassenbasiert, d.h. die Kapselung und Klassen werden unterstützt, sowie

3)   objektorientiert, d.h. alle drei genannten Konzepte sind in der Analysemethode definiert.

Die objektorientierten Analysemethoden sind für die fachliche Konzeption eines AS aufgrund des Umfangs der unterstützten Konzepte am besten geeignet. Bild 9.4/1 zeigt im Überblick, wie sich die bisher am Markt existierenden Analysemethoden den dargestellten Güteklassen zuordnen lassen.

Analysemethoden	Kurz-name	Autor	Konzepte		
			Kapse-lung	Klassen	Verer-bung
Object-Oriented Software Specification	OOS	Bailin	(X)	X	
Responsibility-Driven Design	RDD	Wirfs-Brock et al.	X	X	X
Hierarchical Object-Oriented Design	HOOD	(Kommission)	X		
Software Construction by Object-Oriented Pictures	SCOOP	Cherry	X		
Object-Oriented Design	OOD	Booch	X	X	X
Object-Oriented Analysis	OOA	Coad, Yourdon	X	X	X
Object Modeling Technique	OMT	Rumbaugh et al.	(X)	X	X
Object-Oriented Systems Analysis	OOSA	Shlaer, Mellor	(X)	X	
Object-Oriented Systems Analysis	OSA	Embley	(X)	X	
Object Behavior Analysis	OBA	Rubin, Goldberg	X	X	X
Better Object Notation	BON	Nerson	X	X	X
Object-Oriented Software Engineering	OOSE	Jacobson et al.	X	X	X
Object-Oriented Analysis & Design	OOA&D	Martin, Odell	(X)	X	X
Object-Oriented Analysis, Design & Implementation	OOO	Henderson-Sellors	X	X	X

X = muß modelliert werden,   (X) = kann modelliert werden.

Bild 9.4/1:   Klassifizierung existierender objektorientierter Analysemethoden [vgl. Stein 93]

Beispielhaft für eine objektorientierte Analysemethode wird hier die Object-Oriented Analysis (OOA) nach Coad und Yourdon [vgl. Coad et al. 90] vorgestellt, da sie zum einen zur Klasse der objektorientierten Methoden gehört und zum anderen einen recht hohen Bekanntheitsgrad erzielt hat.

OOA
Ziel dieser Methode ist das Erstellen eines OOA-Modells für ein bestimmtes AS. Die Wurzeln der Methode liegen zum einen in der semantischen Datenmodellierung mit ERM, zum anderen in den Konzepten und Ideen objektorientierter Programmiersprachen, insbesondere SMALLTALK. Die Autoren definieren sowohl eine OOA-Notation als auch ein schrittweises Vorgehen.
Bild 9.4/2 zeigt die Symbole der OOA-Notation. Die Klassen werden als abgerundete Rechtecke dargestellt. Die Rechtecke sind dreigeteilt. Der obere Teil beinhaltet den Namen der Klasse, in der Mitte werden die Attribute (Daten) angetragen, im unteren Teil erfolgt das Benennen der Methoden. Die Beziehungen zwischen den Klassen werden durch Verbindungslinien mit Angabe der Kardinalität der Verbindungen abgebildet.

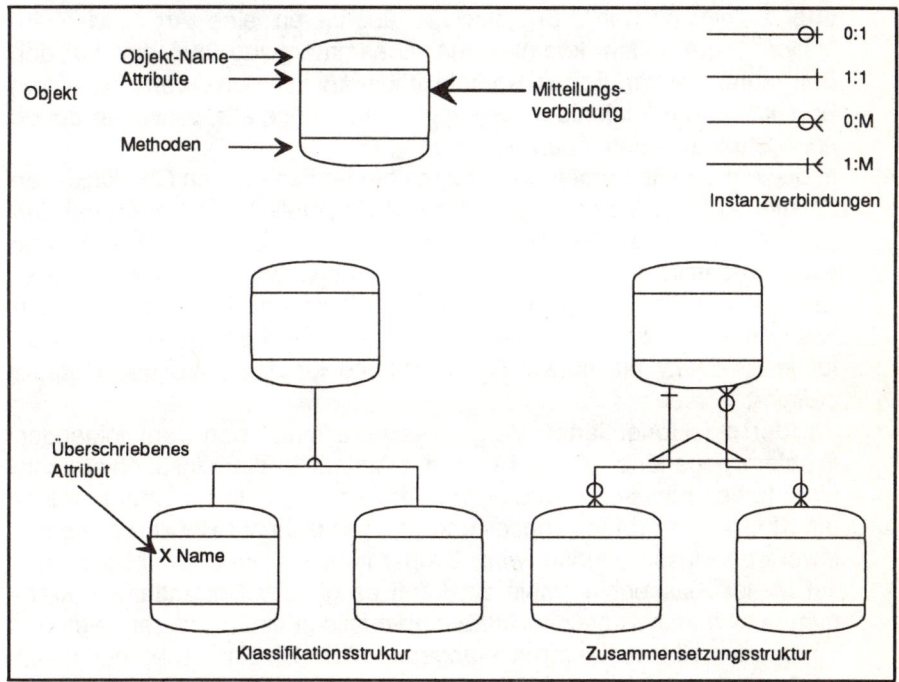

Bild 9.4/2:   OOA-Notation

Die Vorgehensweise der OOA nach Coad/Yourdon basiert auf fünf Vorgehensschritten [vgl. Raasch 92, S. 401 ff.; Balzert 91, S. 71 ff.]:
1)   Im ersten Schritt werden die **Objektklassen identifiziert**. Dieses gestaltet sich analog der Vorgehensweise, um Entitytypen abzuleiten (vgl.

Abschnitt 5.1.3). Zusätzlich kann man sich in einer objektorientierten Entwicklungsumgebung an den Objektklassen orientieren, die in der zugrundeliegenden Klassenbibliothek bereits implementiert sind.

2)   Im zweiten Schritt werden die zwischen den identifizierten Objekten auftretenden **Strukturen** ermittelt. Dabei unterscheidet man Klassifikations- und Vererbungsstrukturen. Um erstere zu erkennen, analysiert man für die gefundenen Objektklassen, ob sie eine Verallgemeinerung oder eine Spezialisierung von anderen Objektklassen darstellen und erzielt dadurch eine Aufteilung des Problemraums in Oberklassen und Unterklassen. Zusammensetzungsstrukturen entstehen bei einer "Ist-Teil-von-Beziehung" zwischen Objektklassen. Sie geben ebenfalls Hinweise auf Vererbungsrelationen zwischen den Objektklassen.

3)   Wenn im ersten Schritt eine große Anzahl von Objektklassen identifiziert wurde, besteht die Gefahr, daß aufgrund einer zu hohen Komplexität die Gesamtzusammenhänge nicht mehr erfaßt werden können. Hier empfiehlt es sich, als dritten Schritt eine sogenannte **Subjektebene** "einzuziehen". Subjekte repräsentieren eine Art "Zwischenschicht", um einen komplexeren Zusammenhang auf ein für den Betrachter verständliches Komplexitätsmaß zu reduzieren. Zu einem Subjekt werden diejenigen Objekte zusammengefaßt, zwischen denen enge Strukturbeziehungen bestehen.

4)   In diesem Schritt werden die Attribute der verschiedenen Objektklassen definiert. Dieser Vorgang ähnelt der Attributdefinition, wie sie bei den Entity-Relationship-Modellen dargestellt wurde. Jedoch gibt es hierbei einen wesentlichen Unterschied. Bei der objektorientierten Vorgehensweise vererbt eine Objektklasse ihre Attribute an die untergeordneten Klassen. Ein entsprechendes Pendant beim ERM gibt es nicht, da dort für jedes Entity die notwendigen Attribute für den jeweiligen Kontext definiert werden.

Bei der objektorientierten Vorgehensweise steht man dem folgenden Problem gegenüber: Ordnet man ein Attribut in der Klassenhierarchie einer hohen Klasse zu, wird dieses Attribut an sämtliche untergeordneten Klassen vererbt, obwohl es dort ggf. gar nicht zur Beschreibung der jeweiligen Klasse benötigt wird. Ordnet man ein Attribut dagegen sehr tief in der Klassenhierarchie zu, kann es ggf. zu Redundanzen kommen, weil man das gleiche Attribut ebenfalls in einer anderen, weit unten in der Klassenhierarchie angeordneten Objektklasse, definieren muß. Als "Daumenregel" läßt sich festhalten, daß gemeinsame Attribute in der kleinsten gemeinsamen Oberklasse zu positionieren sind.

Nach der Spezifikation der Attribute trägt man zwischen den Klassen sogenannte "**Instanzverbindungen**" ein, die in etwa der Kardinalität von Beziehungen zwischen Entitytypen im ERM entsprechen.

5)   Im fünften Schritt definiert man die in den einzelnen Objektklassen anwendbaren **Methoden** (services), welche in ihrer Gesamtheit über

alle Objektklassen hinweg die gesamte Funktionalität eines objektorientierten Systems repräsentieren. Standardmethoden, wie z.B. das Hinzufügen oder Löschen einer Objektinstanz, sind i.d.R. bereits vordefiniert und in der Klassenbibliothek enthalten. Die Aufgabe des Entwicklers besteht darin, diejenigen Methoden zu finden und zu spezifizieren, die bislang noch nicht in den Objektklassen bzw. für die einzelnen Objektinstanzen implementiert sind. Diese Arbeit vereinfacht sich, wenn der Entwickler auf ähnliche Methoden zurückgreifen kann, die er gemäß seinen anwendungsspezifischen Anforderungen nur noch anpassen muß.

Neben den Methoden sind in diesem Schritt auch die **Botschaftsverbindungen** zu definieren, welche ein "Sender" an einen "Empfänger" schickt, um eine gewünschte Verarbeitung ausführen zu lassen. Botschaftsverbindungen treten zum einen auf jeden Fall bei den im vorherigen Schritt festgelegten Instanzverbindungen auf, zum anderen können anwendungsspezifisch weitere hinzukommen.

Ein in der OOA-Notation verfaßtes objektorientiertes Modell zum Beschreiben einer Seminarorganisation illustriert Bild 9.4/3.

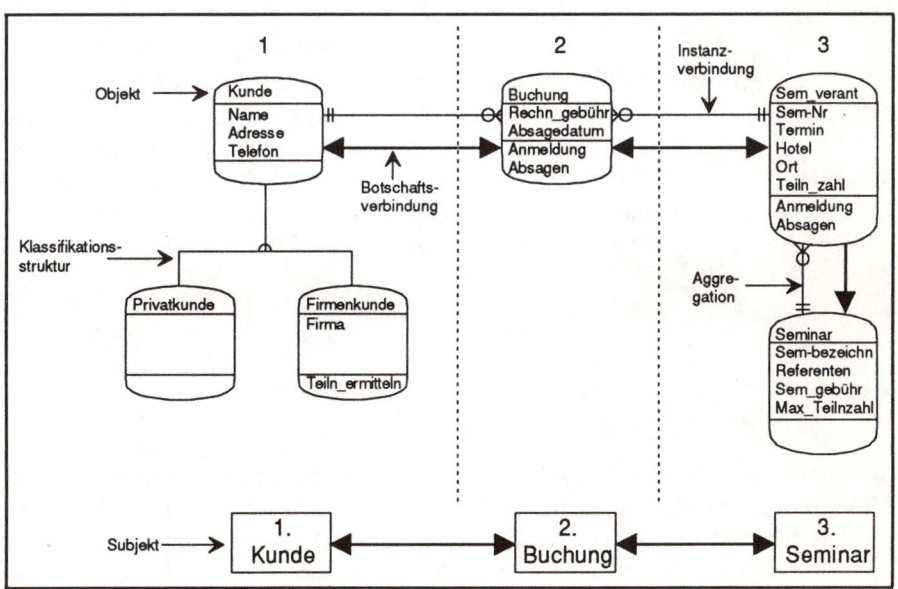

Bild 9.4/3:   Beispiel für ein OOA-Diagramm [vgl. Balzert 91 , S. 74]

9.5   Objektorientierte DV-technische Konzeption

Der Inhalt der objektorientierten DV-technischen Konzeption entspricht dem beim traditionellen Vorgehen. So ist auch hier zu erarbeiten, wie sich das Fachkonzept DV-technisch umsetzen läßt. Der Unterschied zwischen beiden Vorgehensweisen liegt darin, daß bei der objektorientierten Anwendungssystementwicklung die Ergebnisse der fachlichen Konzeption direkt in die DV-technische Konzeption übernommen werden. Die Objekte und ihre Strukturen bleiben erhalten. Sie werden nicht wie beim traditionellen Vorgehen in Elemente des DV-technischen Konzepts transformiert, sondern lediglich um Objekte für die DV-technischen Aspekte ergänzt. Auch hier sind die Struktur des AS, die Verarbeitungslogik, die Benutzungsschnittstellen sowie die Listen zu gestalten. Diese Informationen werden aber nicht getrennt vom fachlichen Konzept, sondern zusammen mit den Ergebnissen der fachlichen Konzeption gespeichert [vgl. Berghammer et al. 92; Heilmann et al. 93]. Die objektorientierte Programmierung vermeidet also einen "Strukturbruch" zwischen der fachlichen und der DV-technischen Konzeption. Dieser Vorteil gegenüber dem traditionellen Vorgehen wird noch dadurch verstärkt, daß beide Schritte zur Anwendungssystementwicklung dieselben Modellierungskomponenten - Objekte, Methoden, Mitteilungen, Klassen und die Vererbung - verwenden.

Dadurch, daß man die Ergebnisse der fachlichen und der DV-technischen Konzeption gemeinsam speichert und nicht von einer Phase in die andere übertragen muß, lassen sich Änderungen im Konzept leichter durchführen. Will man z.B. das DV-Konzept modifizieren, so muß man hier nicht in die Phase der fachlichen Konzeption zurückgehen und die Umgestaltung dort durchführen. Beim objektorientierten Vorgehen sind nur einmalig die betroffenen Objekte zu ändern.

9.6   Vorzüge und Grenzen der objektorientierten Anwendungssystementwicklung

Um eine realistische Einschätzung des Einsatzes einer objektorientierten Anwendungssystementwicklung für kommerzielle AS vornehmen zu können, werden die Vorzüge dieses Programmierparadigmas sowie entsprechender Werkzeuge den damit einhergehenden Nachteilen und Grenzen gegenübergestellt. Bild 9.6/1 zeigt die für bzw. gegen die objektorientierte Anwendungssystementwicklung sprechenden Argumente im Überblick.

Vorzüge	Nachteile und Grenzen
- Klares sprachliches Konzept - Anwendungsnähe - verbesserte Kommunikation zwischen Anwender und Entwickler - kein Bruch zwischen fachlicher und DV-technischer Konzeption	- Methoden sind noch nicht ausgereift - ungenügende Marktreife objektorientierter Datenbanken - Vorteil der Mehrfachverwendung erschließt sich erst bei projektübergreifendem Entwickeln - Klassenbibliotheken sind - außer für den Entwickler - unübersichtlich - Verständnisprobleme für Anwendungsentwickler der traditionellen Vorgehensweise, dadurch hoher Einarbeitungsaufwand

Bild 9.6/1:   Argumentenbilanz zur objektorientierten Anwendungs-
              systementwicklung

Entwickler, die objektorientiert arbeiten, schätzen insbesondere das klare sprachliche Konzept sowie die Anwendungsnähe des objektorientierten Ansatzes. Die Objekte der jeweils abzubildenden Sachverhalte aus der realen Welt lassen sich sehr direkt in Objekte für AS abbilden. Die Struktur des zu lösenden Problems kann wesentlich einfacher auf das zu entwickelnde AS übertragen werden, als dies etwa beim traditionellen Vorgehen zur Anwendungssystementwicklung der Fall ist.

Erfahrungsberichte beschreiben, daß sich daraus positive Rückkopplungen auf das Problemverständnis zwischen dem späteren Anwender und dem Entwickler einer Applikation ergeben. In Verbindung mit der Mehrfachverwendung vordefinierter Objekte - beispielsweise zum Erzeugen von Benutzungsoberflächen - erhält man günstige Auswirkungen auf Prototyping-Konzepte, da ein Entwickler im Dialog mit dem Anwender dessen Änderungswünsche, Probleme oder Änderungen unmittelbarer in die Implementierung eines Prototypen einfließen lassen kann [vgl. Bürkle et al. 92, S. 276]. Insgesamt läßt sich dadurch die Entwicklungszeit verkürzen.

Als vorteilhaft wird erachtet, daß der bei traditionellen Vorgehensweisen häufig zu beobachtende "Bruch" zwischen der fachlichen und der DV-technischen Konzeption bei einer objektorientierten Anwendungssystementwicklung nicht auftritt. Die im Rahmen der fachlichen Konzeption identifizierten Objektklassen bleiben beim Übergang in die DV-technische Konzeption unverändert erhalten. Sie werden lediglich um weitere Objekte ergänzt. Dadurch entfällt das Übertragen von Ergebnissen einer Phase in die folgende. Ebenfalls lassen sich auch Änderungen leichter berücksichtigen und einarbeiten, da z.B. Modifikationen in der DV-technischen Konzeption bei der

objektorientierten Vorgehensweise keine Rücksprünge in die fachliche Konzeption des AS nach sich ziehen.

Diesen Vorzügen stehen jedoch auch eine Reihe von Nachteilen bzw. von
Grenzen objektorientierter Anwendungssystementwicklung gegenüber. So
sind beispielsweise objektorientierte Analysemethoden noch nicht in dem
Maße ausgereift, in der Praxis bewährt und "stabil", wie es etwa bei der
Strukturierten Analyse der Fall ist. Dies zeigt auch Rückwirkungen auf das
Angebot entsprechender Werkzeuge für die fachliche und DV-technische
Konzeption objektorientierter AS. Insbesondere die werkzeuggestützte
Durchgängigkeit von fachlicher Konzeption, DV-technischer Konzeption und
Realisierung, wie sie durch die sogenannten I-CASE-Tools unterstützt wird,
findet sich in der objektorientierten Welt kaum [vgl. Heß et al. 92, S. 135].
Ein wesentliches Dilemma hinsichtlich der kommerziellen Nutzbarkeit objekt-
orientierter Ansätze ist die ungenügende Verfügbarkeit objektorientierter
Datenbanken. Um AS betrieblich einzusetzen, ist oftmals deren Integration
mit vorhandenen Lösungen notwendig. Dies ist insbesondere dann der Fall,
wenn die AS auf bereits vorhandenen Datenbeständen aufbauen, die beispielsweise in einer relationalen Datenbank abgelegt sind. Daraus ergeben
sich nicht unerhebliche Integrationsaufwendungen [vgl. Sager 91, S. 40].
Häufig zeigen sich darüber hinaus auch Schwierigkeiten hinsichtlich der
Performance sowie Speicherplatzausnutzung, wenn mächtige objektorientierte Entwicklungssysteme auf konventionellen Rechnerplattformen zum
Einsatz kommen.
Zu den bisher angesprochenen methodischen und technischen Defiziten
kommen noch organisatorische hinzu. Sämtliche Vorteile der Mehrfachverwendung von einzelnen Bausteinen erschließen sich erst dann, wenn
Objektklassen projektübergreifend genutzt werden. Dem steht jedoch die
traditionell   projektbezogen   organisierte   Anwendungssystementwicklung
gegenüber. Zu vermuten ist, daß Entwickler sich wohl kaum die Mühe
machen werden, Klassenbibliotheken bereits abgeschlossener oder paralle-
ler Projekte zu erschließen, um sie für die eigene Entwicklung zu verwenden. Somit werden flankierende organisatorische Maßnahmen notwendig.
In die gleiche Richtung geht auch der Aspekt, daß eine im Laufe von mehreren Projekten gewachsene Klassenbibliothek außer vom jeweiligen Entwickler kaum von jemandem überblickt und entsprechend effizient genutzt werden kann. Vorteile aus der Mehrfachverwendung ergeben sich somit nur für
wenige Personen. Dadurch tritt ein negativer und unerwünschter Effekt
hinsichtlich der Abhängigkeit von bestimmten Anwendungsentwicklern ein,
wie er beim "Wartungsdilemma" traditionell entwickelter Systeme bereits
deutlich geworden ist.
Zu berücksichtigen ist ferner, daß für Anwendungsentwickler, die jahrelang
mit den traditionellen Methoden und entsprechenden Werkzeugen gearbeitet
haben, der Übergang zum objektorientierten Paradigma schwierig und i.d.R.

mit Verständnisproblemen und einem entsprechend hohen Einarbeitungs-
aufwand verbunden ist.

9.7   Literatur zu Kapitel 9

Balzert 91

Balzert, H., Ein Überblick über die Methoden-
und Werkzeuglandschaft, in: Balzert, H. (Hrsg.),
CASE - Systeme und Werkzeuge, Mannheim
u.a. 1991.

Baumann 91

Baumann, M., Objektorientierte Programmierung
- Konzepte, Erfahrungen, Einführungsstrategien,
in: Rau, K.-H. und Stickel, E. (Hrsg.), Software
Engineering, Stuttgart 1991.

Berghammer et al. 92

Berghammer, F. und Kirchmann, W., Objektorientierte Methoden in Großprojekten, in: Informatik-Spektrum 15 (1992) 5, S. 287 - 292.

Bürkle et al. 92

Bürkle, U., Gryczan, G. und Züllighoven, H.,
Erfahrungen mit der objektorientierten Vorgehensweise bei einem Bankenprojekt, in: Informatik-Spektrum 15 (1992) 5, S. 273 - 281.

Coad et al. 90

Coad, P. und Yourdan, E., Object-Oriented
Analysis, Englewood Cliffs 1990.

Dumke 93

Dumke, R., Modernes Software Engineering,
Braunschweig u.a. 1993.

Heilmann et al. 93

Heilmann, H., Gebauer, A. und Simon, M.,
Objektorientiertes Software Engineering, in:
HMD 170 (1993), S. 11 - 23.

Heß et al. 92

Heß, H. und Scheer, A.-W., Methodenvergleich
zum objektorientierten Design von Software-
systemen, in: HMD 165 (1992), S. 117 - 137.

Raasch 92

Raasch, J., Systementwicklung mit Strukturierten Methoden, München u.a. 1992

Sager 91

Sager, W., Objektorientierte Programmierung -
Übersicht und Begriffe, in: ComputerMagazin 20
(1991) 7-8, S. 34 - 40.

Stein 93

Stein, W., Objektorientierte Analysemethoden -
ein Vergleich, in: Informatik-Spektrum 16 (1993)
6, S. 317 - 332.

10 Reengineering von Anwendungs- systemen

Gegenstand der bisherigen Ausführungen war die Neuentwicklung von AS auf der Basis einer systematischen Vorgehensweise mit methodischer und werkzeugtechnischer Unterstützung. Die aufgezeigten Wege sind in starkem Maße idealtypischer Natur, so daß sie in der Praxis häufig nicht eingehalten werden können oder sollen. Dies läßt sich im wesentlichen auf folgende Ursachen zurückführen:

-   In vielen Unternehmen ist sehr viel Personal - Schätzungen liegen zwischen 60% und 80% der Systementwickler und Programmierer - mit der Wartung vorhandener, laufender Systeme beschäftigt, so daß personelle Kapazitäten fehlen.
-   Die Datenverarbeitung steht häufig unter einem starken Kostendruck, so daß notwendige Investitionsmittel nicht bereitgestellt werden können.
-   In den vorhandenen AS sind in erheblichem Maße Mittel und vor allem betriebliches Know-how gebunden, das selten angemessen dokumentiert ist und somit nicht unmittelbar in eine Neuentwicklung einfließen kann.
-   Die Anwender sind i.d.R. an die vorhandenen Applikationen gewöhnt und würden etwas Neuem gegenüber zumindest skeptisch, in ungünstigeren Fällen gar ablehnend gegenüberstehen. Letzteres ist insbesondere dann der Fall, wenn mit der Einführung eines neuen AS auch ablauforganisatorische Änderungen einhergehen.

An bereits lange eingesetzten Programmen sind im Laufe der Zeit meist zahlreiche Änderungen und/oder Portierungen vorgenommen worden, die dazu geführt haben, daß ursprünglich vorhandene Programmstrukturen "verwischt" sind. Zudem kann auf die Autoren dieser Applikationen bzw. der vorgenommenen Modifikationen oftmals nicht mehr zurückgegriffen werden, weil sie z.B. das Unternehmen verlassen haben, ohne jedoch eine ausreichende Dokumentation der von ihnen entwickelten/gewarteten Programme zu hinterlassen. Dies führt in letzter Konsequenz dazu, daß der Aufwand zur Sicherung und Pflege der Lauffähigkeit unverzichtbarer alter AS immer mehr Kapazitäten bindet und den Freiraum zur Neuentwicklung weiter eingrenzt.

In solchen Situationen bietet der Ansatz, Altsysteme mit Hilfe von geeigneten Methoden und entsprechenden Werkzeugen zu "sanieren", Optionen,
um

-       die Verständlichkeit zu den fachlichen Inhalten und der DV-technischen
        Realisierung vorhandener AS wiederherzustellen,
-       den Wartungsaufwand für Altsysteme zu reduzieren und Kapazitäten
        für Neuentwicklungen freizustellen,
-       in den Systemen gebundenes Know-how für Neuentwicklungen besser
        zu nutzen und
-       Übergänge von vorhandenen, unsystematisch entwickelten Applikatio-
        nen zu einer systematischen, werkzeugbasierten Anwendungssystem-
        entwicklung zu schaffen.

Es soll also eine qualitative Verbesserung der Altsysteme sowie der gesamten Anwendungssystemlandschaft eines Unternehmens erreicht werden [vgl.
u.a. Thurner 90; McCabe et al. 92; Scherr 92].

10.1 Ausprägungen des Reengineering

Der Begriff Reengineering ist als ein Sammelbegriff für sämtliche Aktivitäten
zu verstehen, mit denen die AS eines Unternehmens verbessert werden
sollen. Im einzelnen unterscheidet man dabei drei Richtungen: Reverse
Engineering, Restructuring (Restrukturierung) und Reuseability (Wiederverwendbarkeit).

Der Ansatz des **Reverse Engineering** zielt vor allem darauf ab, die in einem
Quellcode verborgenen Datenstrukturen sowie die Kontrollstrukturen (Sequenz, Selektion, Iteration) sichtbar zu machen, ohne daß der Quellcode
selbst verändert wird. Im Grunde geht man den Weg, wie er in den vorangegangenen Kapiteln für die Anwendungssystementwicklung aufgezeigt wurde,
"rückwärts", d.h. es wird am Quellcode aufgesetzt und daraus werden Beschreibungsformen abgeleitet, die semantisch einfacher bzw. anschaulicher
die Anwendungssystemlogik auf einem höheren Abstraktionsgrad darstellen.
Im Rahmen eines derartigen Abstraktionsprozesses überführt man beispielsweise die Datenstrukturen eines AS in ein Entity Relationship-Modell. Dabei
könnte man z.B. folgendermaßen vorgehen [vgl. Eicker et al. 92, S. 141]:

1)   Durchsuchen des Quellcodes nach Datensatzstrukturen, die in Verbin-
        dung mit der Dateiverarbeitung stehen.
2)   Untersuchen der gefundenen Strukturen hinsichtlich ihrer Verwendung
        im Programm.
3)   Überführen der Strukturen in ein konzeptionelles Datenmodell.
4)   Überarbeiten des Datenmodells, z.B. Feststellen und Eliminieren re-
        dundanter Elemente.

Die funktionelle Struktur kann man durch eine Analyse der Anweisungen gewinnen, welche die Kontrollstruktur bilden. Dies können u.a. Funktions- bzw. Prozeduraufrufe, Programmverzweigungen oder Schleifenkonstrukte sein. Sie werden herangezogen, um z.B. die zugrundeliegenden Strukto- gramme, welche in dieser Form noch nie dokumentiert vorlagen, abzuleiten.

Die **Restrukturierung** beinhaltet dagegen eine Änderung des Quellcodes. Dies ist insbesondere dann notwendig, wenn im Laufe der Nutzungszeit der Applikation erhebliche Modifikationen und Erweiterungen vorgenommen wurden, die zu Lasten der ursprünglich vorhandenen logischen Struktur der Applikation gegangen sind. Eine Restrukturierung führt jedoch nicht zu einer Änderung der Funktionalität eines AS, d.h. es werden weder Funktionen entfernt noch neue hinzugefügt. Der Quellcode wird so bearbeitet, daß eine plakativ als "Spaghetti-Code" zu bezeichnende Programmierung in eine Form überführt wird, die den Ansprüchen der Strukturierten Pro- grammierung, z.B. keine "GOTOs" oder "Nur ein Aus- bzw. Eingang je Mo- dul", genügt. Dabei gilt es u.a., Redundanzen im Quellcode zu eliminieren, nicht benötigten Code zu beseitigen und/oder die Position von Quellcode in einem Programm umzustellen.

Bei einer **Wiederverwendbarkeit** strebt man an, einzelne Software-Kompo- nenten mit möglichst geringen Anpassungen in anderen AS, die auch neuen Anforderungen gerecht werden, einzusetzen. Der Ansatz der Wiederver- wendbarkeit hat eine gewisse Ähnlichkeit mit der Verwendung von standar- disierten Modulen mit genau festgelegter Funktionalität in einer Modulbi- bliothek. Letztere enthalten i.d.R. Module für Standardfunktionen, z.B. Zu- griffe auf Datenbanken oder für die Ausgabesteuerung. Die Wiederver- wendbarkeit geht einen Schritt weiter und setzt stärker auf die umfassende Nutzung von Quellcode, indem man z.B. bei der Entwicklung eines Nach- folgesystems komplette Teile aus dem Vorgängersystem übernimmt.
Da zum Wiederverwenden von Quellcode dessen Struktur bekannt sein muß und auch nur solche Software-Komponenten wiederverwendet werden sol- len, die gewissen Mindestqualitätsansprüchen genügen, setzt die Wieder- verwendbarkeit i.d.R. ein Reverse Engineering sowie eine Restrukturierung des Altsystems voraus.

10.2 Werkzeuge zum Reengineering

Betrachtet man die Leistungsfähigkeit von Werkzeugen zum Reengineering, die auch als CARE-Tools (Computer Aided Reengineering) bezeichnet werden, so sind insbesondere zwei Aspekte wichtig:
-    In welchem Maße automatisieren sie das Reengineering?
-    Welche Programmiersprachen werden bearbeitet?

Zum Umfang des Automatisierens läßt sich feststellen, daß primär "formale" Aufgaben, z.B. Identifizieren und Beseitigen der GOTOs im Rahmen der Restrukturierung, unterstützt werden. Sobald die Elemente des Programms nicht mehr ohne Interpretation zu erklären bzw. die zu überarbeitenden Teile nicht mehr eindeutig erkennbar sind, erreichen die CARE-Tools i.d.R. ihre Grenzen. Beispielsweise können diese Werkzeuge keine Probleme lösen, die in der Semantik des Programms liegen. Ein Reengineering-Werkzeug erkennt z.B. nicht, wenn der gleiche Datenbestand unter zwei verschiedenen Bezeichnern gespeichert und aufgerufen wird. Doch gerade solche Mängel müssen beseitigt werden, um ein Programm systematischer zu gestalten. Schwierigkeiten bereiten den CARE-Tools auch die Programme, die mit Unterprogrammen oder Copy-Bibliotheken arbeiten. Häufig werden nämlich von den Reengineering-Tools diese Hauptprogramm-externen Quellen nur unzureichend berücksichtigt, so daß dann viele personelle Nacharbeiten an den erzeugten Auswertungen vorzunehmen sind.

Für die von CARE-Tools bearbeiteten Programmiersprachen läßt sich ein eindeutiger Schwerpunkt bezüglich der Unterstützung von COBOL-Zielumgebungen feststellen [vgl. Bischoff et al. 92]. Dies kann man wohl vor allem damit begründen, daß der weitaus größte Teil kommerzieller AS in den vergangenen 25-30 Jahren in COBOL implementiert wurde. Der Standard der Programmiersprache COBOL hat sich in dieser Zeit von der Version COBOL68 über COBOL74 hin zu der Version COBOL85 entwickelt. Somit besteht in dieser Umgebung auch ein hoher Reengineering-Bedarf, was zur Entwicklung entsprechender Hilfsmittel führte. Die Anwendbarkeit derartiger Werkzeuge wird nachfolgend beispielhaft am Werkzeug DOMINO-CARE der Siemens Nixdorf Informationssysteme AG präsentiert [vgl. Wiegmann 92].

DOMINO-CARE kann zur Restrukturierung alter COBOL-Programme eingesetzt werden. Dabei wird ausschließlich die Procedure Division eines COBOL-Programms überarbeitet. Zum Restrukturieren geht man in drei Schritten vor.

1) In Schritt eins werden der Quellcode des COBOL-Programmes sowie der Kontrollfluß gelesen und in eine graphische Darstellung, einen sogenannten Flußgraphen, überführt. Dabei kann das Werkzeug COBOL-Dialekte verschiedener Hersteller lesen und aufbereiten.

2) Der zweite Schritt ordnet die einzelnen Programmteile so um, daß besonders auffällige, den Prinzipien der Strukturierten Programmierung widersprechende Fälle von unstrukturiertem Kontrollfluß, z.B. Sprünge im Programm sowie unsaubere Unterprogrammaufrufe, erkannt und beseitigt werden. Dieser Schritt setzt insbesondere an ALTER-Befehlen sowie an PERFORM-Prozeduren, die mit GOTO verlassen werden, an. Gleichzeitig wird nicht benötigter, "toter" Code, der im Programmablauf nicht erreicht wird, eliminiert.

3)   Im dritten Schritt erfolgt die eigentliche Restrukturierung. Dabei werden
        im graphischen Kontrollfluß u.a. Schleifen- und Kommunikationsbezie-
        hungen zwischen Modulen erkannt und - falls notwendig bzw. möglich -
        durch mächtigere Befehle, die einzelne Ablaufschritte zusammenfas-
        sen, ersetzt. DOMINO-CARE bedient sich dabei Prinzipien der Mu-
        stererkennung und -umwandlung, wobei gleichzeitig eine Komplexi-
        tätsreduktion vorgenommen wird. Die auf COBOL abgestimmte Aus-
        gabekomponente erzeugt aus dem überarbeiteten Kontrollfluß bei
        vollem Erhalt der Funktionalität das restrukturierte Programm. Die z.B.
        bei Schleifen notwendigen Abbruchbedingungen werden automatisch
        generiert und in das Programm eingefügt. Über Parameter kann etwa
        eine Obergrenze für die Verschachtelungstiefe festgelegt werden. Bei
        Überschreiten dieser Grenzen lagert das Tool entsprechende Pro-
        grammteile in eigenständige, in der COBOL-Terminologie als SECTI-
        ONS bezeichnete Programmabschnitte aus.

Bild 10.2/1 skizziert das schrittweise Vorgehen beim werkzeuggestützten
Reengineering schematisch.

Darüber hinaus können im Vorlauf der Restrukturierung Statistiken und graphische Aufbereitungen erzeugt werden, welche die Daten des Programms
ausweisen. In einer Nachbehandlung läßt sich der restrukturierte Programmcode, z.B. durch Einrückungen, optisch aufbereiten, um dadurch eine
zusätzliche Verbesserung für die Lesbarkeit und damit für die Wartung zu
erzielen.

Praktische Einsätze berichteten von einem auf Anhieb fehlerfreien Lauf der
restrukturierten AS, so daß weder Testdaten eingesetzt noch Funktionstests
durchgeführt werden mußten. Während Verbesserungen hinsichtlich der
Compilierungszeit meßbar waren, konnten bezüglich der Laufzeit sowie der
Speicherplatzausnutzung keine eindeutigen Verbesserungen ermittelt werden.

Das CASE-Tool ADW verfügt ebenfalls über (begrenzte) Reengineering-
Funktionen. So kann beispielsweise ein COBOL-Source-Code importiert
werden, um daraus die zugrundeliegenden Datenstrukturen zu extrahieren.
Wenngleich dieser Schritt noch manuelle Nacharbeiten erfordert, ergeben
sich daraus erfolgversprechende Ansatzpunkte zum Entwurf von applika-
tionsübergreifenden bis hin zu unternehmensweiten Datenmodellen. Setzt
man beispielsweise voraus, daß sämtliche laufenden AS in COBOL implementiert sind, könnten mittels der verfügbaren Funktionalität die verschiedenen Datenstrukturen in einer Enzyklopädie zusammengeführt werden.
Neuentwicklungen bzw. Erweiterungen kann man dann an dieser einheitlichen Informationsbasis ausrichten.

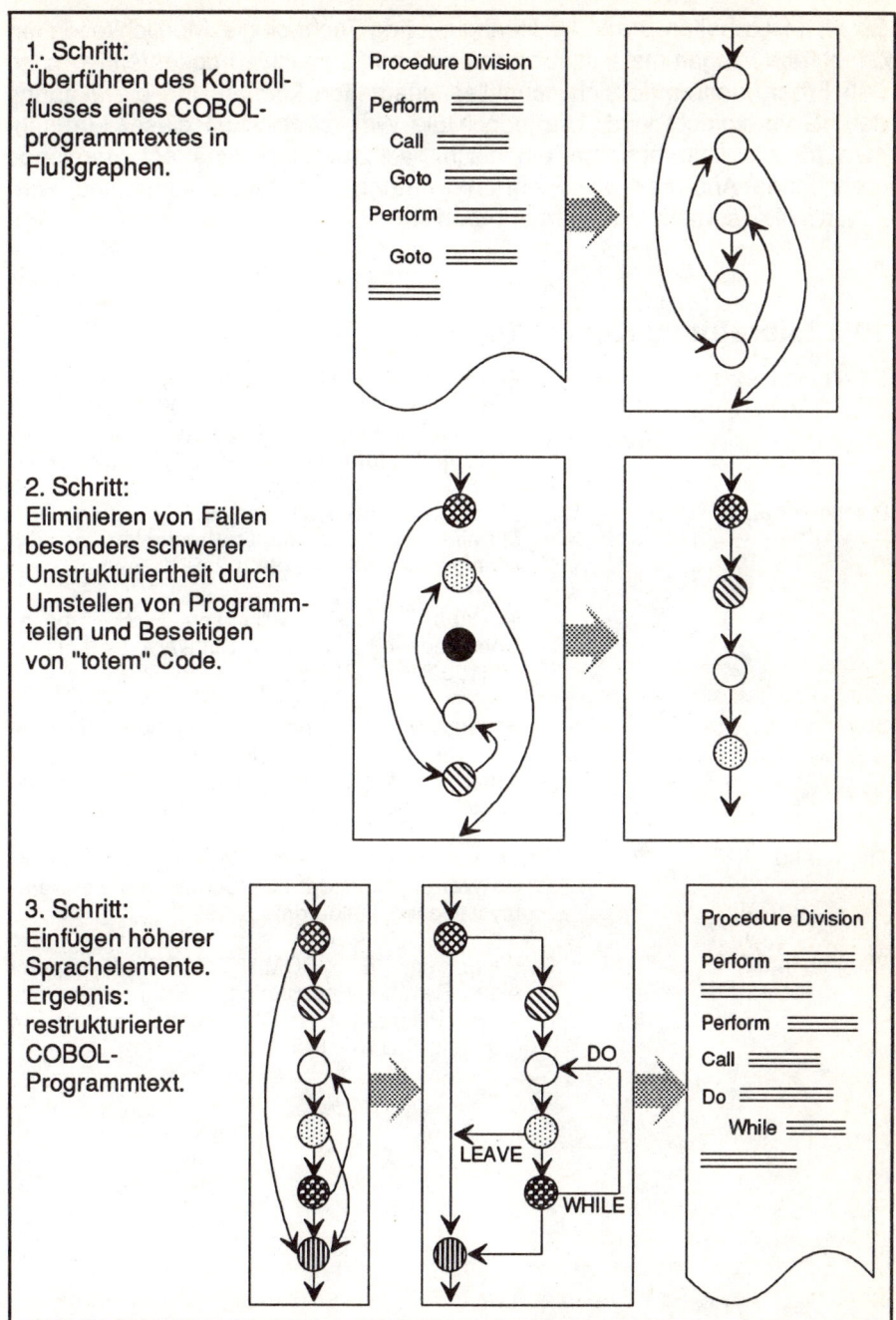

Bild 10.2/1: Schema zum werkzeuggestützten Reengineering [vgl. Wieg-
              mann 92]

Es ist festzuhalten, daß die Reengineering-Technologie Möglichkeiten eröffnet, alte Progamme aufzubereiten und nachträglich zu dokumentieren, so
daß Programmfremde sich schneller einarbeiten können und die Wartung
der AS vereinfacht wird. Um jedoch die Wirtschaftlichkeit dieser Maßnahmen für ein Unternehmen empirisch nachzuweisen, sind entsprechende
mehrjährige Analysen der Programmwartung und darauf aufbauend Wirt-
schaftlichkeitsuntersuchungen erforderlich.

10.3 Literatur zu Kapitel 10

Eicker et al. 92   Eicker, S., Kurbel, K., Pietsch, W. und Rauten-
                           strauch, C., Einbindung von Software-Altlasten
                           durch integrationsorientiertes Reengineering, in:
                           Wirtschaftsinformatik 34 (1992) 2, S. 137 - 145.

Bischoff et al. 92   Bischoff, R. und Krallmann, H., Reengineering -
                           Mit alten Zutaten zu neuen Konzepten, in: Wirt-
                           schaftsinformatik 34 (1992) 2, S. 125 - 126.

McCabe et al. 92   McCabe, T. J. und Williamson, E. S., Tips on
                           Reengineering Redundant Software, Datamation
                           38 (1992) 8, S. 71 - 74.

Scherr 92   Scherr, W., Wiederverwendung von Software-
                           Entwürfen, in: Curth, M. und Lebsanft, E.
                           (Hrsg.), Wirtschaftsinformatik in Forschung und
                           Praxis, München u.a. 1992, S. 167 - 176.

Thurner 90   Thurner, R. (Hrsg.), Reengineering - Ein integra-
                           les Wartungskonzept zum Schutz von Software-
                           Investitionen, Halbergmoos 1990.

Wiegmann 92   Wiegmann, B., DOMINO-CARE (Computer
                           Aided Reverse Engineering) - Erfahrungen aus
                           einem Pilotprojekt, in: Wirtschaftsinformatik 34
                           (1992) 2, S. 146 - 155.

Stichwortverzeichnis